青年法学学术著作
资助出版项目

青年法学学术著作
资助出版项目

论网络服务提供者的刑事责任

On Criminal Liability of
Internet Service Providers

杨新绿 著

法律出版社
LAW PRESS·CHINA
—— 北京 ——

图书在版编目(CIP)数据

论网络服务提供者的刑事责任 / 杨新绿著. -- 北京:法律出版社, 2022
ISBN 978 - 7 - 5197 - 6386 - 2

Ⅰ. ①论… Ⅱ. ①杨… Ⅲ. ①互联网服务提供商-刑事责任-研究-中国 Ⅳ. ①D922.291.914

中国版本图书馆 CIP 数据核字(2022)第 022120 号

论网络服务提供者的刑事责任
LUN WANGLUO FUWU TIGONGZHE DE XINGSHI ZEREN

杨新绿 著

责任编辑 黄倩倩
装帧设计 李 瞻

出版发行 法律出版社
编辑统筹 学术・对外出版分社
责任校对 王 皓 杨锦华
责任印制 陶 松
经 销 新华书店

开本 710 毫米×1000 毫米 1/16
印张 19.5 字数 237 千
版本 2022 年 5 月第 1 版
印次 2022 年 5 月第 1 次印刷
印刷 三河市龙大印装有限公司

地址:北京市丰台区莲花池西里 7 号(100073)
网址:www.lawpress.com.cn
投稿邮箱:info@lawpress.com.cn
举报盗版邮箱:jbwq@lawpress.com.cn

销售电话:010 - 83938349
客服电话:010 - 83938350
咨询电话:010 - 63939796

书号:ISBN 978 - 7 - 5197 - 6386 - 2
定价:85.00 元

凡购买本社图书,如有印装错误,我社负责退换。电话:010 - 83938349

青年法学学术著作出版基金
资助出版说明

法律出版社作为全国规模最大的法律专业出版机构，一直秉承“为人民传播法律”的理念，与学术界共同推动法学研究的繁荣与发展。2018年5月，法律出版社设立青年法学学术著作出版基金，用于资助法学学术著作出版和奖励优秀法学图书，旨在支持优秀法学学术著作出版，扶持具有较大潜力的青年学者。

经过法律出版社学术委员会委员推荐、专家匿名评审和法律出版社编辑委员会评审，共有5部作品获得法律出版社第三届(2020年)青年法学学术出版基金资助。

期待更多年轻法律人的优秀学术作品！

法律出版社

2021年5月

目录

导　论

一、网络服务提供者与网络危害行为

（一）网络服务提供者的含义与分类

“网络服务提供者”由“Internet Service Provider”翻译而来，并非我国土生土长的概念。英文法律数据库 Heinonline 中关于“Internet Service Provider”的文献可追溯到 1979 年：“当电子公告服务或网络服务提供者仅仅为他人上传和下载的文件提供存储或传输文件的方法，即便是在民事案件中，法庭也不得不审慎考虑（电子公告服务或网络服务提供者）是否要根据直接侵权或共同侵权、代理侵权的理论来承担侵权责任。”[1] 中国知网关于“网络服务提供者”的文献可追溯到 1998 年：“尽管网络上的侵权纷纭复杂，但林林总总的‘游戏’参加者包括网上信息源、网络服务提供者和用户。”[2]

狭义的网络服务提供者仅指网络接入提供者。根据《布莱克法律词典》，因特网服务提供者指的是收取费用后提供因特

---

〔1〕 David Goldstone, *Criminal Copyright Infringement*, Prosecuting Intellectual Property Crimes, 1979, p. 80.

〔2〕 薛虹：《因特网上的直接侵权责任》，载《国际贸易》1998 年第 9 期。

网接入服务的企业或其他组织，简称 ISP。[1] 根据《巴朗行业词典·计算机与网络》，因特网服务提供者即因特网接入提供者（Internet Access Provider, IAP），指的是通过数字用户线路（Digital Subscriber Line, DSL）有线调制解调器或者拨号上网向顾客提供因特网访问的公司。[2] 根据美国 1996 年颁布的《通信规范法》（Communications Decency Act, CDA）第 230 条的规定，交互式计算机服务提供者（Interactive Computer Service Providers, ICSPs）指的是使广大用户接入计算机服务器的信息服务、系统或访问软件提供者，特别包括由图书馆或教育机构运营或提供的可以使用户接入网络的系统或服务。我国工业和信息化部发布的《关于清理规范互联网网络接入服务市场的通知》指出，经营互联网接入服务业务必须取得 ISP 许可证。亦有学者认为，"ISP（Internet Service Provider）即因特网服务提供者，一般称为接入服务商，其服务项目是保证用户顺利接入互联网络"。[3] 起初网络服务提供者等同于网络接入提供者事出有因，随着 1993 年因特网的商业化，网络服务提供者应运而生，人们能够使用的网络服务无外乎网络接入服务，人们认识因特网都是从与网络接入提供者打交道开始的。

中义的网络服务提供者是除网络内容提供者之外的所有网络技术服务提供者和网络中介服务提供者。根据德国 1997 年颁布的《远程服务法》，服务提供者指的是提供自己的或他人的远程媒体以供使用或者提供使用途径的自然人或法人。根据美国 1998 年颁布的《数字千年版权法》（Digital Millennium Copyright Act of 1998）第 512 条的规定，服务提供者指的是在用户指定的点之间为用户选择的材料提供电子网络通信的传输、交换或者连接，没有对所发送或者接收的材料的内容进行修改或者是网上服务、网络连接

---

〔1〕 Bryan A. Garner, *Black's Law Dictionary* (Tenth Edition), Thomson Reuters, St. Paul. MN, 2014, p. 942.

〔2〕 Douglas Downing et al., *Barron's Dictionary of Computer and Internet Terms*, 清华大学出版社 2015 年版，第 240 页。

〔3〕 赵联宁：《ISP/ICP 的法律责任》，载《河海大学学报（哲学社会科学版）》2001 年第 2 期。

的提供者及网上服务、网络连接设备的运营商。[1] 根据欧洲议会和理事会于2000年6月8日颁布的电子商务指令(2000/31/EC指令),服务提供者指的是提供信息社会服务的任何自然人或法人;信息社会服务指的是经服务接收者的请求,通过电子方式远程以营利为目的提供的服务。[2] 根据《欧洲理事会网络犯罪公约》,网络服务提供者指的是向用户提供服务的公共机构或个人,使用户能够通过计算机系统进行通信,或者是为此种通信处理或存储计算机数据。[3] 根据《辞海》,因特网服务提供者指的是为用户综合提供因特网接入业务、信息业务和增值业务的公司和机构。[4] 我国有学者认为,"网络服务提供者(ISP),是指不参加内容制作,也不以自己的名义发布内容的互联网服务提供者"。[5] 根据最高人民法院和最高人民检察院发布的《关于办理非法利用信息网络、帮助信息网络犯罪活动等刑事案件适用法律若干问题的解释》(法释〔2019〕15号,以下简称《信息网络解释》)第1条的规定,网络服务提供者是指信息网络接入、计算、存储、传输、应用服务的提供者以及利用信息网络提供公共服务的提供者。

广义的网络服务提供者是包括网络内容提供者在内的所有提供网络服务的机构和个人。网络服务提供者指通过信息网络为获取信息等目的提供服务或者为公众提供信息的单位或个人,[6]不仅应当包括技术服务提供者,还应当包括内容服务提供者,[7]如为公众提供接入互联网服务、传输服务对象的信息,为单位或个人出租页面,提供搜索或链接服务,通过网络提供自

〔1〕 17 U.S.C.A. § 512(k).

〔2〕 欧洲议会和理事会98/48/EC指令(修订98/34/EC指令,在技术标准和规则领域为信息提供设置程序)第1条第2款。

〔3〕 Convention on Cybercrime, Budapest, 23. XI. 2001, Chapter Ⅰ, Article 1.

〔4〕 《辞海》(第6版),上海辞书出版社2016年版,第2266页。

〔5〕 参见刘文杰:《网络服务提供者的安全保障义务》,载《中外法学》2012年第2期。

〔6〕 参见张新宝:《互联网上的侵权问题研究》,中国人民大学出版社2003年版,第32页。

〔7〕 参见王胜明主编:《〈中华人民共和国侵权责任法〉解读》,中国法制出版社2010年版,第180页。

己制作、搜集的信息等。[1]

由上观之，网络服务提供者既可以是机构，也可以是个人；既可以以营利为目的，也可以免费提供服务，当然在市场经济条件下，网络服务提供者多半是以营利为目的的，这是网络服务存续及发展的推动力。值得注意的是，信息服务与提供信息有本质区别，前者为信息提供接入、传输、缓存、存储通道，后者提供信息内容本身。广义的网络服务提供者与中义的网络服务提供者相比，多出了网络信息内容的提供者这一主体。

本书采取中义说，认为网络服务提供者是为他人通过网络访问信息、缓存信息、存储信息、发布信息、搜索信息提供硬件、软件接入服务、缓存服务、存储服务、搜索服务等的自然人或单位。网络服务提供者自行在网络空间生成、上传违法信息的行为直接按照传播类犯罪定罪处刑即可，不在本书讨论之列，因为此时网络服务提供者只是利用了业务便利，这并不是业务行为。"如果不将行为限定于业务范围内，我们甚至可以讨论网络服务提供者的杀人行为了。"仅提供信息内容的网络用户也不是网络服务提供者。

网络服务提供者可分为不同类别。其一，根据行政管理的需要，网络服务提供者可分为网络接入提供者、网络信息服务提供者、网络数据中心服务提供者，三者须分别取得 ISP、ICP、IDC 许可证才能提供网络服务。其二，根据服务内容的差异，网络服务提供者可分为网络论坛提供者（如 BBS、天涯、猫扑、知乎）、搜索引擎提供者（如百度、必应、谷歌）、网络直播服务提供者（如斗鱼、熊猫 TV、虎牙直播）、即时聊天工具提供者（如微信、QQ、MSN）、播放器软件提供者（如快播、百度影音、迅雷播放器）、电子商务平台提供者（如天猫、淘宝、京东）、视频分享服务提供者（如优酷网、土豆网、56 网）等。其三，根据技术功能的不同，网络服务提供者可以分为网

---

〔1〕 参见张建华：《〈信息网络传播权保护条例〉释义》，中国法制出版社 2006 年版，第 52 页。

络接入提供者(或网络访问提供者)、网络缓存提供者、网络存储提供者、信息定位工具提供者。其四,司法解释将网络服务提供者分为三类,信息网络接入、计算、存储、传输服务提供者(提供网络接入、域名注册解析服务)、信息网络应用服务提供者(提供信息发布、搜索引擎、即时通信、网络支付、网络预约、网络购物、网络游戏、网络直播、网站建设、安全防护、广告推广、应用商店等服务)、信息网络公共服务提供者(提供电子政务、通信、能源、交通、水利、金融、教育、医疗等服务)。[1] 其五,学理上的通行做法是将网络服务提供者划分为网络接入提供者、网络信息服务提供者、网络平台提供者,为了防止 ISP 既指称网络接入提供者又指称网络服务提供者可能造成的误解,学界一般将网络接入提供者表述为 Internet Access Provider。网络信息服务提供者和网络平台提供者分别对应 Internet Content Provider(ICP)和 Internet Platform Provider(IPP),后者指的是供用户实时信息交流或者为用户提供搜索信息工具的主体,如电子布告板系统 BBS 经营者、邮件新闻组及聊天室经营者。[2] 另有论者根据网络服务提供者所负义务多少将其区分为自供自给型平台和引导交换型平台,前者既承担引导资源交换的职能,又承担收集、提供资源内容的职能,如京东、新浪(新闻)、网易(新闻)、腾讯新闻、游戏,这一类平台需要承担合法引导交换的责任,还要承担资源内容本身的法律属性瑕疵责任。后者只承担引导资源交换的职能,如微信、QQ,责任应当限定在引导交换的法律责任,遵循"谁运营,谁负责"的原则。[3]

本书倾向于采取技术功能分类法,该分类法能够区分不同网络服务提

---

〔1〕 参见《信息网络解释》第 1 条。

〔2〕 参见皮勇:《网络服务提供者的刑事责任问题》,载《光明日报》2005 年 6 月 28 日,B4 版;李源粒:《网络安全与平台服务商的刑事责任》,载《法学论坛》2014 年第 6 期;杨彩霞:《网络不作为犯罪新论》,载《求索》2007 年第 2 期;陈洪兵:《网络中立行为的可罚性探究——以 P2P 服务提供商的行为评价为中心》,载《东北大学学报(社会科学版)》2009 年第 3 期。

〔3〕 参见谢君泽:《网络平台的法律责任界定——兼评"快播"案与百度贴吧事件》,载《中国信息安全》2016 年第 2 期。

供者距离终端信息的远近、对信息的控制力、义务大小以及应承担的责任大小。行政管理分类法中网络数据中心服务提供者服务范围过宽、内容庞杂,与前两种类别存在重合;服务内容分类法只是从表象上对网络服务提供者进行划分,未深入其实质且过于散乱,难以进行规范分析。司法解释通过广泛列举和兜底条款的方式勾勒出当前主要的网络服务提供者的类型,有"包罗万象"之势。固然在信息网络时代,公共服务的提供离不开网络,但将其作为网络服务,等于将网络服务的使用者扩大为网络服务提供者,范围过于扩大不利于网络服务提供者这一刑事主体边界的限定。学理分类中,网络平台提供者的服务项目未超出网络信息服务提供者的服务范围,不宜作为单独的类型加以确立;在自供自给型平台和引导交换型平台的分类当中,两种类型均有引导资源交换的职能,前者还多出了搜集、提供内容资源的职能。从形式上看,两个类别具有包含关系,不符合分类的基本原则,从内容上看,包含了内容提供者在内的广义网络服务提供者概念也不符合本书所采取的中义说语境。由此,这四种分类方法或多或少存在不足,技术功能分类法的优越性进一步显现。

(二)网络危害行为的体现

当然,存在危害行为不一定构成犯罪,但成立犯罪必定有危害行为,此处危害行为特指作为犯罪客观方面要件的行为。网络危害行为包括针对网络本身进行的破坏行为、实质性地利用网络技术实施传统危害行为、将网络作为空间、平台实施的危害行为。[1] "互联网越来越多地渗入我们的生活空间,不仅带来利益,同时也带来新型的危险,这是眼下当然的事。几乎所有形式的损害社会的行为或犯罪行为,基本上都可以在互联网上出现。"[2]网

---

〔1〕 参见张巍:《涉网络犯罪相关行为刑法规制研究》,华东政法大学2014年博士学位论文,第17~19页;王肃之:《网络危害行为刑法规制研究》,河北师范大学2014年硕士学位论文,第26~28页。

〔2〕 [德]埃里克·希尔根多夫:《德国刑法学:从传统到现代》,江溯、黄笑岩等译,北京大学出版社2015年版,第348页。

络危害行为除了具有形式多样性,还具有危害结果的全球扩散性,因为互联网本身即具有全球性。打击网络犯罪需要世界各国携手并进。网络犯罪领域最主要的国际公约——《网络犯罪公约》规定了如下 4 种网络危害行为。[1]

其一,侵犯计算机数据和计算机系统保密性、完整性、可用性的网络危害行为,包括非法访问行为、非法截获行为、数据干扰行为、系统干扰行为、设备滥用行为,具体表现为僵尸网络、间谍软件、勒索软件、病毒、蠕虫、特洛伊木马、逻辑炸弹、嗅探器、拒绝服务攻击、根程序病毒包、网络僵尸程序和蜘蛛。[2] 僵尸网络(Botnet)指的是机器人网络,即成千上万受到感染的计算机处于犯罪分子的远程"命令和控制"下,被用以窃取身份信息、财产信息或者发送垃圾邮件、发动分布式拒绝服务攻击。在由美国、澳大利亚、荷兰、德国、法国、意大利、日本、卢森堡、新西兰、加拿大、乌克兰、英国的执法部门以及欧洲网络犯罪中心联合采取行动调查侦破的玩完宙斯僵尸网络案(Gameover Zeus Botnet)中,"玩完宙斯"是一款极端复杂且成熟的恶意软件,能够从受其感染的计算机中窃取银行业务或其他业务凭证,这些凭证将被用于启动电汇或将电汇重新定向到由网络犯罪分子控制的海外账户。据安全研究人员估计,全球有 50 万至 100 万台计算机感染了此病毒,并且大约 25% 的受感染计算机位于美国。美国联邦调查局估计此病毒造成的损失超过 1 亿美元。"玩完宙斯"恶意软件管理者 Evgeniy Mikhailovich Bogachev 是俄罗斯阿纳帕市的公民,被美国匹兹堡联邦大陪审团控诉涉嫌串谋、计算机黑客、电汇欺诈、银行欺诈和洗钱等 14 项犯罪,并在美国内布拉斯加州奥马哈市被指控串谋实施银行诈骗,因为他涉嫌参与由 Zeus(宙斯)到 Jabber

---

〔1〕 Convention on Cybercrime, Budapest, 23. XI. 2001, Chapter Ⅰ, § 2 – 10.

〔2〕 M. Trujillo, *Computer Crimes*, 56 American Criminal Law Review(3 Annual Survey of White Collar Crime)(2019).

Zeus(贾伯宙斯)恶意软件的升级操作。[1]

由僵尸网络管理的勒索软件是能够加密或者锁定网络上电子文件、文件夹、驱动器或者其他计算机的恶意软件,用户信息一旦被锁定,用户须支付巨额的数字货币(包括比特币)赎金(折合人民币1400元至7万元不等)之后才能重新访问。仅在2016年上半年,勒索软件的增长量就超过170%,医疗健康行业首当其冲并遭受重创。[2] 在2020年席卷全球的新冠肺炎疫情中,黑客挟持主要的且急需的医疗救护网络来勒索钱财,导致医疗服务供应中断,医疗服务提供方支出大幅增加。在人际隔离被广泛提倡、网络成为汇聚全球医生智识、传递救治方法和救治信心的主战场的抗疫策略下,对本就脆弱的医疗网络系统进行挟持和攻击无异于釜底抽薪,侵害的绝不仅仅是巨额赎金的财产所有人,更是亟待治疗的成千上万人。[3]

当前流量劫持案件频发、危害严重。黑客在浏览器中植入恶意代码进行流量劫持,使用户想访问A网站却被强制性转到B网站,不但无端消耗用户的流量,而且破坏计算机信息系统,窃取用户账户、密码等信息。付某某、黄某等人租赁多台服务器,使用恶意代码修改互联网用户路由器的DNS设置,使用户登录“2345. com”等导航网站时跳转至其设置的“5w. com”导航网站,付某某和黄某等人再将获取的互联网用户流量出售给“5w. com”导航网站所有人杭州久尚科技有限公司,违法所得共计人民币754,762. 34元。法院认为两名被告人的行为触犯《刑法》第286条破坏计算机信息系统罪,判

---

〔1〕 U. S. *Leads Multi-National Action Against "Gameover Zeus" Botnet and "Cryptolocker" Ransomware*, Charges Botnet Administrator (June 2, 2014), https://www.justice.gov/opa/pr/us-leads-multi-national-action-against-gameover-zeus-botnet-and-cryptolocker-ransomware.

〔2〕 Robert McMillan, *In the Bitcoin Era, Ransomware Attacks Surge*, WALL ST. J. (Aug. 19, 2016), http:// www.wsj.com/articles/in-the-bitcoin-era-ransomware-attacks-surge-1471616632. *Trend Micro 1H Security Roundup Report Showcases Evolution of Ransomware and BEC Scams Trend Micro* (Aug. 23, 2016), http://newsroom.trendmicro.com/press-release/cyberthreat/trend-micro-lh-security-roundup-report-showcases-evolution-ransomware-and-.

〔3〕 *A Call to All Governments: Work Together Now to Stop Cyberattacks on the Healthcare Sector*, https://cyberpeaceinstitute.org/campaign/call-for-government.

处有期徒刑三年,缓刑三年。[1] 这是全国首例流量劫持刑事案件,备受关注。另外还有一些尚未达到刑事犯罪标准,但已属于不正当竞争行为,给消费者造成财产损失和糟糕体验的侵权案件。北京字节跳动科技有限公司对“凤凰新闻”客户端实施流量劫持,将访问“凤凰新闻”客户端的用户强制带到“今日头条”客户端中,已被起诉。[2] 中国联通公司在财联社 APP 的“红包”弹窗广告中植入劫持流量的插件,上海一联通用户的手机流量因此流走了 6.2G,财联社向北京市西城区法院起诉中国联通,法院已立案。[3] 青岛联通用户在百度输入关键词搜索后,首先映入眼帘的是近十秒的广告页面,之后才出现相应的百度搜索结果页面,经审理查明,这是由青岛联通与另一家公司合作推出的广告,无须安装客户端插件,强制弹出,无法屏蔽,这属于电信运营商劫持商业网站流量的不正当竞争行为,法院判定青岛联通与合作者立即停止该不正当竞争行为,共同赔偿百度公司人民币 20 万元。[4]

其二,与计算机相关的网络危害行为包括伪造行为和诈骗行为。近年来,电信诈骗日益猖獗,成为侵犯公民财产权利甚至损害人身权利的新型犯罪方式。电信诈骗指的是通过发送短信、拨打电话或利用互联网、广播电视、报纸杂志等方式发布虚假信息,对不特定多数人实施诈骗。[5] 最高人民法院于 2019 年 11 月 19 日发布了十起电信网络诈骗犯罪典型案例,打头的两起案件——陈某辉等 7 人诈骗、侵犯公民个人信息案和杜某禹侵犯公民个人信息案——均与徐某玉被诈骗案有关。被告人杜某禹使用 WEBLOGIC

---

〔1〕 上海市浦东新区人民法院刑事判决书,(2015)浦刑初字第 1460 号。

〔2〕 参见刘亚澜:《凤凰新闻谴责今日头条劫持流量　后者反诉凤凰不正当竞争》,载腾讯网,http://tech.qq.com/a/20170124/026833.htm。

〔3〕 参见孙麒翔、石飞月:《中国联通因流量劫持被起诉》,载新浪网,https://finance.sina.com.cn/roll/2017-01-08/doc-ifxzkfuh6108577.shtml;杨博丞:《曝中国联通用户 APP 流量劫持,谁来管?》,载搜狐网 2016 年 11 月 28 日,https://www.sohu.com/a/120057401_115186。

〔4〕 参见张黎明:《青岛联通劫持百度流量被罚 20 万元》,载新浪网,https://tech.sina.com.cn/t/2010-04-22/05254092957.shtml。

〔5〕 参见黎宏:《电信诈骗中的若干难点问题解析》,载《法学》2017 年第 5 期。

反序列化漏洞工具植入木马,非法侵入山东省 2016 年普通高等学校招生考试信息平台网站,获得网站管理权,非法获取 2016 年高考考生个人信息 64 万余条,后通过 QQ、支付宝向陈某辉出售上述信息 10 万余条,获利 14,100 元。被告人陈某辉等人分别冒充教育局、财政局、房产局的工作人员,以发放贫困学生助学金、购房补贴为名,将高考学生作为主要诈骗对象,拨打诈骗电话 2.3 万余次,骗取钱款共计 56 万余元。参加了 2016 年山东省高考并被南京邮电大学录取的徐某玉接听了电话,轻信被告人发放助学金的谎言,将举全家之力筹措的 9900 元学费打入被告人指定账户,得知被骗后伤心欲绝,心脏骤停,不幸离世。[1] 同样的悲剧还发生在同年高考且同为山东考生的宋某宁身上。[2] 同年一名清华大学教师遭电信诈骗,损失 1760 万元人民币。[3] 这些案件中,被害人受教育程度较高,具备一般人的辨别能力,但仍然频频"中招",主要是被告人全面掌握了他们的信息和动态,由此打消了他们的戒备,获取了他们的信任。侵犯公民个人信息犯罪被称为"百罪之首",为实施精准诈骗提供精准信息,为盗窃、故意伤害、故意杀人等危害行为锁定被害人,通过攻击计算机信息系统非法获取公民个人信息并通过计算机网络传播、买卖这些信息供犯罪分子使用,助长了电信诈骗的猖獗态势,并将危害行为从线上转移到线下,成为潜伏在我们身边的巨大威胁。

其三,与儿童色情材料相关的网络危害行为,包括以通过计算机系统传播的目的制造儿童色情材料,通过计算机系统提供、散布、传输儿童色情材料,通过计算机系统为自己或者为他人搜索儿童色情材料,在计算机系统或者计算机数据存储媒介上持有儿童色情材料。在李某传播淫秽物品牟利案

---

〔1〕 参见《最高人民法院发布 10 起电信网络诈骗犯罪典型案例》,载北大法宝 2019 年 11 月 19 日,https://www.pkulaw.com/chl/419e401b89f00cd6bdfb.html? keyword = % E7% 94% B5% E4% BF% A1% E7% BD% 91% E7% BB% 9C% E8% AF% 88% E9% AA% 97% 20。

〔2〕 参见吴林珊:《震惊!又一大学生遭电信诈骗后猝死!考生信息竟被公开卖!》,载搜狐网 2016 年 8 月 26 日,http://www.sohu.com/a/112240066_411857。

〔3〕 参见杨琳、孔令晗、张艳艳:《揭秘:清华大学教师 1760 万元是怎么被骗走的》,载新华网,http://news.enorth.com.cn/system/2016/09/01/031132581.shtml。

中,李某购买“色悟空”网站,买来时网站上有很多儿童色情图片和视频,李某将网站名字改为悟空之家(Wukong Home),网址为 swkvip. club,这是一个以儿童色情材料为主要内容的网上论坛,用户花钱成为 VIP 之后能看到全部内容,同时李某还将网站上的儿童色情和成人色情内容整合成压缩包,传到百度网盘上,向会员提供网盘下载地址并收取费用。经查明,李某共传播淫秽视频 842 个,淫秽图片 2717 件,属于通过互联网传播淫秽物品牟利情节特别严重,依法被判处有期徒刑十年,并处罚金人民币 34,000 元。[1] 当前利用信息网络传播淫秽物品的行为屡见不鲜,深圳市快播科技有限公司免费向用户提供 QVOD 资源服务器程序和快播播放器程序,快播播放器被用户大量用来点播淫秽视频文件和未经著作权人许可传播的作品,经侦查,快播租用的服务器中的视频文件绝大部分都是淫秽视频。当前淫秽视频传播的载体多样、方法隐蔽,有用户利用网络存储提供者的服务,将淫秽视频、盗版视频上传到云盘,与他人分享,或者在电商平台出售自己云盘的账号和密码,其他用户付费之后可以自行登录该云盘下载、观看;商家出售添加了色情网站链接的电视棒,电视棒插入电视并连接网络后能够访问不断更新的淫秽网站,为观看者提供淫秽视频;有用户在微信群组中发布淫秽视频文件,已构成传播淫秽物品罪。[2] 淫秽物品当然属于非法信息,除此之外,非法信息还有包括煽动仇恨的信息、煽动恐怖主义的信息、侮辱、诽谤信息、虚假广告信息等。有些网站虽然不发布内容,但是提供空间和平台供大家“吐槽”,并在域名中使用诱导他人实施违法行为的用语,“www. rottenneighbor. com”(糟糕的邻居)是一个用来抱怨自己的邻居的网站;“http://dontdate-himgirl. com”(姑娘们,不要和这个男孩约会)是一个用来发表对前伴侣意见的网站;“www. hollabacknyc. com”是一个供人们发布照片来辨认、提防那些

〔1〕 江苏省连云港经济技术开发区人民法院刑事判决书,(2019)苏 0791 刑初 13 号。

〔2〕 浙江省瑞安市人民法院刑事判决书,(2015)温瑞刑初字第 1418 号;浙江省云和县人民法院刑事判决书,(2015)丽云刑初字第 189 号。

(真实或臆想的)令人讨厌的人的网站;"The Dirty. com"(肮脏)更是一家鼓励用户发布诽谤性的照片并发布针对照片的有损人格的评论的网站,该网站运营者已被起诉诽谤。[1] 搜索引擎为我们从浩如烟海的信息中寻找有用的信息指明了方向,然而搜索引擎也可能在为广告主提供竞价排名服务的同时将我们引向错误的方向。滑膜肉瘤患者魏某西使用百度搜索引擎查找相关医院,他注意到在搜索结果中排名第一的武警北京总队第二医院自称"与美国斯坦福大学合作,使用DC-CIK细胞生物免疫疗法,是国内首家专业性肿瘤生物治疗医院"并前往治疗,但最终人财两空。[2] 鼻炎患者张某通过百度搜索"乌鲁木齐鼻炎医院"等关键词寻找医疗信息,选择了位居检索结果第一位的乌鲁木齐爱德华医院治疗,接受鼻炎手术后情绪异常,出现心理障碍,伴随精神病症状,坠楼身亡。[3] 美国谷歌公司为加拿大网上药店提供关键词广告服务,帮助受控制的物质以及处方药进口并销售到美国,与美国司法部达成和解,支付了5亿美元来终结刑事调查程序。[4]

其四,与著作权和邻接权相关的网络危害行为。在徐某林等侵犯著作权案中,被告人徐某林于2007年至2013年7月开设论坛模式网站"999宝藏网"(域名 www. rin9. com),设立电脑综合、移动设备、宽带娱乐、文艺休闲、站务管理板块,各板块下设子板块。"999宝藏网"以发布广告和收取网站会员注册费营利,网站有下载权限注册会员数为2万余人。为增加网站人气,提高收益,徐某林未经著作权人美国微软公司许可,鼓励、放任网站会员

---

[1] 参见[德]埃里克·希尔根多夫:《德国刑法学:从传统到现代》,江溯、黄笑岩等译,北京大学出版社2015年版,第454页。

[2] 参见温蕎等:《"魏则西事件"调查:六问生物细胞免疫疗法》,载新华网,http://news. xinhuanet. com/politics/2016-05/03/c_128950862. htm。

[3] 陈丽媛、卢义杰:《27岁鼻炎患者术后坠亡 百度因医院竞价排名被诉》,载中青在线网,http://news. cyol. com/content/2017-04/04/content_15882600. htm。

[4] *Google Forfeits $500 Million Generated by Online Ads & Prescription Drug Sales by Canadian Online Pharmacies*, Department of Justice https://www. justice. gov/opa/pr/google-forfeits-500-million-generated-online-ads-prescription-drug-sales-canadian-online。

刘某某等人发布、上传经封装的微软 WindowsXP、Windows7 等侵权操作系统下载帖4000 余个,供网站会员浏览、下载。刘某某系“999 宝藏网”电脑综合板块下操作系统板块版主,未经著作权人美国微软公司许可,自行封装微软操作系统软件,并将其封装的微软 WindowsXP、Windows7、Windows8 等侵权操作系统下载帖 50 余个上传到“999 宝藏网”供会员浏览、下载,总计被浏览(点击)数 93 万余次。刘某某还在其封装的微软操作系统中捆绑应用软件,从应用软件商处收取推广费用,非法获利 100 余万元。经法院审理认为,徐某林和刘某某均构成侵犯著作权罪,并且有其他特别严重情节。[1] 在刘某等人侵犯著作权案中,被告人刘某、李某、桑某通过 VPN 代理服务等方式运营侵权网络游戏,先后在境内外多地租用服务器,通过不断变更第三方支付平台进行资金流转,玩家数量达数十万人,规模接近该正版游戏,涉案金额近 300 万元。黑龙江省哈尔滨市香坊区法院以侵犯著作权罪分别判处刘某等三人有期徒刑三年六个月、有期徒刑一年及有期徒刑缓刑,并处罚金人民币 40 万元、10 万元和 6 万元。[2]

(三)网络服务提供者在网络危害行为中的作用

上述网络危害行为的实施均离不开网络服务提供者所提供的网络服务,这是从事实层面肯定了网络服务与网络危害行为的因果关系,然而从法律层面,特别是从刑法层面,能否将网络危害行为归责于网络服务提供者的网络服务,这是法律因果关系关注的内容,也是网络服务提供者刑事责任不可或缺的要素。

在侵犯计算机数据和计算机系统保密性、完整性、可用性的网络危害行为中,计算机数据和系统本身是犯罪对象,此时网络服务提供者针对计算机数据和系统实施犯罪行为毫无例外地被作为个人实施的犯罪行为论处,如

---

〔1〕 安徽省全椒县人民法院刑事判决书,(2014)全刑初字第 00094 号。

〔2〕 中国新闻网:《国家版权局公布 2014 年度打击侵权盗版十大案件》,载人民网,http://politics.people.com.cn/BIG5/n/2015/0603/c70731-27099862.html。

Evgeniy Mikhailovich Bogachev 升级并管理“玩完宙斯”恶意软件,使受感染的计算机成为任人摆布的“肉鸡”,以便从中窃取金融业务凭证用于汇款到行为人控制的账户,被告人为其所实施的具体犯罪(计算机黑客、银行欺诈等)承担刑事责任。勒索软件、流量劫持案件中也是如此。

在与计算机有关的伪造行为以及诈骗行为中,行为人非法获取网络服务提供者存储的信息用以实施犯罪行为,主要考察网络服务提供者是否尽到信息的合理保管义务,《网络安全法》第 40 条明确规定“网络运营者应当对其收集的用户信息严格保密,并建立健全用户信息保护制度”,确立了“谁收集,谁负责”的网络信息安全主体责任。“徐某玉被诈骗案”的关联案件中,正是因为被告人杜某禹在山东省高招信息平台植入木马程序窃取考生信息,才有了后续危害严重的行为,值得思考的是山东省高招信息平台是否采取了必要措施来防范网络攻击,高招信息平台作为全国瞩目的重要信息平台,自然容易成为网络攻击的靶子,如果连最起码的防火墙和技术防范措施都未采取,导致网站“沦陷”,那么网络服务提供者要为网站信息泄露承担不作为的责任。当然,“道高一尺,魔高一丈”,再严密的防范措施也难以完全阻挡黑客的攻击,百密总有一疏,网络服务提供者势必是在“道”和“魔”的无声较量中不断提高防范网络风险的能力,对于超出必要防范措施范围而造成的损害结果,基于技术局限性以及“法不强人所难”的精神,法律应不追究网络服务提供者的责任。

与儿童色情材料以及其他非法信息相关的网络危害行为中,网络服务提供者主要承担信息治理义务以及未恰当履行信息治理义务产生的法律责任,其在网络危害行为中主要扮演以下四重角色。

其一,鼓励。如徐某林等人侵犯著作权案中,被告人徐某林在明知会员在其开设的网站上传播侵犯著作权作品,还以发放礼品、提升会员级别的方式“奖励”该会员,使其更加“积极”地发布、上传侵权作品链接供其他网站会员浏览、下载。[1]

其二,诱导。由用户生成内容的网站在域名中使用诱导他人实施违法行为的用语,煽动用户在上面发表可能对他人构成侮辱、诽谤、侵犯隐私的言论。

其三,听任。网络服务提供者未及时将侮辱、诽谤、淫秽、暴力、诈骗等违法信息删除,造成这些信息被观看、转发、大量传播。网络服务提供者对于自己收集、使用的公民个人信息未尽到妥善管理、安全防范的义务,导致公民个人信息泄露。[2]

其四,干预。使用搜索引擎得到的搜索结果分为自然搜索结果和付费搜索结果两种,前者是客观中立的,后者是由搜索引擎提供者根据广告主付费高低而人工干预信息排名的结果。定向链接与付费搜索极为相似,网络服务提供者事先设定了所要抓取的页面的范围导致搜索结果指向特定化。[3] 当百度公司、谷歌公司为虚假医药广告提供竞价排名、付费广告业务,并间接造成他人人身伤亡的,当快播公司、百度公司定向搜索、链接到盗版网站的,这些网络服务提供者对于最终的危害行为和危害后果难辞其咎。

与著作权、邻接权相关的网络危害行为当中,既存在网络服务提供者鼓励、听任用户的违法犯罪行为,如徐某林等人侵犯著作权案,又存在网络服务提供者以网络服务作为实施违反犯罪行为以及非法牟利的工具,如刘某等人侵犯著作权案中,被告人刘某等人利用 VPN 代理服务的方式为玩家提供侵权网络游戏。

综上所述,网络服务提供者在网络危害行为中的作用各有不同,受《最

---

〔1〕 安徽省全椒县人民法院刑事判决书,(2014)全刑初字第00094号。

〔2〕《最高人民法院、最高人民检察院、公安部关于办理电信网络诈骗等刑事案件适用法律若干问题的意见》第3条第6项。

〔3〕 参见张玲玲:《定向链接网络服务提供者侵犯著作权责任问题研究》,载《科技与法律》2016年第2期。

高人民法院关于审理交通肇事刑事案件具体应用法律若干问题的解释》(法释〔2000〕33 号)中交通事故责任划分的启发,可以将其分为全部作用、主要作用、同等作用和次要作用。当网络服务提供者对网络系统实施攻击、为了实施违法犯罪行为或者开设网络服务主要用以实施违法犯罪行为,其行为属于相关刑法条文中的实行行为,其在网络危害行为中起全部作用,对网络危害行为造成的后果承担全部责任。当网络服务提供者鼓励、诱导用户利用网络服务实施侵犯著作权、侮辱、诽谤等违法犯罪行为时,无异于挑起犯意或强化犯罪,制造了更多的"犯罪人",在网络危害行为中起主要作用,对网络危害行为造成的后果承担主要责任,可以按照其所鼓励、诱导他人实施的行为所触犯的罪名以及刑法总则当中教唆犯的理论予以处罚。当网络服务提供者不履行或者不恰当履行信息网络安全管理义务,致使信息异常流向造成严重危害。具体而言,不应传播的违法信息被大量传播、不应被公众知悉的个人信息被广泛扩散、应当被妥善保管的刑事案件证据材料不慎遗失的,网络服务提供者因其未审慎履行法律、行政法规规定的义务而造成了严重的次生危害后果,相当于为行为人实施犯罪行为"递了一把枪",客观上起到帮助作用,从表现形式角度来看属于不作为行为,从共同犯罪角度来看属于帮助行为,在网络危害行为中起到同等作用,与直接实施违法犯罪的行为人一道对危害后果承担同等责任。当网络服务提供者(此处特指搜索引擎提供者)人为干预搜索结果排名,以受公众信赖的声誉为虚假广告的发布者背书,造成公众误认,受信息误导作出错误决策,对人身财产造成严重损失的,网络服务提供者在网络危害行为中起次要作用,对网络危害行为造成的后果承担次要责任。这四种作用和责任的划分中,除了第一种全部作用、全部责任,其余三种组合均存在网络服务提供者危害行为与网络用户危害行为的合力,厘清网络服务提供者危害行为的严重程度、危害行为与危害结果的因果关系、危害行为的刑法评价是本书着重解决的问题。

二、网络服务提供者承担刑事责任的现状及问题

(一)网络服务提供者承担刑事责任的现状

《计算机信息网络国际联网安全保护管理办法》(公安部1997年12月16日发布,国务院1997年12月11日批准,2011年1月8日修订)是我国首个较为全面规定网络服务提供者(互联单位、接入单位)安全保护职责的行政法规。该行政法规规定了互联单位、接入单位应建立健全安全保护管理制度、对本网络用户进行安全教育和培训、对于委托发布信息的单位和个人进行登记并对其发布的信息进行审核、建立计算机信息网络电子公告系统的用户登记和信息管理制度、发现违法信息应当保留有关原始记录并在24小时内向当地公安机关报告、应删除本网络中违法内容的地址、目录或者关闭服务器。任何单位和个人利用国际联网制作、复制、查阅和传播违法信息以及从事危害计算机信息网络安全构成犯罪的,依法追究刑事责任。

2000年9月25日,国务院接连发布了两个行政法规——《电信条例》和《互联网信息服务管理办法》,二者均规定利用电信网络制作、复制、发布、传播违法信息构成犯罪的依法追究刑事责任。同年12月28日,全国人大常委会发布了单行刑法——《关于维护互联网安全的决定》。这是我国唯一一个与互联网相关的单行刑法,其中规定了按照刑法相关规定追究刑事责任的具体情形,并规定了网络服务提供者(从事互联网业务的单位)发现互联网违法犯罪行为和有害信息,要采取措施、停止传输有害信息、及时向有关机关报告。

随着移动互联网时代的到来,网络危害行为由传统的计算机蔓延到各种手持式移动智能终端,为及时应对新问题,最高司法机关针对司法实践中常见、多发、疑难的问题给出指导性意见。2004~2013年间相继出台的五个司法解释——《最高人民法院、最高人民检察院关于办理利用互联网、移动

通讯终端、声讯台制作、复制、出版、贩卖、传播淫秽电子信息刑事案件具体应用法律若干问题的解释》(2004 年 9 月 3 日发布,2004 年 9 月 6 日实施,以下简称《淫秽电子信息解释(一)》),《最高人民法院、最高人民检察院、公安部关于办理网络赌博犯罪案件适用法律若干问题的意见》(2010 年 8 月 31 日发布并实施),《最高人民法院、最高人民检察院、公安部关于办理侵犯知识产权刑事案件适用法律若干问题的意见》(2011 年 1 月 10 日发布并实施),《最高人民法院、最高人民检察院关于办理危害计算机信息系统安全刑事案件应用法律若干问题的解释》(2011 年 8 月 1 日发布,2011 年 9 月 1 日实施),《最高人民法院、最高人民检察院关于办理利用信息网络实施诽谤等刑事案件适用法律若干问题的解释》(2013 年 9 月 6 日发布,2013 年 9 月 10 日实施),其共同点在于,对于明知他人利用信息网络实施犯罪,为其提供互联网接入、服务器托管、网络存储空间等技术支持的,以共同犯罪论处。《最高人民法院、最高人民检察院关于办理利用互联网、移动通讯终端、声讯台制作、复制、出版、贩卖、传播淫秽电子信息刑事案件具体应用法律若干问题的解释(二)》(2010 年 2 月 2 日发布,2010 年 2 月 4 日实施,以下简称《淫秽电子信息解释(二)》)反其道而行之,将电信业务经营者、互联网信息服务提供者明知是淫秽网站,为其提供互联网接入、服务器托管、网络存储空间、通信传输通道、代收费等服务,并收取服务费,具有特定情形的,对直接负责的主管人员和其他直接责任人员以传播淫秽物品牟利罪的正犯定罪处罚,而不是以狭义共犯中的帮助犯论处。

2012 年 12 月 28 日,《全国人民代表大会常务委员会关于加强网络信息保护的决定》出台,主要规定了网络服务提供者对公民个人电子信息的安全保护义务,违反该决定行为构成犯罪的,依法追究刑事责任。

2015 年 8 月 29 日,全国人大常委会发布了《刑法修正案(九)》,增设了《刑法》第 286 条之一拒不履行信息网络安全管理义务罪、第 287 条之一非法利用信息网络罪、第 287 条之二帮助信息网络犯罪活动罪,分别体现了网络服务提供者拒不履行法定义务的独立平台责任、预备行为实行化责任、帮助行为正犯化责任。2015 年 12 月,《反恐怖主义法》出台,2016 年 11 月,《网络安全法》出台,这两部法律分别是反恐和网络安全领域的基本法及顶层设计,均详细规定了网络服务提供者应当履行的义务,对于违反这两部法律的行为构成犯罪的,依法追究刑事责任。

2016 年 3 月 16 日,全国人大发布了《慈善法》,其中第 27 条规定,“广播、电视、报刊以及网络服务提供者、电信运营商,应当对利用其平台开展公开募捐的慈善组织的登记证书、公开募捐资格证书进行验证”。该法第 109 条规定了罚则,即“违反本法规定,构成违反治安管理行为的,由公安机关依法给予治安管理处罚;构成犯罪的,依法追究刑事责任”。

面对电信网络诈骗犯罪日益猖獗以及公民个人信息泄露严重的现象,“两高”和公安部审时度势、快速反应,及时出台了关于办理电信网络诈骗以及侵犯公民个人信息的刑事案件的司法解释。《最高人民法院、最高人民检察院、公安部关于办理电信网络诈骗等刑事案件适用法律若干问题的意见》(2016 年 12 月 19 日发布,2016 年 12 月 20 日实施)规定了网络服务提供者不履行法律、行政法规规定的信息网络安全管理义务,经监管部门责令采取改正措施而拒不改正,致使诈骗信息大量传播,或者用户信息泄露造成严重后果的以及违反国家有关规定,被电信网络诈骗犯罪分子利用,使他人遭受财产损失,构成犯罪的,应当承担刑事责任。《最高人民法院、最高人民检察院关于办理侵犯公民个人信息刑事案件适用法律若干问题的解释》(2017 年 5 月 8 日公布,2017 年 6 月 1 日起施行)规定,网络服务提供者拒不履行法律、行政法规规定的信息网络安全管理义务,经监管部门责令采取改正措施而拒不改正,致使用户的公民个人信息泄露,造成严重后果的,应当承担刑事责任。[1]

---

〔1〕 参见刘文杰:《网络服务提供者的安全保障义务》,载《中外法学》2012 年第 2 期。

为了增强《刑法修正案(九)》增设的新型信息网络犯罪的适用性,最高人民法院、最高人民检察院于2019年10月21日发布了《信息网络解释》,对拒不履行信息网络安全管理义务罪、非法利用信息网络罪、帮助信息网络犯罪活动罪的构成要件要素进行了详细解释。

我国于1994年接入国际互联网,在互联网迅猛发展的20多年来,对于网络危害行为特别是网络服务提供者的刑法规制紧紧跟随且不断推进。单行刑法、附属刑法、刑事司法解释不断试水为刑法修订积累了经验,《刑法修正案(九)》增设了网络服务提供者刑事责任条款,这在世界范围内都算得上一项创举。从之前依靠共犯责任条款处罚网络服务提供者的技术帮助行为,到逐步提倡帮助行为正犯化,创设专门的具有帮助性质的正犯条款(帮助信息网络犯罪活动罪),再到网络服务提供者仅依自己拒不履行义务的行为承担责任,相对独立于用户借助网络服务实施的网络危害行为,这一系列实践、理论、立法上的演进标志着我国网络服务提供者刑事责任体系日趋完善。因而,当前网络服务提供者刑事责任的问题绝不是无法可依,而是面对不断更换外观的网络危害行为,如何理解和适用法律。

(二)网络服务提供者承担刑事责任的问题

刑事政策决定刑事责任的范围、影响刑事责任的实现方式。当前我国网络犯罪刑事责任的刑事政策取向存在从严有余、从宽不足、严宽失调的问题。网络服务提供者危害行为是网络犯罪的子项。那么刑事政策在网络服务提供者的刑事责任当中又有何体现?具体而言,在立法、司法和法教义学上分别体现为何种刑事政策取向?对于网络服务提供者刑事责任采取的刑事政策应当考虑哪些因素?这些因素对于刑事政策“从宽”或“从严”的取向起到正向还是负向的效应?应当如何抉择网络服务提供者刑事责任具体依据的刑事政策?如何克服网络犯罪刑事责任刑事政策取向既有的缺陷,实现扶持网络服务、科技发展、自由保障、打击犯罪之间的平衡?

网络服务提供者的刑事责任并非我国独自面对的问题,网络先行国家早已出现要不要惩治网络服务提供者以及如何惩治的问题。网络先行国家同时也是法治发达国家,这些国家利用优渥的法治资源化解了网络服务提供者的规制难题。这些国家对于网络服务提供者刑事责任的法律规定有哪些,司法实践中的刑事案例有哪些,判决结果如何,裁判说理的内容是什么?在追究网络服务提供者刑事责任过程中体现了哪些刑法理论、司法理念及刑事政策取向?网络先行国家处理网络服务提供者刑事责任的做法哪些值得我国借鉴?

"刑事义务是由刑事法律规定的行为人负有的必须约束其行为的任务,是行为正当化的根据,也是刑事责任的前提。"[1]作为刑事责任前提的刑事义务来源于哪些方面?刑事义务是决定行为在刑法上是否正当的根据,而刑事义务本身也存在是否正当的问题。那么对网络服务提供者附加刑事义务的正当性何在?网络服务提供者具体承担的刑事义务有哪些?网络服务提供者怎样才算履行了义务?网络服务提供者的刑事义务之间是否存在冲突,又应当如何化解?网络服务提供者可以分为不同的类别,不同类别的网络服务提供者承担的刑事义务有何不同?网络服务提供者的刑事义务体系又应当如何根据主体区分来构建?

危害行为及其与危害结果之间的因果关系是刑事责任的客观基础。网络服务提供者的危害行为有哪些表现形式?快播案被告人的行为究竟是作为还是不作为?网络服务提供者的作为行为和不作为行为分别有哪些体现?网络服务提供者的持有行为是作为、不作为还是独立行为?网络服务提供者的危害行为往往与网络用户的危害行为相结合产生了危害结果,在这样一种共同犯罪结构或者类似共同犯罪结构中,网络服务提供者的实行行为、帮助行为、教唆行为分别包含哪些情形?帮助信息网络犯罪活动罪究竟属于帮助行为正犯化还是帮助犯的量刑规则?中立帮助行为与帮助犯的

---

〔1〕 冯军:《刑事责任论》,法律出版社1996年版,第17页。

界限何在？网络服务提供者的危害行为在立法上如何体现，在司法上又该如何认定？网络服务提供者不作为行为的结果归责因采用何种因果关系理论？网络服务提供者帮助行为的结果归责与不作为行为有何差异？可罚的中立帮助行为的结果归责又有何特殊性？

“一个人只有在主观上有可以归责的地方，才能对其追究刑事责任，这样的追究活动才会有合理性。”[1]应受谴责的心理状况表现为故意、过失的主观罪过。[2] 网络服务提供者成立犯罪的前提是对自己的危害行为或者用户利用自己服务实施的危害行为具备明知这一主观要件，明知具有故意推定功能，网络服务提供者刑事责任中必定存在犯罪故意的罪过形式。犯罪故意包含认识因素和意志因素。网络服务提供者的“明知”“知道”“应知”“通谋”分别代表什么含义，相互关系是什么？网络服务提供者的明知是概括性认识还是具体性认识？是高度盖然性的认识还是一般可能性的认识？是对他人实施犯罪行为的认识还是对他人实施行政违法行为的认识？据以认定明知的事实基础有哪些？作为犯罪故意意志因素的“放任”能否表示放任自流、不加约束的行为？“网络服务提供者的放任行为”的表述存在哪些错误？“放任”如何回归意志因素的语义范围内？网络服务提供者承担刑事责任是否可以出于犯罪过失？网络服务提供者是否有具体的结果预见义务？网络服务提供者是否可以构成监督过失？网络服务提供者平台责任是否意味着“有条件引入过失责任”？

刑事责任的承担方式包括刑罚、非刑罚处罚措施及保安处分。网络服务提供者的刑罚体现为什么形式，有何特征？网络服务提供者刑罚竞合时应从重处断的原则与从旧兼从轻原则之间的矛盾如何化解？网络服务提供者刑事案件中单位主体和自然人主体罚金刑相差悬殊、自然人之间罚金刑相差悬殊的原因何在？网络服务提供者罚金刑裁量的标准是什么？网络服

---

〔1〕 高铭暄、王作富主编：《新中国刑法的理论与实践》，河北人民出版社 1988 年版，第 165 页。

〔2〕 参见冯军：《刑事责任论》，法律出版社 1996 年版，第 18 页。

务提供者非刑罚处罚措施具体包括哪些？作为刑事责任承担方式的行政处罚应当如何做出？作为刑事责任承担方式的行政处罚如何与作为行政责任的行政处罚衔接、折抵？可以适用于网络服务提供者的保安处分包含哪些？网络服务提供者的职业禁止如何适用？网络服务提供者的违法所得如何计算？违法所得与合法收益如何区分？网络服务提供者开发、使用的软件程序是否可以作为供犯罪使用的本人财物被没收？

三、研究思路与研究方法

(一)研究思路

“刑事责任关系到刑法理论的全局，几乎所有的刑法问题都与刑事责任紧密相联。”[1]“刑事责任是刑法中的一个核心问题。离开刑事责任问题，刑法的生命也就停止了。”[2]本书的主题是“论网络服务提供者的刑事责任”，以刑事责任为主线贯通网络服务提供者的刑事政策、刑事立法、刑事司法。然而，“刑事责任是刑法学中一个多义的，因而也是存在许多争议的范畴”。[3] 英美法系国家、苏联的刑法学及我国传统刑法学认为刑事责任是实施犯罪行为的人应受惩罚、制裁的法律地位或者可能性，即在法律后果的意义上来理解刑事责任。以德国和日本为代表的大陆法系国家刑法学主张，刑事责任是就符合构成要件的违法行为对行为人的非难，即从非难可能性的意义上来理解刑事责任。[4] 本书从广义上使用“刑事责任”，融合了法律后果和非难可能性，指的是行为人有责地违反了刑事义务(第一性义务)而应当承受的国家依法给予的刑事处罚(刑事负担)，具体包括刑事义务、刑事

---

[1] 冯军：《刑事责任论》，法律出版社1996年版，“序言”第3页。

[2] 高铭暄主编：《刑法学原理》(第1卷)，中国人民大学出版社1994年版，第410页。转引自武小凤：《刑事责任专题整理》，中国人民公安大学出版社2007年版，第55页。

[3] 曲新久：《刑法的精神与范畴》，中国政法大学出版社2003年版，第247页。转引自郝英兵：《刑事责任论》，法律出版社2016年版，第17页。

[4] 参见郝英兵：《刑事责任论》，法律出版社2016年版，第19~32页。

归责、刑事负担。[1] 本书分为六章,展开如下。

第一章探讨我国网络服务提供者刑事责任的刑事政策依据。刑事立法、刑事司法无不受到刑事政策的指导,因此刑事责任也与刑事政策密切相关。我国的刑事政策分为基本刑事政策和具体刑事政策,基于此,刑事政策既是总体性、原则性的,同时又具有灵活性、针对性。在犯罪学上,网络犯罪是一个单独的类型,而网络服务提供者的犯罪只是网络犯罪中一种特殊主体犯罪,因而先介绍网络犯罪刑事责任的刑事政策取向,再从立法、司法、法教义学三方面阐述刑事政策在网络服务提供者刑事责任中的体现,在此基础上评估、考量网络服务提供者刑事责任应当依据的具体刑事政策。社会发展、社会安全、技术水平或多或少会使网络服务提供者刑事政策的天平向着"宽"或者"严"的方向稍稍倾斜。本章最后在综合平衡中确定网络服务提供者刑事责任具体依据的刑事政策。

第二章介绍网络先行国家网络服务提供者的刑事责任及其启示。本章选取美国、德国、日本三个国家,先从立法、司法、理论上对该国网络服务提供者的刑事责任进行全景式的展示,之后从刑事责任的形式、刑事责任的内容展开分析,最后揭示该国网络服务提供者的刑事责任给我们带来的启示。这样做的目的有两个:其一,"以人为镜,可以知得失"。介绍外国网络服务提供者的刑事责任等于树立了参照物和坐标系,在之后谈及我国的情况时,一比较便可知高下、优劣。其二,"他山之石,可以攻玉"。这里选取的国家分别是美洲、欧洲、亚洲发达国家的先进代表,不管是在互联网技术发展还是互联网法律规制上,起步均先于我国,发展速度也比我国要快,有很多经验值得我们学习、借鉴。

第三章研究网络服务提供者刑事责任的义务前提。第一节探讨刑事义务与刑事责任的关系,突出刑事义务在刑事责任中的基础性和前提性作用,

---

[1] 参见冯军:《刑事责任论》,法律出版社1996年版,第25页。

明确为何要在客观要件和主观要件之前单独论述义务,解决刑事义务的来源问题。第二节探讨网络服务提供者刑事义务的正当性根据。刑事义务是决定行为在刑法上是否正当的根据,而刑事义务本身也存在是否正当的问题。第三节阐释网络服务提供者刑事义务的具体内容,介绍当前我国法律、行政法规对于网络服务提供者义务的规定,现有规定存在的矛盾冲突和化解,网络服务提供者义务类型化规定的完善。

第四章分析网络服务提供者刑事责任的客观要件,从网络服务提供者的危害行为及危害行为涉及的因果关系问题两方面入手。第一节"网络服务提供者的危害行为"又分为危害行为的基本表现形式以及危害行为在共同犯罪中的表现形式两个侧面。危害行为的基本表现形式无非是作为和不作为,持有的性质尚存在争议。这一部分从快播案被告人危害行为表现形式争议入手,讨论网络服务提供者作为和不作为分别构成的罪名,以及网络服务提供者的"持有"如何定性。共同犯罪中的危害行为表现为实行行为、帮助行为、教唆行为,本书依次分析网络服务提供者这三种行为以及对相关罪名中危害行为的理解。第二节"网络服务提供者的危害结果"分别从网络服务提供者危害结果的体现和认定出发,前者探讨网络服务提供者刑事责任相关罪名中危害结果的法律规定,后者着眼于司法实践,阐述违法所得数额较大的法律归属与认定、碎片文件的定性与计算、传播的含义等难点问题。第三节着眼于网络服务提供者不作为、帮助行为的结果归责问题。不作为、帮助行为是网络服务提供者最常见的危害行为,但这两种行为与危害结果之间的因果关系难以认定。在不作为中,采用条件说确认了事实因果关系之后,应当从客观归责论的角度判断刑法上的因果关系。在帮助行为中,以"促进的因果关系说"化解帮助犯结果归责问题,并进一步阐释假定的代替条件考虑理论、客观归责论、主观归责论以限定中立帮助行为可罚范围。

第五章探究网络服务提供者刑事责任的主观要件,刑法上的主观罪过分为故意和过失,原则上一个罪名只能有一种罪过形式,除了食品监管渎职罪这种极其特殊的情况,而网络服务提供者刑事责任并非指一个或几个罪名,而是指网络服务提供者有责地违背刑事义务应承受刑事负担的状态,那么网络服务提供者刑事责任是否包含犯罪故意、犯罪过失都是值得探讨的。由于网络服务提供者成立犯罪以存在明知为前提,而明知具有犯罪故意推定功能,所以网络服务提供者刑事责任存在故意没有疑问。第一节从网络服务提供者刑事责任的犯罪故意肯定论角度出发,分别对认识因素中的明知和意志因素中的放任展开分析。由于过失犯罪以法律规定为限,第二节试图从结果预见义务、监督过失、平台责任角度寻找网络服务提供者过失责任可能的踪迹。

第六章归纳了网络服务提供者刑事责任的承担方式,围绕网络服务提供者的刑罚、非刑罚处罚措施、保安处分三部分展开论述。每一部分对应一节,每一节均采取"总—分"的结构,先介绍特定类别的刑事责任承担方式中有哪些可以适用于网络服务提供者,再分别介绍各具体的刑事责任承担方式在理论和实践上有什么问题,应当如何解决这些问题。着重解决网络服务提供者刑事责任条款中竞合从重的规定与刑法溯及力原则"从旧兼从轻"的冲突、罚金刑的裁量依据、各种非刑罚处罚措施在网络服务提供者刑事案件中的具体适用、行政处罚与刑罚的衔接、不同性质的行政处罚的衔接、职业禁止的适用、没收违法所得中违法所得的认定、没收供犯罪使用的本人财物中财物的目的解释。

(二)研究方法

1. 比较研究法

比较方能见长短,进而取人之长,补己之短。同时,比较有助于发现问题。本书用一章的篇幅介绍网络发达国家网络服务提供者的刑事责任,为比较研究进行资料铺垫,在其后的章节中,多次引用外国资料与我国的情况进行比较。第五章第一节在探讨网络服务提供者明知判断标准时,从域外网络服务提供者案件中提取出相应判断规则并结合我国实际将其本土化。比较的对象不仅是我国和外国关于网络服务提供者刑事责任的差异,还包括我国刑法理论中若干概念的细微区分,如比较“明知”“知道”“应知”“通谋”,比较不同网络服务提供者分类方法的优劣。

2. 案例研究法

正如美国大法官霍姆斯所说,“法律的生命不在于逻辑,而在于经验”,司法案例即是这种经验的体现,是活的法律。我国虽不是判例法国家,生效判决无法对其后案件产生约束力,但是我国正在推行的案例指导制度也证明了判决对于之后案件的影响力。网络服务提供者危害行为入刑时间不长,然而追究网络服务提供者刑事责任的做法却早已有之,本书大量撷取外国和我国的网络服务提供者刑事案例,通过这些案例来分析网络服务提供者应承担的具体义务、网络服务提供者的主体分类、网络服务提供者危害行为的具体表现、网络服务提供者实施危害行为时的主观罪过以及网络服务提供者实施危害行为承担刑事责任的方式。

3. 历史研究法

任何一种现象都不是突然发生的,必定有其产生的契机、发展的动因。本书不仅从地理空间的角度对不同国家网络服务提供者刑事责任展开横向的展开,也从时间的角度对于不同时期网络服务提供者危害行为的表现与刑事责任状况进行纵向的展示。导论第二部分以时间为轴,归纳、总结了我国网络服务提供者刑事责任状况。第二章在阐释网络先行国家网络服务提供者的刑事责任时,每一节第一个大标题之下都是按照时间顺序介绍该国网络服务提供者的刑事责任。

4. 概念分析法

困难始于界说,但是“对任何问题的系统讨论都应该从对它的界定开始,以便了解究竟就什么问题进行讨论”。[1] 导论阐述了网络服务提供者的概念,为本书确立了讨论前提。对于本书的核心概念——刑事责任,导论也予以界定,并说明其在本书的含义有别于我国传统刑法中对刑事责任的释义。文中也对“义务”“危害行为”“保安处分”等关键概念给出了系统性解释。

---

〔1〕 [古罗马]西塞罗:《论义务》,王焕生译,中国政法大学出版社 1993 年版,第 11 页。

第一章

我国网络服务提供者刑事责任的刑事政策依据

我国学者总结立法、司法、改造的实践，将刑事政策定义为国家或执政党依据犯罪态势对犯罪行为和犯罪人运用刑罚和有关措施以期有效地实现惩罚和预防犯罪目的的方略，[1]或者是有关预防和克服犯罪现象的方针策略以及立法政策。[2] 刑事政策可以分为基本刑事政策和具体刑事政策，前者具有普遍性、全局性，后者适用于特定类型犯罪。从概念表述来看，刑事政策与刑事责任并无直接联系，须以刑法为中介，通过刑事政策与刑法的关系以及刑法与刑事责任的关系，得以探究刑事政策与刑事责任的关系，即刑事政策对于刑事责任的前提、裁量、承担具有重要的指导意义。当前我国网络犯罪刑事责任的刑事政策取向存在严宽失调的现象，与宽严相济基本刑事政策并未完全契合，不利于刑事责任的实现，因而须特别关注刑事政策在网络服务提供者刑事责任中的体现，防止进一步偏离。通过对发展与安全这一对永恒的矛盾进行权衡以及对技术水平这一客观现实加以考量，探讨网络服务提供者刑事责任具体依据刑事政策的取向。

---

〔1〕 杨春洗主编：《刑事政策论》，北京大学出版社 1994 年版，第 3 页。

〔2〕 张明楷：《简评近年来的刑事司法解释》，载《清华法学》2014 年第 1 期。

第一节 我国的刑事政策

一、我国刑事政策的基本精神

我国的基本刑事政策在不同的历史阶段有不同的内涵,具有极强的时代性。新中国成立初期,面对镇压反革命、巩固新生政权的艰巨任务,毛泽东主席提出了“镇压与宽大相结合”的刑事政策。1956 年,中国共产党第八次全国代表大会将“镇压与宽大相结合”调整为“惩办与宽大相结合”,并将其作为我国的基本刑事政策。1979 年,“惩办与宽大相结合”的刑事政策被规定在《刑法》第 1 条。1983 年,由于社会治安急转直下,我国适用“严打”的刑事政策——依法从重从快打击严重危害社会治安的犯罪分子。迈入 21 世纪以来,为适应构建社会主义和谐社会的需要,时任中央政治局常委、政法委书记罗干同志于 2004 年提出了宽严相济的刑事政策,这个开创性的论题经 2006 年《中共中央关于构建社会主义和谐社会若干重大问题的决定》、2008 年《最高人民法院工作报告》《最高人民检察院工作报告》深入阐述,成为我国当前乃至将来很长一段时间的基本刑事政策,指导我国的刑事立法、刑事司法、刑事执法。[1]

“宽”指的是宽大、宽容、宽恕;“严”指的是严格、严厉、严密;“相济”指的是彼此调节,互为补充。[2] 宽严相济刑事政策的具体内容是:该严则严,当宽则宽;严中有宽,宽中有严;宽严有度,宽严审时,其核心是以宽济严、以严济宽,特别体现为以宽济严。[3] 宽严相济刑事政策是和谐社会的产物,是对之前刑事政策的纠偏,且在表述上“宽”和“严”存在先后顺序,说明该刑事政策着眼于社会关系的修复,对应的是修复性刑事责任,对刑罚严厉性进行

---

〔1〕 参见马克昌:《宽严相济刑事政策研究》,清华大学出版社 2012 年版,第 62~65 页。

〔2〕 参见《辞海》(第 6 版),上海辞书出版社 2016 年版,第 1056~1057、2188 页。

〔3〕 参见孙万怀:《刑事政策合法性的历史》,法律出版社 2016 年版,第 203 页。

调和。[1] 宽严相济刑事政策与国外“重重轻轻两极化”刑事政策具有异曲同工之妙,“重重”指的是将具有严重危害性的行为犯罪化、加重刑罚或者在监狱中加重管理;“轻轻”指的是对于危害性较小的行为予以出罪化、多适用非刑罚处罚措施、监狱管理非机构化。“两极化”指的是以宽松的刑事政策对待不需要矫治或有矫治可能的犯罪、犯罪人,以严格的刑事政策对待不能不矫治或矫治困难的犯罪、犯罪人。[2] 与重重轻轻两极化的刑事政策相比,宽严相济刑事政策进一步提出了“宽”与“严”、“轻”与“重”的协调、补充,使其不至于因“两极化”而相去甚远,而是达致调和的状态,实现公平正义。“到目前为止,打击刑事犯罪还没有什么灵丹妙药,只有‘宽’和‘严’的两手,关键在于如何根据所处的历史时代特征,在了解犯罪现实和掌握刑事政策方法和规律的基础上,灵活地运用‘宽’‘严’两手,制定合理的反犯罪战略。”[3]因此,把握好“宽”与“严”的度,在恰当的时候“以宽济严”“以严济宽”,是贯彻罪刑法定原则、实现个案公正、达到良好的预防效果、构建社会主义和谐社会的必由之路。

具体刑事政策有两种表现形式。其一,党和国家针对特定的犯罪及其他有关危害行为专门制定具有指导意义的方针和策略,譬如对轻微犯罪的少年犯适用的教育、感化、挽救的方针,对少数民族中的犯罪分子,要少捕少杀,在处理上一般从宽的方针。[4] 其二,根据犯罪侵犯法益、犯罪对象、行为方式、受害人等因素的特殊性,在宽严相济基本刑事政策指导下对此类犯罪适用偏向“宽”或者偏向“严”的制裁措施,如“对象型网络犯罪应在宽严相济刑事政策的基础上坚持适度从严的政策”[5]“对职务犯罪应当实行从严惩

---

[1] 参见毛煜焕:《修复性刑事责任的价值与实现》,法律出版社2016年版,第195页。

[2] 参见郑善印:《两极化的刑事政策》,载《罪与刑——林山田教授六十岁生日祝贺论文集》,五南图书出版股份有限公司1998年版,第734页。

[3] [法]雅克·博里康、朱琳编著:《法国当代刑事政策研究及借鉴》,中国人民公安大学出版社2011年版,“前言”第2页。

[4] 参见马克昌:《宽严相济刑事政策研究》,清华大学出版社2012年版,第51页。

[5] 徐剑:《对象型网络犯罪的刑事政策应对》,载《河北法学》2016年第8期。

处的刑事政策”[1]“面对互联网金融,刑法应保持谦抑性”[2]“应当运用宽严相济的刑事政策来缓和食品安全犯罪中‘以重罪重刑制裁’的倾向”[3]“今后一段时间内我国反腐的具体刑事政策是‘零容忍’”。[4]

“基本刑事政策与具体刑事政策之间具有内在性质上的符合性:具体刑事政策应当而且必须体现基本刑事政策,基本刑事政策在相当程度上制约着具体刑事政策。”[5]可见,基本刑事政策与具体刑事政策是一般性和特殊性的关系,对于我们研究特定类型的犯罪均具有重要意义。

二、刑事政策与刑事责任

刑事政策指导刑法的制定、实施和解释,刑法决定着刑事责任的有无、轻重和大小,刑事责任是刑法的有机组成部分,因此,刑事政策对于刑事责任的前提、裁量、承担具有重要的指导意义。

(一)刑事政策与刑法的关系

林纪东教授指出,刑事政策与刑法规范好比是灵魂和肉体的关系。“研究刑事法而不知刑事政策,至多只看到现代刑事法的形式,而没有把握到更高一层,更深一层的灵魂。”[6]杨春洗教授认为,刑事政策是刑事立法与刑事司法的出发点,并表现于其行动的过程和归宿,表明刑事政策与刑事法律有相互依存、相互渗透的关系,有时又相互转化。[7] 陈兴良教授认为,刑事政策对于刑法具有指导意义,对于犯罪构成具有制约功能。[8] 综上所述,刑事

---

[1] 张绍谦:《我国职务犯罪刑事政策的新思考》,载《华东政法大学学报》2013 年第 4 期。
[2] 姜涛:《互联网金融所涉犯罪的刑事政策分析》,载《华东政法大学学报》2014 年第 5 期。
[3] 李兰英、周微:《论惩治危害食品安全犯罪的刑事政策》,载《中国刑事法杂志》2013 年第 3 期。
[4] 孙道萃:《论“零容忍”反腐作为具体刑事政策及其展开》,载《河南师范大学学报(哲学社会科学版)》2015 年第 5 期。
[5] 陈兴良:《宽严相济刑事政策研究》,载《法学杂志》2006 年第 1 期。
[6] 林纪东:《刑事政策学》,正中书局 1968 年版,“自序”。
[7] 参见杨春洗主编:《刑事政策论》,北京大学出版社 1994 年版,第 5 页。
[8] 参见陈兴良:《规范刑法学》(上册)(第 3 版),中国人民大学出版社 2013 年版,第 198 页。

政策对刑事法律具有指导作用。从刑事一体化的视角出发,刑事政策是管总的、原则性的内容,有必要先行讨论。

刑事政策与刑法的关系经历了如下三个认识阶段。

第一,肯定刑事政策与刑法的直接关系。刑事政策的首倡者、近代刑法学之父费尔巴哈认为,通过罪刑法定原则实现的威吓性预防就是刑事政策的基础原则。〔1〕他将刑事政策视为一种立法政策,认为刑法是唯一的刑事政策,肯定了刑事政策与刑法的直接关系。〔2〕

第二,刑事政策与刑法体系相互区隔。现代刑事政策学的奠基人弗兰茨·冯·李斯特提出了一个颇具影响力的论断"刑法是刑事政策不可逾越的屏障",〔3〕也有学者译为"罪刑法定是刑事政策不可逾越的樊篱"。〔4〕该论断被后世德国刑法学者克劳斯·罗克辛概括为"李斯特鸿沟",以此凸显刑事政策与刑法之间的紧张关系。〔5〕李斯特认为,"清楚地和明确地划分政策与法律的界限是我们的义务",刑事政策的任务毫无疑问包含了刑法立法,刑事政策应当在量刑中被考虑,刑事政策在刑罚执行中起到必要和不可分割的作用。刑事政策与刑法存在既有联系又有区别的关系,联系体现于刑事政策对刑事立法和刑事司法的影响,区别体现于刑事立法和刑事司法相互是独立的,一旦刑事法律在刑事政策的影响下被制定、颁布、施行,刑事政策对立法的影响即告终结,而对刑事司法的影响依然存在。〔6〕

---

〔1〕参见[德]克劳斯·罗克辛:《刑事政策与刑法体系》(第2版),蔡桂生译,中国人民大学出版社2011年版,第54页。

〔2〕参见陈兴良:《刑法教义学与刑事政策的关系:从李斯特鸿沟到罗克辛贯通——中国语境下的展开》,载《中外法学》2013年第5期。

〔3〕[德]冯·李斯特:《论犯罪、刑罚与刑事政策》,徐久生译,北京大学出版社2016年版,第14页。

〔4〕陈兴良:《刑法教义学与刑事政策的关系:从李斯特鸿沟到罗克辛贯通——中国语境下的展开》,载《中外法学》2013年第5期。

〔5〕参见[德]克劳斯·罗克辛:《刑事政策与刑法体系》(第2版),蔡桂生译,中国人民大学出版社2011年版,第247页。

〔6〕参见[德]冯·李斯特:《论犯罪、刑罚与刑事政策》,徐久生译,北京大学出版社2016年版,第14、140、146页。

第三，刑事政策与刑法体系相互贯通。克劳斯·罗克辛以刑事政策作为基础来构建刑法体系，并最终形成目的理性犯罪论体系。罗克辛所倡导的“刑事政策与刑法体系”中的“刑法体系”与刑法、犯罪论体系、教义刑法学具有同等含义。[1]“罪刑法定原则的前提、利益对立场合时社会进行调节的利益衡量和对于刑法之目的的探求，就是我们所常见的各个犯罪类型的刑事政策之基础。”[2]罗克辛在这个观念的指导下，以刑事政策作为基础改造了古典三阶层犯罪论体系中每个阶层的内容。首先是构成要件的实质化，即以罪刑法定原则作为构成要件的刑事政策基础，将法无明文规定的行为以及没有处罚必要性的行为排除在构成要件之外，强调罪刑法定的实质侧面。其次是违法性的价值化，以刑法是否对特定的个人行为具有干预权来决定是否作为犯罪处理，通过调节正当化事由的范围，反映社会的发展变迁及刑法的价值取向。最后是罪责的目的化，罗克辛主张实质性罪责概念——“答责性”，答责性包括预防必要性和规范性要素，前者指的是刑罚对于预防犯罪的必要性，是答责性的充分条件，后者指的是犯罪人罪责及其程度，是答责性的必要条件。罗克辛将刑事政策引入犯罪论，实现了刑法教义学与刑事政策的贯通，这是否会使李斯特苦心孤诣经营的“鸿沟”——避免刑事政策对刑法特别是罪刑法定原则的侵扰消失殆尽？由于罗克辛在将刑事政策贯穿于犯罪的三阶层判断的同时，还将罪刑法定原则同时贯穿于这三阶层，使刑事政策与罪刑法定处于一种复杂的牵制关系中，因此，这种担心是多余的。[3]

从历史发展进程来看，学者们对于刑事政策与刑法之间关系的认识经

---

〔1〕参见陈兴良：《刑法教义学与刑事政策的关系：从李斯特鸿沟到罗克辛贯通——中国语境下的展开》，载《中外法学》2013年第5期。

〔2〕［德］克劳斯·罗克辛：《刑事政策与刑法体系》（第2版），蔡桂生译，中国人民大学出版社2011年版，第7页。

〔3〕参见陈兴良：《刑法教义学与刑事政策的关系：从李斯特鸿沟到罗克辛贯通——中国语境下的展开》，载《中外法学》2013年第5期。

历了由近到远又到近的曲折往复过程，总体上来说，强调刑事政策与刑法体系的贯通是主流观点，也是当前的通行做法。这种选择是理论优胜劣汰的必然结果，刑事政策与生俱来包含结果的理性、合目的性考问，这些对于刑法立法、刑事司法、法教义学有明显的检视、校正作用，因此主张刑事政策与刑法体系的贯通要比分离收到更好效果。从另一个方面来说，处在教义学体系之中的刑事政策相较于与刑法理论体系相独立的刑事政策，多出了法律体系内部自洽性的考量，也多出了法律的适用效果的司法视角。[1] 由此可知，刑事政策与刑法体系相得益彰，两者的贯通发挥了"1 +1 >2"的效果。

（二）刑法与刑事责任的关系

关于刑法的概念有两种有代表性的观点，其一，"刑法是规定犯罪及其法律后果（主要是刑罚）的法律规范"，[2]或者"刑法是关于犯罪与刑罚的法律"。[3] 刑法是"犯罪—刑事责任"的体系，刑事责任涵盖了刑罚及其他刑事法律后果。其二，"刑法是规定犯罪、刑事责任和刑罚的法律"。[4] 刑法是"犯罪—刑事责任—刑罚"（"罪—责—刑"）的体系，刑事责任是连接犯罪与刑罚的桥梁。但是，犯罪与刑事责任是"因"与"果"的关系，这两者已经形成了完整的因果链条，"刑罚"仿若多余的尾巴。其三，刑事责任与刑罚是责任与责任承担方式的关系，属于上下位概念，这两者并列规定导致逻辑混乱，因此第二种观点不可取。[5] 本书赞同"刑法是规定犯罪与刑事责任"的观点。

我国《刑法》第 3 条明文规定了罪刑法定，包括积极和消极两个层面——法律明文规定为犯罪行为的，依照法律定罪处刑；法律没有明文规定

---

〔1〕 参见车浩：《刑事立法的法教义学反思——基于〈刑法修正案（九）〉的分析》，载《法学》2015 年第 10 期。

〔2〕 张明楷：《刑法学》（第 6 版），法律出版社 2021 年版，第 17 页。

〔3〕 张明楷：《外国刑法纲要》（第 2 版），清华大学出版社 2007 年版，第 3 页。

〔4〕 高铭暄等：《刑法学》（第 7 版），北京大学出版社、高等教育出版社 2016 年版，第 7 页。

〔5〕 参见张文：《刑事责任要义》，北京大学出版社 1997 年版，"序言"第 1 页。

为犯罪行为的,不得定罪处刑。因此,一个行为是否认定为犯罪行为,是否要定罪处刑,是否要启动刑事追究,是否要承担刑事责任,归根结底在于法律有无明文规定。这里的“法律”特指刑事法律,包括刑法、单行刑法和附属刑法。罪刑法定原则是刑法中的帝王条款,[1]对于罪刑法定原则的坚守有助于筑牢刑法的根基,坚固刑法的信仰。[2] 由此,刑法是刑事责任产生的前提和根据,刑事责任是刑法规定的必然结果。

(三)刑事政策与刑事责任的关系

刑事政策对刑法有指导作用,刑事责任是刑法不可或缺的部分,集中体现了国家强制力和最强烈的否定评价,因此刑事政策对刑事责任也有指导作用。刑事政策对刑事责任的指导作用在制刑、量刑、行刑三个阶段有不同体现。

在制刑阶段,刑事政策为刑事法律的制定提供动力、依据、精神支撑,刑事政策的价值性倾向深深影响刑事法律的价值倾向。制刑指的是进行刑事立法活动,即制定、修改、废除刑法条文。此阶段刑事政策对于刑事责任的影响体现为两方面。其一,刑事政策作用于刑事责任的前提进而间接影响刑事责任。没有犯罪就没有刑罚,同样,没有犯罪就没有刑事责任,犯罪是刑事责任的前提。犯罪圈的大小决定了刑事责任的范围大小,而刑事政策恰恰能影响犯罪圈。刑事政策中存在“非犯罪化”的取向时,有些原来构成犯罪的行为现在不构成犯罪了,犯罪圈缩小,刑事责任的范围跟着缩小;刑事政策中存在“犯罪化”的取向时,有些原来不构成犯罪的行为现在构成犯罪了,犯罪圈扩大,刑事责任的范围跟着扩大。其二,刑事政策直接作用于刑事责任。刑事政策倡导“非刑罚化”时,轻刑化趋势明显,刑罚替代措施日渐盛行,刑事责任的承担方式发生变化。

---

〔1〕 参见梁根林:《罪刑法定原则:挑战、重申与重述——刑事影响力案件引发的思考与检讨》,载《清华法学》2019年第6期。

〔2〕 参见刘艳红:《刑法的根基与信仰》,载《法制与社会发展》2021年第2期。

在量刑阶段,刑事政策指导法官行使自由裁量权。法官对于具体案件犯罪情节和后果的把握,对于犯罪当处的刑罚或非刑罚处罚措施从宽或者从严的决定,对于法定范围内刑事诉讼期间或长或短的处理方式,无不受到刑事政策的制衡。刑事政策影响了法官对于刑事法的理解以及对于刑事责任有无、轻重的判断。

在行刑阶段,如何适用社区矫正、减刑、假释,如何评估犯罪人的人身危险性、预防必要性、再犯罪可能性以及改造效果,都需要在刑事政策指导下进行。刑事政策对于行刑规范、罪犯改造以及社会评价、罪犯实际承担的刑事责任均具有指导意义。〔1〕

与此同时,刑事责任能够体现刑事政策的价值、发现刑事政策的谬误、纠正刑事政策的偏差。制刑阶段的刑事责任是一种静态的、应然的状态,关于刑事责任的规定能够反映出刑事政策对于立法资源配给的标准和依据。量刑阶段的刑事责任是刑事政策的完全反映,是定罪判刑、定罪免刑,还是适用保安处分措施,刑罚是轻还是重,保安处分措施适用的期限是短还是长,均折射出判决当时的刑事政策。行刑阶段的刑事责任能够检验刑事政策科学与否,罪犯改造效果如何、人身危险性是否降低、是否有再犯罪的可能、是否过分注重重刑而导致罪犯自我评价下降、难以融入社会。这些问题都考验着当前刑事政策是否适合继续贯彻,毕竟刑事政策作为国家、政党为实现惩治犯罪、预防犯罪的任务而规定的行动准则,必定会考虑推行的效果,包括政治效果、法律效果和社会效果三者的统一。

三、网络犯罪刑事责任的刑事政策取向

在立法上,网络危害行为犯罪化的脚步从未停歇。1997 年《刑法》与网络犯罪相关的条文有 3 条,分别是第 285 条非法侵入计算机信息系统罪、第

〔1〕 参见孙万怀:《刑事政策合法性的历史》,法律出版社 2016 年版,第 20 页。

286 条破坏计算机信息系统罪、第 287 条利用计算机实施犯罪的提示性规定，此时的计算机主要作为犯罪对象和犯罪工具存在，特定计算机信息系统成为被非法入侵和破坏的对象。2000 年 12 月 28 日全国人大常委会通过了《关于维护互联网安全的决定》，该决定具有单行刑法的性质，其意义在于在扩展犯罪圈的同时，将刑法保护计算机安全的触角伸向保护互联网安全，促进了计算机犯罪向网络犯罪的概念迭代。全国人大常委会于 2009 年颁布的《刑法修正案（七）》在第 285 条之后增设了非法获取计算机信息系统数据、非法控制计算机信息系统罪以及提供侵入、非法控制计算机信息系统的程序、工具罪，在原有的针对计算机信息系统的犯罪中增加了几种行为方式——非法获取、非法控制、提供侵入和非法控制的程序或工具。全国人大常委会于 2015 年颁布的《刑法修正案（九）》在第 285 条、第 286 条分别增加了单位犯罪的规定，并增加了第 286 条之一拒不履行信息网络安全管理义务罪、第 287 条之一非法利用信息网络罪、第 287 条之二帮助信息网络犯罪活动罪。这一次的修正顺应了网络空间化的趋势，将网络服务提供者不履行义务的行为、用户利用信息网络实施犯罪的行为以及网络服务提供者或其他服务主体为犯罪提供帮助的行为纳入刑法规制范围，体现了“打早打小”、预防为主的理念以及独立的平台责任、帮助行为正犯化责任、预备行为实行化责任等多样化的责任模式。

在司法上，严惩网络犯罪的呼声日益高涨。就对象型网络犯罪而言，“当前我国对象型网络犯罪受案数急剧上升，而对该类犯罪的惩治存在法网不严密、惩治力度不够等问题，应当在宽严相济刑事政策的基础上坚持适度从严的政策”。[1] 就工具型网络犯罪而言，“鉴于工具型网络犯罪日益严重的态势，应调整相关刑事政策，扩大犯罪圈，并适当提高刑罚处罚，增加犯罪

---

〔1〕 徐剑：《对象型网络犯罪的刑事政策应对》，载《河北法学》2016 年第 8 期。

成本,遏制犯罪增长势头”。[1] 就空间型网络犯罪而言,互联网发展势必助长信息迅速传播,在不能及时阻止有害信息传播的情况下,需要对危害社会的信息散布型网络犯罪予以重击,减轻其社会危害,保障网络空间的有序性。[2] 当前普遍、多发、严重的电信诈骗犯罪引发了广泛关注,电信诈骗多半借助互联网改号软件、发送网络链接的方式进行,这一部分的诈骗行为属于网络犯罪。2016 年 9 月,最高人民法院、最高人民检察院和公安部联合工业和信息化部、中国人民银行、中国银行业监督管理委员会发布了《关于防范和打击电信网络诈骗犯罪的通告》,明确指出对于电信网络诈骗犯罪必须坚决依法严惩。同年底,最高人民法院、最高人民检察院和公安部联合发布《关于办理电信网络诈骗等刑事案件适用法律若干问题的意见》,其中规定,“人民法院、人民检察院、公安机关要针对电信网络诈骗等犯罪的特点,坚持全链条全方位打击,坚持依法从严从快惩处”,具体措施包括严格入罪标准和量刑标准、从严适用财产刑和处理涉案财物、严厉打击关联犯罪。[3]

由上观之,我国对待网络犯罪不管是从立法上还是从司法上都凸显了从严打击的态势,逐步扩大犯罪圈,提升刑罚惩治力度。这种紧张的态度无可厚非。“立法者对互联网性质和社会后果认识不足,为维护暂时的社会稳定,容易采取最坏情形的假设,采取严格措施以控制信息流通。”[4] 然而在现代生活深度依赖互联网的背景下,如何将网络犯罪行为从正常的网络风险中剔除出来也是颇需要技巧的。严防死守、全面堵截、一边倒式的从严制裁多半会适得其反,这也是违背宽严相济基本刑事政策的。这便是当前我国

---

〔1〕 林毓敏:《工具型网络犯罪的实证分析与刑事政策应对》,载《福建警察学院学报》2016 年第 6 期。

〔2〕 刘霜、陈佳玉:《论网络空间刑事理念面临的挑战、应对与重塑》,载《河南社会科学》2020 年第 8 期。

〔3〕 参见李艳:《宽严相济刑事政策在惩治电信网络诈骗犯罪中的科学运用》,载《法律适用》2017 年第 9 期。

〔4〕 胡凌:《网络法的政治经济起源》,上海财经大学出版社 2016 年版,第 211 页。

网络犯罪刑事责任的刑事政策取向存在的不足,即从严有余,从宽不足,严宽失调。

第二节 刑事政策在网络服务提供者刑事责任中的体现

一、立法上的体现

2015 年 8 月 29 日全国人大常委会通过的《刑法修正案(九)》对刑法中涉互联网安全的内容作了补充和完善,[1]增设了数个新型信息网络犯罪,包括《刑法》第 286 条之一的拒不履行信息网络安全管理义务罪和第 287 条之一、之二的非法利用信息网络罪、帮助信息网络犯罪活动罪。[2] 这警示服务商积极履行网络安全管理和注意义务、预备行为实行化、帮助行为正犯化的刑事立法,将刑事处罚启动点提前,"更有利于防范网络犯罪、维护网络安全,体现了'打早打小'的刑事政策思想"。[3]

(一)法益衡量原则的适用

"刑事政策包括应当把多大范围内的行为和何种性质的行为纳入刑事规范调整范畴的定罪问题。"[4]这是刑事政策对于立法指导机能的体现。刑事政策决定犯罪圈的大小,即决定何种行为应当作为犯罪处理,何种行为不应当作为犯罪来处理,将这种渗透了刑事政策评价的犯罪圈划定通过立法程序确定为成文刑法,再根据刑法当中的罪刑法定原则来定罪量刑。刑事政策指导、批判立法机能的实现有赖于法益概念。"刑法就是一部法益保护

---

〔1〕 参见张晓娜:《法工委解读〈刑法修正案(九)〉涉网络条款》,载《民主与法制时报》2015 年 11 月 15 日,第 2 版。

〔2〕 参见喻海松:《新型信息网络犯罪司法适用探微》,载《中国应用法学》2019 年第 6 期。

〔3〕 陈磊、陈晨:《刑法新设网络犯罪的立法目的与司法适用》,载《中国应用法学》2019 年第 1 期。

〔4〕 黎宏:《论"刑法的刑事政策化"思想及其实现》,载《清华大学学报(哲学社会科学版)》2004 年第 5 期。

法。"法益具有违法性评价机能、构成要件解释机能、犯罪分类机能、刑事政策机能。法益概念可以分为实定法的法益概念和前实定法的法益概念,能够为刑事立法活动提供价值论判断的是前实定法的法益概念,即法益概念并非只存在于实定法当中,而是在实定法产生之前基于法益概念以及由此衍生的法益衡量原则决定将何种行为纳入实定法的规制范畴。[1]

"法益是法所保护的利益,所有的利益都是生活利益,个人或者共同社会的利益。产生这种利益的不是法秩序,而是生活,法的保护使这种生活利益上升为法益。"[2]信息安全、网络秩序、信息网络安全管理秩序均是值得保护的生活利益,就当前互联网与日常生活深度融合的信息化社会而言,这种安全和秩序显得像空气和水一样不可或缺,与此同时,与信息的发布和获取密切相关的言论自由亦是公民的基本人身自由权利,能够畅所欲言、畅通无阻自由表达观点,是现代社会文明的标志,由此抽象出来的安全秩序和自由权利均是值得保护的法益,两者均应纳入刑法保护范畴。然而两者在社会生活交往中不可避免存在紧张关系,应当如何取舍,这涉及法益衡量原则的适用,法益衡量的判断资料来源于当前的社会生活状况。当下网络犯罪整体态势呈现扩张、蔓延、向纵深发展的趋势,层出不穷、闻所未闻、日新月异、危害严重的犯罪行为让我们猝不及防。而网络服务提供者所提供的网络平台具有聚合性、交互性的特征,降低犯罪成本、简化犯罪联络方式、细化犯罪分工、提高犯罪效率、扩大犯罪结果,对于网络犯罪的发生及恶化起到推波助澜甚至主导作用,考虑网络服务提供者在网络空间以及网络犯罪中独特的地位和作用,对其附加刑事义务、科以刑事责任,未尝不是治理网络犯罪的有效途径。在强调言论自由的同时,不得产生、发布、传播有损国家形象、法律权威、社会秩序、公民权利的言论,这是规矩、限制,为的是保障社会公众的总体的自由。这样一来,对于网络安全秩序的强调和对于言论自由权

---

〔1〕 参见叶良芳、武鑫:《法益概念的刑事政策机能之批判》,载《浙江社会科学》2020年第4期。

〔2〕 [德]李斯特:《德国刑法教科书》,徐久生译,法律出版社2000年版,第4页。

利在合理范围内的限制并不矛盾。立足于当前网络危害行为严重的现状，对网络犯罪“打早打小”不失为一种行之有效的治理策略，“打早”体现在将非法利用信息网络的行为单独作为犯罪处理，将处罚端口前移，预备行为实行犯化，“打小”体现在对于正犯作用较小的帮助行为单独作为犯罪处理，解决了正犯不构成犯罪或者难以查处时帮助犯的处罚问题，共犯行为实行犯化。[1] 立法者通过《刑法修正案（九）》增设的网络服务提供者相关犯罪，是法益衡量、利益博弈的结果、保护了更优越法益，落实了“打早打小”“从严治理（网络犯罪）”的刑事政策理念。

（二）“严而不厉、以严济宽”的具体刑事政策取向

综观三个新型信息网络犯罪，法定最高刑为三年有期徒刑。“五年有期徒刑作为轻罪与重罪的划分界限，法定最高刑为五年以下有期徒刑的为轻罪，轻罪又包括轻微犯罪，法定最高刑为三年以下有期徒刑的为轻微犯罪。”[2] 由此可知，这三个犯罪属于轻微犯罪的范畴。犯罪的增设是刑法严密的体现，织密刑事法网，扩大处罚范围，这些都凸显了宽严相济刑事政策中从“严”的一面，然而增设的犯罪处罚较轻，刑罚较为宽缓，又体现了宽严相济刑事政策中从“宽”的一面，通过这种轻微罪的立法模式实现了“以宽济严”。

二、司法上的体现

《刑法修正案（九）》自生效以来，通过中国裁判文书网公开检索的人民法院确认被告人构成新型信息网络犯罪的案件数量确实不算多（如表1－1所示），而拒不履行信息网络安全管理义务罪相较于另外两个犯罪而言适用数量显著单薄，案件数量屈指可数。

---

[1] 参见王华伟：《我国网络犯罪立法的体系性评价与反思》，载《法学杂志》2019年第10期。

[2] 郑丽萍：《轻罪重罪之法定界分》，载《中国法学》2013年第2期。

表1－1　新型信息网络犯罪生效判决数量统计

罪　　名	拒不履行信息网络安全管理义务罪	帮助信息网络犯罪活动罪	非法利用信息网络罪
生效判决数量/件	5	14,671	494

资料来源：案件来源于中国裁判文书网，统计截止时间：2021年12月22日。

中国裁判文书网中拒不履行信息网络安全管理义务罪的完全统计，属于对于该罪的全样本分析，如表1－2所示。综观之，该罪作为轻微犯罪在司法实践中处刑偏轻，责任刑和预防刑均较轻，刑罚暂缓执行的保安处分措施和罚金刑的附加刑种类被广泛运用。足以见得司法实践中对于包括拒不履行信息网络安全管理义务罪在内的新型信息网络犯罪处刑较轻，凸显了“从宽处理、以宽济严”的刑事政策取向。

表1－2　拒不履行信息网络安全管理义务案生效判决统计

构成要件及量刑	胡某拒不履行信息网络安全管理义务案（以下简称胡某案）[①]	朱某非法获取计算机信息系统数据、非法控制计算机信息系统案（以下简称朱某案）[②]	许某拒不履行信息网络安全管理义务案（以下简称许某案）[③]	何某勤、李某巧开设赌场案（以下简称何某勤、李某巧案）[④]	李某全拒不履行信息网络安全管理义务案（以下简称李某全案）[⑤]
网络服务提供者	胡某	荆州市某网络科技有限公司注册人朱某	四川“中国酒城论坛”网站站长许某	浙江省金华市盘古信息技术有限公司总经理何某勤、客服部经理李某巧	远特（北京）通信技术有限公司高级运营总监李某全
不履行法律、行政法规规定的信息网络安全管理义务	租用国内、国外服务器，自行制作并出租“土行孙”“四十二”翻墙软件	通过自建网站销售其代理的VPN软件，并建立自己的VPN平台，为用户提供通道访问国内IP不能访问的境外互联网网站	许某单独管理的网站“中国酒城论坛”发表大量违法文章	利用盘古公司辰龙游戏平台的“捕鱼”“五子棋”游戏供人赌博，并通过“银商”[⑥]将游戏币兑换为人民币	将远特公司含有公民个人信息的回收卡交给亚飞达公司供其制卡

续表

构成要件及量刑	胡某案	朱某案	许某案	何某勤、李某巧案	李某全案
监管部门责令采取改正措施	上海市公安局浦东分局两次约谈行为人，要求其停止联网服务，之后还作出责令停止联网、警告、并处罚金人民币15,000元，没收违法所得人民币4万余元的行政处罚	荆州市公安局通知朱某关停VPN业务	泸州市江阳区网信办作出责令限期整改通知书，要求许某删除有害信息并限期将整改结果书面报告网信办	金华市公安局网络警察支队、金华市文化行政综合执法支队、金华市市场监督管理局网络经营监管处（支队）下发《责令限期改正通知书》，责令盘古公司限期整改辰龙游戏中心网站未禁止注册用户账号使用暗含“银商”交易的个性签名、提供不同用户账号间虚拟币变相转账服务等问题	辽宁省通信管理局、工业和信息化部网络安全管理局、工业和信息化部办公厅要求远特公司立即整改
拒不改正	胡某继续出租“土行孙”翻墙软件	接到公安局关停业务通知后，仍未停止经营，拒不改正	许某为逃避监管，授意杨某某联系租赁国外服务器，再次开通“中国酒城论坛”网站	没有改正	明知违反用户实名制仍将大量带有公民个人信息的回收卡交给亚飞达供其挑卡
造成特定情形	为境内2000余名网络用户非法提供境外互联网接入服务；违法所得共计人民币236,167元	连接境外IP记录的会员账号数量为478个，朱某的支付宝交易记录收入共计40,350元，自销售VPN始至案发前支付宝交易记录收入人民币1,741,620元	许某拒绝签收限期整改通知书，拒不删除相关文章，致使违法信息大量传播，截至案发违法信息浏览阅读量累计达153,838次	“银商”非法牟利数额较大	4000张带有公民个人微信的卡号被制作为回收卡，微信号被大量盗取，造成严重后果
量刑	拘役六个月，缓刑六个月，罚金人民币3万元	有期徒刑一年四个月，并处罚金8万元	判处罚金	何某勤和李某巧均被判处有期徒刑三年，缓刑三年，并处罚金人民币200万元	有期徒刑一年三个月，罚金5000元

注：①上海市浦东新区人民法院刑事判决书，(2018)沪0115刑初2974号。

②湖北省荆州市荆州区人民法院刑事判决书，(2018)鄂1003刑初150号。

③四川省泸州市江阳区人民法院刑事判决书，(2018)川0502刑初176号。

④江西省南昌市东湖区人民法院刑事判决书，(2018)赣0102刑初585号。

⑤云南省昆明市盘龙区人民法院刑事判决书，(2020)云0103刑初1206号。

⑥“银商”指的是从事游戏币网上销售、回购的人员。

三、法教义学的体现

《刑法修正案(九)》增设的新型信息网络犯罪对于严密网络犯罪法网、合理划定网络犯罪处罚边界有积极意义。然而从司法实践来看,其适用效果和预期目标还有一定距离,经官方公布的案件数量不算多,甚至其中个别犯罪——拒不履行信息网络安全管理义务罪——案件数量畸少,有论者担心本罪将成为僵尸条款,从而造成立法资源的巨大浪费。[1] 另有论者认为本罪属于象征性立法。[2] 新型信息网络犯罪在司法实践中出现的保守倾向明显、行为定性存疑、同案异判的问题与立法规定有千丝万缕的联系。“上述立法不仅在明确性上存在明显不足,而且也没有处理好与传统刑法理论之间的关系,这给网络时代的刑法解释带来了很大挑战。”[3]面对此种情形,应当“用互联网教义学理论充实宽泛的法律框架”。[4] 因此,刑法教义学,特别是互联网教义学对于补充立法和司法的疏漏大有裨益。而刑法教义学此种作用的发挥离不开与刑事政策的良性互动。“今天的刑法教义学理论一直在致力于贯通刑事政策与刑法体系之间的鸿沟,而且事实上已经取得了丰硕的成果。”[5]

刑事政策又是如何作用于网络服务提供者刑事责任的刑法教义学理论呢?学者们对新型信息网络犯罪基本采取限缩解释的方法。刑法增设网络服务提供者刑事责任内容,是国家网络秩序管控和网络犯罪治理的具体体现。那么,如何处理好刑法解释立场和国家管控政策的关系,则是解释者不可回避的课题。“通过相对限缩的刑法解释与部分过度扩张的刑事立法相

---

[1] 参见李世阳:《拒不履行信息网络安全管理义务罪的适用困境与解释出路》,载《当代法学》2018 年第 5 期。
[2] 参见刘艳红:《象征性立法对刑法功能的损害——二十年来中国刑事立法总评》,载《政治与法律》2017 年第 3 期。
[3] 王华伟:《网络时代的刑法解释论立场》,载《中国法律评论》2020 年第 1 期。
[4] 王华伟:《网络服务提供者的刑法责任比较研究》,载《环球法律评论》2016 年第 4 期。
[5] [德]克劳斯·罗克辛:《德国刑法学总论》,王世洲译,法律出版社 2005 年版,第 124 页。

抗衡，对个别过于严格的网络刑事管控进行批判性反思，由此在有效控制犯罪、保持刑法谦抑和坚守罪刑法定原则之间找到平衡。”[1]

具体体现为，作为预防性刑事立法的拒不履行信息网络安全管理义务罪，“应当对其进行严格的限缩解释”，将“信息网络安全管理”限缩为信息传播治理，“有其他严重情节”也应予以严格限缩。[2] 非法利用信息网络罪属于预备行为实行犯化。刑法以处罚实行犯为原则，以处罚预备犯为例外，而且一般适用《刑法》第22条预备犯的规定从轻、减轻或者免除处罚。在刑法教义学理论上应对预备犯进行限制解释，通过刑事政策实现预备行为与正常社会行为的分离，利用《刑法》第13条但书的规定进行目的论限缩解释。[3] 在解释非法利用信息网络罪时，应当提高“情节严重”的认定标准来限缩刑法圈的参与范围。[4] 有学者认为，帮助信息网络犯罪活动罪属于帮助犯的量刑规则，并不是帮助犯的正犯化，成立本罪依然以被帮助的人构成犯罪为前提。[5] 这实际上也是限缩解释的一种体现。

综上可知，学者们对于新型信息网络犯罪进行刑法教义学阐释时，普遍采用限缩解释的进路，极力捍卫罪刑法定原则，大力强调刑法谦抑性。这是对立法上已增设良久而司法上未得到普遍适用的新型信息网络犯罪进行理论供给、化解其在实务当中遇到的各种难题，对立法上大跨步增设新罪名、从严治理的一种缓释和调剂，由此凸显的刑事政策取向是以宽济严。当然，在网络时代，新的犯罪手法、犯罪类型层出不穷，对社会的危害有目共睹，强调刑法谦抑性并不意味着刑法处罚范围越小越好，而是应当由“限定的处

[1] 王华伟：《网络时代的刑法解释论立场》，载《中国法律评论》2020年第1期。
[2] 参见敬力嘉：《论拒不履行网络安全管理义务罪——以网络中介服务者的刑事责任为中心展开》，载《政治与法律》2017年第1期。
[3] 参见姜金良：《法益解释论下非法利用信息网络罪的司法适用——基于〈刑法修正案（九）〉以来裁判文书样本的分析》，载《法律适用》2019年第15期。
[4] 参见张尹：《非法利用信息网络罪的司法适用》，载《法律适用》2019年第15期。
[5] 参见张明楷：《论帮助信息网络犯罪活动罪》，载《政治与法律》2016年第2期。

罚”向“妥当的处罚”转变,注重刑法处罚范围的合理性。[1]

第三节 网络服务提供者刑事责任具体依据的刑事政策

一、网络服务提供者刑事责任具体依据刑事政策的考量因素

(一)社会发展维度的考量

“社会不是以法律为基础的。那是法学家的幻想。相反地,法律应该以社会为基础。”[2]社会指的是以一定的物质生产活动为基础而相互联系的人类生活共同体。[3] “社会的存在需要发展,否则将成为一个封闭的系统,成为一个不够稳定的系统,而发展需要不断改革,不断改革不可避免对于现存的社会资源进行重新整合,整合的过程就是一个破坏旧有稳定的过程。”[4]

风靡全球的“中国制造”使拥有强大机械和装备制造业的德国感到了竞争威胁,德国“产、学、研、用”多方代表共同提出了工业4.0战略,其内容是在智能化、网络化的世界里,构建物联网和务联网(服务互联网技术),打造高度灵活的个性化和数字化的智能制造模式,其目的在于确保德国制造的未来。美国提出工业互联网战略,与德国以物联网为核心的工业4.0战略相比,美国更强调大数据与人工智能,以智能决策实现大规模的生产力提升。[5] 日本出台信息技术发展计划,促进IT技术在医疗、电力汽车、太阳能

---

〔1〕 参见张明楷:《网络时代的刑法理念——以刑法的谦抑性为中心》,载《人民检察》2014年第9期。

〔2〕 《马克思恩格斯全集》(第6卷),人民出版社2006年版,第291~292页。

〔3〕 《辞海》(第6版),上海辞书出版社2016年版,第1648页。

〔4〕 孙万怀:《刑事政策合法性的历史》,法律出版社2016年版,第19页。

〔5〕 参见李钊:《工业互联网:让机器更智慧》,载李阳、朱克力主编:《读懂互联网+》,中信出版集团2015年版,第268页。

发电等产业的发展。[1] 作为制造业大国的我国，自然不甘心被他国赶超。2015 年 3 月，李克强总理在政府工作报告中提出了“互联网 +”行动计划。[2] 同年 7 月，国务院印发了《关于积极推进“互联网 +”行动的指导意见》，提出了互联网与 11 个具体项目的融合。[3] 习近平总书记在中央网络安全和信息化领导小组第一次会议上指出，“从网络接入量和网民数量来看，我国已成为网络大国，但是在自主创新方面还相对落后，国内互联网发展瓶颈仍然较为突出”。[4] 我们应当加快用网络信息技术推进社会治理，把互联网作为经济发展、技术创新的重点，大力发展核心技术。[5] 网络技术的发展是我国从网络大国向网络强国迈进的关键要素。

没有网络服务提供者，计算机永远只是神秘的庞然大物，在科学研究中发挥有限的作用，而不像现在这样可以让网络接入寻常百姓家。网络对于社会发展如此重要，对于我国实现网络强国和工业强国的梦想而言更是不可或缺。当前，我国在政策上对互联网发展给予大力的鼓励、扶持和引导，同样地，也应当为网络服务提供者松绑，为其发展提供足够的空间，对于服务提供过程中出现的危害行为应当区分情况慎重对待。从社会发展维度考量，网络服务提供者刑事责任的刑事政策应当体现为宽松、宽容、宽缓。

（二）社会安全维度的考量

作为有血有肉的自然人来说，安全是我们的基本需求；就有疆有土的

〔1〕参见罗文：《工业 4.0，“互联网 +”的德国制造战略》，载李阳、朱克力主编：《读懂互联网 +》，中信出版集团 2015 年版，第 256 页。

〔2〕参见李克强：《政府工作报告——2015 年 3 月 5 日在第十二届全国人民代表大会第三次会议上》，载《人民日报》2015 年 3 月 17 日，第 1 版。

〔3〕参见洪延青：《“以管理为基础的规制”——对网络运营者安全保护义务的重构》，载《环球法律评论》2016 年第 4 期。

〔4〕《中央网络安全和信息化领导小组第一次会议召开　习近平发表重要讲话》，载 http://www.cac.gov.cn/2014-02/27/c_133148354.htm。

〔5〕参见习近平：《加快推进网络信息技术自主创新　朝着建设网络强国目标不懈努力》，载 http://www.cac.gov.cn/2016-10/09/c_1119682237.htm。

国家而言,安全也是第一位的需要。安全是发展的前提,发展是安全的保障。习近平总书记强调,“没有网络安全就没有国家安全,没有信息化就没有现代化”。[1] 随着网络技术的发展,网络安全的范畴从计算机信息系统安全、数据安全扩展到网络运行安全、网络内容安全、上网环境安全,网络安全的地位从网络空间安全、网域安全、信息安全上升到公共安全、国家安全。网络空间已然成为一国四大国域——海、陆、空、天之外的第五空间。

安全与自由不可避免会形成此消彼长的矛盾关系,强调安全,个体自由势必受到限制,强调个人自由至上,则会导致他人利益边界受到侵扰。在安全与自由的冲突中,安全与言论自由的冲突最为明显。思想和言论自由是一切其他各种自由的母体以及不可或缺的条件。[2] 言论自由的基本权利在各国宪法和国际条约中得到确认。当网络服务提供者面临要为用户发布的违法内容承担责任的风险,他们会自发地监控网络内容并从中移除涉嫌违法的材料。这将直接限缩用户发表言论的场地、空间、渠道,打消用户的积极性,不利于互联网上信息的自由流动。对于言论自由的抑制同样可能损害互联网上的科技创新、互联网技术成果的转化以及互联网技术成果与社会生活的融合。网络服务提供者被置于各种利益的交叉口,从版权保护到言论自由,从隐私权保护到高效运转的互联网的维系,[3]一方面被期待协助网络空间治理,另一方面又作为犯罪行为的帮助者受到追诉。如何消解安全与(言论)自由的紧张关系,可以从以下两方面入手。其一,划定安全和自由的边界,如德国联邦宪法法院在对《德国刑法典》第130条“煽动民众”进

〔1〕《中央网络安全和信息化领导小组第一次会议召开　习近平发表重要讲话》,载 http://www.cac.gov.cn/2014-02/27/c_133148354.htm。

〔2〕 Palko v. Connecticut, 302 U.S. 319, 327 (1937) (quoting Justice Cardozo).

〔3〕 Andrea Serena, *Internet Service Providers Liability and Copyright Protection in the EU*, Medialaws (Aug. 5, 2015), http://www.medialaws.eu/ddaonline-la-questione-di-costituzionalita-e-il-regolamento-agcom/.

行解释时提到:对言论自由进行干预的前提是保护正当利益,如果言论已经超过了说服层次,而是意在间接产生现实效果,如通过煽动、攻击或者减轻犯罪心理的方式来引发法益侵害后果,立法者可以对言论进行规制。立法者对言论进行规制的目的是寻找自由思想和自由辩论的外部边界。[1] 其二,将安全与自由均置于发展的背景下考量,“在互联网时代的语境下,安全与自由间冲突的实质是何者为促进网络空间良性发展之基础的问题”。[2] 由于当前犯罪形势严峻,安全倾向无疑居于主导地位,甚至在未来很长时间内都会作为政府公共政策的主要导向之一。[3] 这意味着安全是网络空间良性发展所立基的根本,为了实现发展这一终极目标,安全与自由之间的博弈应当适当倾向于安全价值。2019 年与 2020 年交界时暴发并在全球蔓延的新冠肺炎疫情充分地说明了这一点。为了保障自己和家人的安全,宁愿不出门,自愿克制、放弃乃至牺牲自己随意走动的自由,待在家中成为普通民众自我保全乃至风险社会的最好措施,在生命健康面前,安全和自由的天平显然向安全的价值倾斜。

从社会安全维度考量,对网络服务提供者施加刑事责任应当注重风险控制的前移以及“打早打小”“预防为主”的方法,相应地,有关网络服务提供者刑事责任的刑事政策应当较为严厉。

(三)技术水平维度的考量

网络服务提供者是否具备了受罚的可能性?其行为是否构成刑法意义上的不法行为,主观上是否具备可归责性?网络服务提供者为了避免法律风险,会在能力范围内采取基本的违法信息过滤技术措施,如快播公司启动

---

〔1〕 参见张翔:《德国的纳粹言论管制——以纪念鲁道夫·赫斯集会案为例》,载 http://mp.weixin.qq.com/s/EtmLM9BGz3ua1WmyDNEKmg,最后访问日期:2017 年 8 月 8 日。

〔2〕 敬力嘉:《非确定性背景下网络服务提供者的刑事归责——基于实行行为视角的思考》,载《云南大学学报法学版》2016 年第 6 期。

〔3〕 参见[法]雅克·博里康、朱琳编著:《法国当代刑事政策研究及借鉴》,中国人民公安大学出版社 2011 年版,第 207 页。

的“110 不良信息管理平台”能通过关键词识别并报送淫秽色情信息，百度公司使用的文件特征判断技术能够在与系统文件比对后判断用户发布的内容是否涉嫌违法。由云技术支撑的云计算和云存储使对于数据的实时监控、收集、整理、分析成为可能。然而，网络服务提供者自动采用的技术措施只是一种“好撒玛利亚”式的阻止和过滤非法内容的工作，各国法律均明确规定这不能作为网络服务提供者的义务。由此可知以下三点，首先，不能因为网络服务提供者没有实施监控措施而对其施加刑事责任。其次，网络服务提供者多半以营利为目的，其采取的技术措施作为经营成本被核算，这意味着技术措施与其经营规模、经营效应挂钩，期待其采取最先进的、最有效的过滤措施是不现实的。最后，即便网络服务提供者采取了最先进的过滤措施，也不能保证能够实现 100% 的过滤，云技术只是使记忆、存储、运算能力大幅增加，提升判断的准确率、提高识别能力，然而始终无法像人一样思考并进行价值判断。用户在上传、传播违法信息时完全可以有针对性地避开这些技术措施，成为漏网之鱼。为了堵截这些并不在少数的违法信息，网络服务提供者在使用技术手段之余，还需聘请专门的审查人员来鉴别是否存在违法内容，如聘请鉴黄师来审核是否存在淫秽色情内容，聘请知识产权工作者来审核是否存在侵犯著作权、专利权的内容。这将会成为网络服务提供者不能承受之重：谁还有能力来运营网络服务？我们又怎么使用网络？

于情于理我们都无法对网络服务提供者提出审查用户发布内容的要求，不经实时审查自然无法及时发现违法内容，网络服务提供者只能是凭借通知或者其他渠道知道违法内容的存在并采取相应措施，注定“后知后觉”。同时违法内容从被发布到被移除会有时间差，也会造成一定的损害，这些都是我们享受网络服务必须容忍的不利后果，不能就此苛责网络服务提供者。因而从技术水平维度考量，网络服务提供者刑事责任的刑事政策不宜严厉，应适当放宽。

综上所述,社会发展和技术水平对于刑事政策的影响较为类似,均是对网络服务提供者刑事责任采取较为宽松的刑事政策,但内在理由不同,前者是根据网络之于社会发展的有用性,后者是从网络服务提供者自身角度出发,设身处地地考虑其控制可能性。社会安全对于网络服务提供者刑事责任的刑事政策提出了不同的要求,基于严峻的安全形势、旺盛的安全需求,须对网络服务提供者适用适当从严的刑事政策。如果将宽严相济刑事政策放置在一个数轴上,将“宽”和“严”绝对协调的情形作为数轴上的原点,“宽”位于原点左侧的负方面,“严”位于原点右侧的正方向,那么社会发展和技术水平均位于负方向,社会安全则位于正方向。根据“负负得正”的基本算数方法,两项负方向的数值和一项正方向的数值相加,在单位长度大致相同的情况下,最终还是得出负方向的数值,即应当采取从宽的刑事政策。这个数学模型只是为了加深我们对于刑事政策取向的理解。刑事政策作为一种社会调控方法,无法像自然科学那样实现定量研究,只能定性,因而无法靠简单的加减乘除得出结论,最终结论的得出还是要依靠逻辑分析和综合考量。

二、网络服务提供者刑事责任具体依据刑事政策的取向

(一)网络服务提供者刑事责任具体依据刑事政策应适当从宽

1.“刑事责任”本身蕴含从严因素

我们探讨网络服务提供者的刑事责任并非立足于应然层面,而是从我国当前国情、刑事立法现状、刑事司法实践的实然层面出发,这意味着网络服务提供者的刑事责任已经从概念、理论走向法律、实践。以刑事责任作为考察的中心,这本身就说明对于网络服务提供者的法律责任采取了从严的刑事政策。“刑法保护是最高等级的法律保护。最高等级的保护提供最高等级的安全保护系数,需要支付最昂贵的社会代价,因此,在尊崇民主、法治、人权信条的现代社会中,只有在使用其他法律手段无法实现保护目的

时,才会是国家舍得使用的。"[1]"刑法的谦抑性决定了,只有行为的违法性达到非常严重的程度、其他部门法已不足以制裁、遏制该行为时,才能认为该行为具有刑法上的违法性,才能动用刑法这一'最后手段',否则,行为只具有一般的违法性而不具有刑事违法性。"[2]发动国家"最高等级的保护"以及"最后手段"来制裁网络服务提供者特定的危害行为,凸显了从严的刑事政策取向。另外,我国通过刑事立法的方式规定网络服务提供者的刑事责任,属于立法上的犯罪化,其他国家即便对网络服务提供者施加刑事责任,也只是通过刑法总则中共犯的相关规定追责,属于司法上的犯罪化。两相比较,我国对于网络服务提供者的刑事责任追究更直接,也更严厉。

2. 网络犯罪刑事责任的刑事政策已经偏严

"在宽严相济的刑事政策指导下,对待行政犯罪应更大程度地表现谦抑的理念,倡导刑法轻缓化。刑法立法上能规定较轻的犯罪构成与刑罚就无需规定得较重,刑事司法上能不定罪或适用较轻的刑罚就无须适用较重的定罪和刑罚。"[3]网络犯罪是典型的行政犯罪,对网络犯罪刑事责任采取明显偏严或者说过分从严的刑事政策是不妥当的,这只能作为当前网络犯罪层出不穷、花样翻新、危害严重的应激反应以及对于人民群众需要网络又恐惧网络带来的各种威胁的必要回应,长此以往,势必会压制网络技术的创新和网络行业的发展。因而在制定网络服务提供者刑事责任的刑事政策时,应当注重对网络犯罪刑事责任刑事政策的纠偏。在已经对网络服务提供者施加刑事责任的背景下,须注重发挥刑事政策的调和作用,不能一味强调"严",防止刑事政策在"严"的方向走得太远,此时恰恰要强化"宽"。

---

[1] [德]克劳斯·罗克辛:《德国刑法学总论·犯罪行为的特别表现形式》,王世洲主译与校订,法律出版社2016年版,第2页。

[2] 王政勋:《刑法的正当性》,北京大学出版社2008年版,第227页。

[3] 李晓明:《P2P网络借贷的刑法控制》,载《法学》2015年第6期。

3. 社会发展呼吁依法从宽处理网络服务提供者

科技发展对于我国国民生活质量提高以及我国跻身世界强国之列的重要性自不待言,连最高司法机关都甘愿成为科技创新的服务者。最高人民检察院发布的《关于充分发挥检察职能依法保障和促进科技创新的意见》指出:"找准检察机关保障、促进和服务科技创新的定位和切入点。""切实贯彻宽严相济刑事政策。对于锐意创新探索,但出现决策失误、偏差,造成一定损失的行为,要区分情况慎重对待。在创新过程中发生轻微犯罪、过失犯罪但完成重大科研创新任务的,应当依法从宽处理。"日本研究员金子勇开发了 Winny 软件,使文件传输迈入了去中心化的 P2P 时代;瑞典海盗湾网站的运营者在 P2P 的基础上采用比特洪流协议(Bit Torrent,BT),使传输中的文件可以分割为若干碎片文件,极大地提高了文件传输效率;美国互联星空的运营者利用云存储技术,整合他人通过上传文件到云盘所获得的网址链接,为用户提供文件下载指南。以上哪一项不是重大的科研创新?然而这些网络服务提供者都遭到了刑事诉讼。在司法上应对此类案件依法从宽处理,否则今后谁还愿意进行科技创新,谁还敢提供网络服务?

4. 技术控制可能性要求慎重划定受罚的主体范围

网络服务提供者自身不发布信息,只是为他人连接网络、获取、交流信息提供技术支持,这意味着网络服务提供者的危害行为与用户的危害行为叠加起来才可能造成严重的社会危害后果。因此,我们应重点考察网络服务提供者的行为与危害结果之间的因果关系,分清网络服务提供者与用户行为的责任比例。网民数量和素质、网络信息总量、自发审查的经济成本给网络服务提供者发现违法信息造成了不小的障碍,此外,不同的网络服务提供者距离终端信息的距离不同,对于信息的控制能力也不同。这启示我们不能一发现网络中存在违法信息就苛责网络服务提供者。即便网络服务提供者对于有害信息的传播起到了实质性的作用,也应当分清楚是哪一类型的网络服务提供者实施了危害行为,而非不分青红皂白地把与信息传输有关联的网络接入提供者、网络缓存提供者、网络存储提供者、搜索引擎提供者都纳入刑事责任追究范围。

(二)网络服务提供者刑事责任具体依据的刑事政策应以严济宽

1. 以严济宽刑事政策在网络服务提供者参与传播儿童色情材料中的体现

儿童色情材料指的是描绘18周岁以下未成年人参与性行为的文字、图片、电影等内容,[1]有些国家将看上去未满18周岁而实际上已满18周岁的人作为儿童色情材料的主体,甚至将电脑生成的未满18周岁的人参与性行为的图片作为儿童色情材料对待。这些做法均突出了对于儿童色情的严厉打击及对于儿童的倾斜保护。儿童的世界观、人生观、价值观正在形成中,生理和心理均不够成熟,涉世未深,难以准确理解并恰当实现性的自主决定权,过早被动地涉入表演式和商业化的非正常性活动之中,有损其主流价值观和健康人格的形成,给其社会化和个人发展带来困难。色情材料往往是在强迫、引诱之下拍照、摄录的,内容涉及未成年人与未成年人、未成年人与成年人、未成年人与动物之间发生性关系以及其他性展示,这本身就严重侵犯了未成年人的性自主权和身心健康。基于此,《网络犯罪公约》《欧盟框架协议》等国际条约还有一些国内法将生产、散布、提供、取得、采购、持有儿童色情材料的行为规定为犯罪,这意味着网络服务提供者明知其系统或者服务器中存储着儿童色情材料而未及时删除的,可能因为持有儿童色情材料承担刑事责任。对于持有、传播儿童色情材料的网络服务提供者,应当适当从严处罚。

我国的刑事司法解释也表明了对于儿童色情材料犯罪从严打击的态度。《淫秽电子信息解释(一)》第6条规定,制作、复制、出版、贩卖、传播具体描绘不满18周岁未成年人性行为的淫秽电子信息,以及向不满18周岁的

---

[1] Bryan A. Garner, *Black's Law Dictionary* (*Tenth Edition*), Thomson Reuters, St. Paul. MN, 2014, p. 1349.

未成年人贩卖、传播淫秽电子信息的,均应当从重处罚。《淫秽电子信息解释(二)》进一步体现了对于不满14周岁未成年人的特殊保护,在利用互联网、移动通讯终端制作、复制、出版、贩卖、传播含有不满14周岁的未成年人的淫秽电子信息行为构成传播淫秽物品牟利罪或者传播淫秽物品罪的定罪量刑标准上,在《淫秽电子信息解释(一)》规定的数量、数额标准的基础上下调一半,极大降低了此类行为的入罪门槛。司法解释的这些规定值得肯定,然而司法解释不是法律,只是司法指导性文件,对儿童起到的保护作用有限。《未成年人保护法》《网络安全法》《刑法》也体现了对于未成年人的网络保护,却只关照了保护未成年人免受不良信息影响的侧面,对于防止未成年人成为淫秽展示的内容这更重要的侧面却未涉足。这导致对于传播儿童色情材料的从严惩处只能倚仗司法,立法上无从发力。由此,从严的刑事政策还可大展身手,指导立法者填补打击儿童色情材料犯罪的空白,实现对于儿童色情材料全方位的惩治。

2. 以严济宽刑事政策在网络服务提供者参与传播恐怖活动材料中的体现

20世纪末以来,随着全球化进程的加快,世界各国的政治、经济、文化受到强烈冲击,世界发展格局发生巨大变化,全球化的内在矛盾导致民族问题和宗教问题凸显,恐怖主义势力由点及面地在全球范围内蔓延。[1] 与此同时,互联网的发展势如破竹,世界开始扁平化,信息传播的速率和方式极大改进。“网络空间为网络恐怖主义和追求其他国际恐怖主义目标提供了一个独一无二的环境。”网络恐怖活动是影响力和破坏力更大的综合恐怖活动类型,主要包含三类:其一,通过互联网对计算机系统、数据进行破坏性的攻击,如破坏关乎国计民生的关键信息基础设施;其二,利用互联网大范围传播与恐怖活动相关的非法内容,如威胁实施恐怖主义犯罪,散布种族主义、

---

[1] 参见储槐植:《美国刑法》(第3版),北京大学出版社2006年版,第12页。

排外主义材料，否认、支持、正当化种族灭绝；其三，利用互联网收集信息、获取技术支持，如搜集攻击目标的地理位置、外部环境、人员构成等公开信息，为组织、谋划恐怖活动提供依据和指南。[1] 其中危害最严重、影响最直接的当属第二种类型，它是恐怖活动形成并扩散的重要原因。

恐怖主义活动具有暴力性、破坏性、对象不特定性、范围广泛性、危害严重性的典型特征，另有民族分裂势力作为根基，宗教极端势力作为思想基础，其社会危害性以及给民众造成的内心恐慌远远超过一般的刑事犯罪行为。国际社会已达成共识，将恐怖主义活动犯罪作为一种普遍管辖的犯罪行为，对其从严打击，通过持久有效的起诉来威慑网络恐怖分子。[2] 网络时代，恐怖主义犯罪借助网络显现出更强的破坏性和影响力，体现为针对关系国计民生的关键基础设施的攻击以及对于计算机信息系统的破坏、侵入、控制，网络恐怖主义犯罪对象的重要性使危害结果趋向严重化，我国采取的“严打”反恐刑事政策自然延伸到网络恐怖主义犯罪治理中。[3] 利用互联网传播恐怖信息的网络恐怖活动少不了网络服务提供者的助力，没有网络服务提供者传送、存储、搜索非法信息，恐怖信息无法短时间大范围扩散。因而网络服务提供者负有防止暴恐音频、视频、爆炸物技术制作方法等恐怖信息传播的义务。欧盟司法和安全官员 Franco Frattini 指出，网络服务提供者应当阻隔教人们如何制作炸弹的网站，所有欧盟成员国的网络信息中都不得包含制造炸弹的方法。他试图与网络服务提供者商讨，如何使用技术手段阻止人们使用或者搜索诸如炸弹、杀戮、种族灭绝或恐怖主义等危险的

---

〔1〕 参见皮勇：《全球化信息化背景下我国网络恐怖活动及其犯罪立法研究——兼评我国〈刑法修正案（九）（草案）〉和〈反恐怖主义法（草案）〉相关反恐条款》，载《政法论丛》2015 年第 1 期。

〔2〕 Kely A. Gable, *Cyber – Apocalypse Now: Securing the Internet Against Cyberterrorism and Using Universal Jurisdiction Deterrent*, Vanderbilt Journal of Transnational Law, 290.

〔3〕 参见舒洪水、王刚：《对我国网络恐怖主义犯罪的探讨》，载《山东警察学院学报》2016 年第 1 期。

词。欧盟行政机构已于2007年11月将该提议作为反恐怖主义建议的一部分。[1]

网络服务提供者明知他人利用其服务实施恐怖活动,如在网上发布、存储恐怖主义视频、文字、图片,传播制造炸弹的方法,利用论坛、群组、聊天工具商量恐怖活动计划、招募恐怖活动成员、培训恐怖分子,攻击银行等金融机构的网络系统盗窃财物用以资助恐怖活动等,经通知之后拒不删除非法信息、关闭相关群组、阻隔资助恐怖活动资金入账通道的,可能承担刑事责任。网络服务提供者因放纵恐怖活动非法内容大量传播而承担刑事责任时,应当对其适用偏严的刑事政策。

总体而言,网络服务提供者刑事责任具体依据的刑事政策应适当从宽,并在此基础上以严济宽。现结合最高司法机关对贯彻宽严相济刑事政策的基本要求来检验该结论的合理性。首先,"适当从宽,以严济宽"的具体刑事政策全面把握了"宽"与"严",针对网络犯罪刑事责任中过于强调"严"的不足进行调整,根据网络服务提供者犯罪的行政犯罪本质对其适用从宽的刑事政策,并适时地以严济宽,防止宽严失调。其次,"适当从宽,以严济宽"的具体刑事政策综合考虑了社会发展需要、社会安全诉求、技术水平状况,总体上对网络服务提供者所开发、应用、推广的新技术、新方法给予鼓励、肯定、扶持,因而对涉罪的网络服务提供者采取了从宽的刑事政策,但是对于严重危害社会安全、造成极大不安全感的犯罪行为,应坚决采取从严的刑事政策。最后,"适当从宽,以严济宽"的具体刑事政策区别对待了不同的犯罪行为,能够将宽严相济刑事政策贯彻到每一个司法个案中。针对网络服务提供者参与传播儿童色情材料和恐怖活动材料的犯罪行为绝对应严惩不贷,这是由其行为的社会危害性决定的,也是在整体从宽的背景下选择性从严的依据。当然,从严处罚的情况并不限于传播儿童色情材料和恐怖活动

---

〔1〕 Aviran Mordo, *Web Search for Bomb Recipes Should be Blocked: EU*, http://www.aviransplace.com/2007/09/11/web-search-for-bomb-recipes-should-be-blocked-eu/.

材料,本书只是以这两种普遍被认为危害严重的非法内容作为例子,讨论从严刑事政策在具体案件中的体现。综上,"适当从宽,以严济宽"的具体刑事政策是符合宽严相济刑事政策的精神和要求的,并且在发展、安全、自由等诸多价值之间保持了相对平衡,因而可以期待该具体刑事政策能够对网络服务提供者刑事责任起到良好的指导作用。

第二章

网络先行国家网络服务提供者的刑事责任及其启示

互联网是由全世界大大小小、不同层级的网络互联互通形成的，由此，“世界是平的”。同时，互联网上的危害行为也带有扩散性、全球性、普遍性的特征，没有哪一个国家可以独善其身、袖手旁观。由网络服务提供者实施的危害行为更是展示了互联网“双刃剑”的特征，我们既要依靠网络服务提供者的服务来连通世界，又要处理网络服务提供者的危害行为带来的系列恶果。问题客观存在，但发展阶段也有先后。当今世界的主要发达国家也是网络先行国家，它们先人一步享受了互联网发展带来的“红利”，在互联网引发的危害中也首当其冲，不得不更早面对网络服务提供者的危害行为及其法律规制问题。好在网络先行国家多半有较完善的法治环境，能够熟练运用政策、法律等各种手段化解与网络服务相伴的威胁。美国、德国、日本分别是美洲、欧洲、亚洲经济最发达的国家；美国是英美法系国家的典型代表，德国、日本是大陆法系国家的典型代表；日本是我国一衣带水的近邻，从未停止向其他国家学习的脚步，也经常成为我国法律制定和修改的参考对象；更重要的是这些国家在“互联网+”法律方面领跑全球。我国该如何利用刑法来捍卫清朗的网络空间，如何通过对网络服务提供者适用刑事责任为互联网的健康、有序发展清除道路，还有待向上述网络先行国家“取经”。

第一节　美国网络服务提供者的刑事责任及其启示

因特网首先在美国产生和发展。美苏“冷战”时期，出于开发新网络对付苏联核攻击威胁的军事需要，美国国防部领导的高级研究规划局（Advanced Research Projects Agency，ARPA）于1969年创建了第一个分组交换网ARPANET（阿帕网），计算机须直接与就近的结点交换机相连才能连接上该网络。1983年，阿帕网采用TCP/IP标准协议，所有使用TCP/IP协议的计算机均可自由通信，这标志着因特网的诞生。1985年，美国国家科学基金会（National Science Foundation，NSF）建设了计算机网络NSFNET，代替阿帕网成为因特网的主要部分，这是一个包含了主干网、地区网和校园网的三级网络。1993年起，由于大量公司纷纷接入、使用网络，美国政府决定将因特网的主干网交由私人公司经营，并开始对接入因特网的单位收费，因特网的商用化产生了许多的因特网服务提供商。[1] 美国一直维系着网络大国的地位，拥有绝对的信息控制权，全国互联网管理架构由美国控制，全球共13台根域名服务器中有11台在美国，平时大家上网都需要通过它们引导。[2]

一、美国网络服务提供者刑事责任之概览

1996年美国国会通过了《通信规范法》。该法有两点内容值得关注。其一，对于“淫秽或者不得体”内容的禁止。面对网上恋童癖和淫秽材料横行的严重社会问题，为加强对儿童的保护，该法规定任何人明知未成年人可能会访问“淫秽或者不得体”的内容，还将这些内容放在网络上，将会

---

〔1〕 参见符广全主编：《计算机网络原理与Internet技术》，北京理工大学出版社2015年版，第10~14页。

〔2〕 参见徐蕾：《赞！这个领导小组不一般》，载《人民日报（海外版）》2014年3月7日，第3版。

受到刑罚制裁。[1] 其二,对网络服务提供者的责任豁免以及责任豁免的例外。《通信规范法》第230条的全称是"对于私自阻止和审查违法材料的责任豁免"(以下简称"230条款"),其核心内容是任何交互式计算机服务的提供者和用户不得被视为由另一个信息内容提供者所提供的信息的发表者或者演说者。任何交互式计算机服务的提供者和用户不得因为以下内容承担民事责任:(A)任何出于诚实信用自愿实施的限制访问或者取得材料的活动,这些材料是被提供者或者用户认为是猥亵、淫荡、下流、恶心、过于暴力、骚扰或是不良内容,不管这种材料是否受宪法保护;或者(B)对信息内容提供者或者其他人采取的对所述材料限制访问的技术措施。[2] 此外,"230条款"还明确指出了责任豁免的例外:"(1)对刑法没有效果:这一部分的任何内容都不得被理解为损害本篇第223条或者第231条的执行,第18篇第71章(与色情有关)或者第110章(与儿童的性虐待有关),或者其他任何联邦刑事法规。……(3)州法律:这一部分的任何内容都不得被理解为阻碍任何州执行与本部分相符的州法律。不得在与本部分不相符的任何州或者地方法律的名义下提起任何诉讼或者科以任何责任。"[3] 由此可知,网络服务提供者触犯了联邦刑法的,应当追究刑事责任,触犯了州刑法的,如果州刑法与"230条款"相符,也应当追究刑事责任。在 Reno v. American Civil Liberties Union 案中,美国最高法院认为《通信规范法》中"禁止不得体材料"的条款因违反宪法第一修正案中言论自由原则而失效,尽管保护儿童意义重大,但是不能以干涉成年人访问不得体的言论的宪法性权利为代价。[4] 鼓励互联网发展、为网络服务提供者提供责任豁免的"230条款"依

---

[1] 47 U. S. C. A. § 223(a)(1)(B),(d)(1).

[2] 47 U. S. C. A. § 230(c)(1)(2).

[3] 47 U. S. C. A. § 230(e).

[4] Ahran Park, *Internet Service Provider Liability for Defamation: United States and United Kingdom Compared*, Dissertation of University of Oregon for the Degree of Doctor of Philosophy, 2015, p. 67.

然有效。[1]

1998 年美国国会通过了《数字千年版权法》,意在促进电子商务、通信、科学研究、教育事业在数字时代的飞速发展和全球扩张。[2] 该法第 512 条“与网上材料相关的责任限制”(以下简称“512 条款”)为网络服务提供者提供有条件的责任豁免,与“230 条款”统称为网络服务提供者的安全港条款。《数字千年版权法》最大亮点是将网络服务提供者分为 4 类——短暂的数据网络通信提供者、系统缓存提供者、信息存储服务提供者、信息定位工具提供者,并且分别规定每种网络服务提供者享受民事责任豁免的前提条件。虽然《数字千年版权法》是知识产权法,属于民法,但该法关于网络服务提供者分类、通知—删除义务、明知内容及认定方法等规定,对于我们研究网络服务提供者的刑事责任颇有帮助。

2001 年 2 月 22 日,纽约州高等法院对美国网络服务提供者刑事责任第一案 People v. BuffNET 作出判决,被告须为通过互联网协助传输儿童色情材料的行为承担刑事责任,缴纳罚金 5000 美元。[3] 1998 年,用户向警方举报,一个名为“Pedo University”的新闻组(newsgroup,也称讨论组)正在散布儿童与成人发生性行为的照片和视频,该讨论组利用 BuffNET 提供的服务访问互联网。13 个用户因为持有儿童色情材料被逮捕和指控。警方以及几个用户均告知 BuffNET 其新闻组传播儿童色情材料的事实,但 BuffNET 未采取任何行动,警方随后查封了其服务器。纽约州检察官起诉 BuffNET 协助传播儿童色情材料。[4] 根据《纽约州刑法典》第 263 条,行为人明知儿童淫

---

[1] Reno v. American Civil Liberties Union, 117 5. Ct. 2329.

[2] Digital Millennium Copyright Act Senate Report No. 105 - 190CRPT, p. 1.

[3] Lawrence G. Walters, *Shooting the Messenger: An Analysis of Theories of Criminal Liability Used Against Adult- Themed Online Service Providers*, 23 Stanford Law and Policy Review (2012), Julia Scheeres, Isp Guilty in Child Porn Case, http://www.wired.com/2001/02/isp-guilty-in-child-porn-case/.

[4] PEOPLE of the State of New York v. BuffNET. 272 A. D. 2d 982. 708 N. Y. S. 2d 227, 2000 N. Y. Slip Op. 04475.

秽色情表演的性质和内容，故意持有、控制、或访问查看包含了16周岁以下儿童的性行为的材料，构成持有儿童色情表演的犯罪。持有儿童色情表演材料是E类重罪。[1]

2008年10月13日，美国国会通过了后来被编入《美国法典》(United States Code)第18篇第2258A条的"电子通信服务提供者和远程计算机服务提供者的报告要求"，电子通信服务提供者和远程计算机服务提供者明知自己保管或控制范围内的信息中有违反第1466A条(对儿童性虐待的可视资料)、第2251条(儿童性虐待)、第2251A条(出卖或收买儿童)、第2252条(与未成年人性虐待有关材料的特定活动)、第2252A条(与组成或包含儿童色情材料相关的特定活动)、第2252B条(互联网上误导性域名)、第2260条(制作未成年人的露骨宣扬性的材料并进口到美国)的规定，存在涉及儿童色情的事实或情况，需要尽快向国家失踪和被虐待儿童中心报告。[2] 报告的内容包括实施犯罪的行为人信息、行为人何时并如何上传此种色情图片、涉案的行为人和网站的地理位置信息、儿童色情图片、包含儿童色情图片的完整的通信信息。[3] 电子通信服务提供者或者远程计算机服务提供者明知且故意不履行报告义务的将会接受以下处罚：(1)如果是一开始就知道并且故意不报告的，处15万美元以下的罚金；(2)如果是第二次或其后知道并且故意不报告的，处30万美元以下的罚金。[4] 法条中专门提到，本条的任何内容不得被理解为要求电子通信服务提供者或者远程计算机服务提供者审查提供者的任何用户、订阅者或者顾客，审查前述任何人的任何通信内容，或者主动地发现前述违法的事实或环境。[5]

---

[1] NY PENAL § 263.16.

[2] 18 U.S.C.A. § 2258A(a)(2).

[3] 18 U.S.C.A. § 2258A(b).

[4] 18 U.S.C.A. § 2258A(e).

[5] 18 U.S.C.A. § 2258A(f).

2009年3月3日，密歇根州上诉法院对People v. Gourlay作出判决，确认了被告人的定罪，对于量刑部分发回重审。[1] 2009年9月28日，密歇根州高级法院驳回了发回重审的申请，原来的定罪和量刑生效。[2] 根据密歇根州刑法典，被告人因犯有两项“儿童性虐待活动”罪和两项“使用计算机与他人合谋散播儿童性虐待材料”罪被判处6～20年监禁；[3]因犯两项“散播或促进儿童性虐待材料”罪被判处3～7年监禁；[4]因犯两项“使用计算机与他人合谋散播儿童性虐待材料”罪被判处4～10年监禁；[5]因第三级性犯罪被判处5～15年监禁；[6]因犯“出于不道德的目的教唆儿童”罪被判处145天监禁。[7] 本案中，被告人Kenneth Gourlay运营一家网络存储公司，未成年人Justin Berry使用互联网在自创网站上发布自己的淫秽图像，被告人为其提供网络存储服务，此外，Berry和Gourlay之间就Berry的网站及其内容沟通数次，最终齐心协力创造了另两个色情网站。上诉中Gourlay提出基于《通信规范法》第230条的责任豁免抗辩，主张自己只是网络服务提供者，不能被当作内容发布者，除非法庭能证明他实际参与创造儿童色情材料，否则不能判定他实施了色情犯罪。法庭认为，典型的网络存储提供者并不具备当前有关儿童色情的法律中所规定犯罪必需的故意，而Gourlay在创造网站以及相关内容中存在明知，并且积极参与其中，已经跨越了网络存储提供者的界限，成为信息内容提供者，因而应当承担刑事责任。[8]

2009年10月20日，美国伊利诺伊州地区法庭对Dart v. Craigslist案作

---

[1] Not Reported in N. W. 2d, 2009 WL 529216.

[2] 485 Mich. 894, 772 N. W. 2d 382 (Mem).

[3] MCL 750. 145c (2), MCL 750. 145d(2)(d).

[4] MCL 750. 145c (3).

[5] MCL 750. 145d(2)(f).

[6] MCL 750. 520d (1) (a).

[7] MCL 750 . 145a.

[8] Lawrence G. Walters, *Shooting the Messenger: An Analysis of Theories of Criminal Liability Used Against Adult- Themed Online Service Providers*, 23 Stanford Law and Policy Review(2012).

出判决,认为被告网站并没有诱导用户发布非法内容,裁决 Craigslist 胜诉并驳回原告的诉讼请求。本案中的原告 Thomas Dart 是郡治安官,被告 Craigslist 是由用户在论坛中发布分类广告并进行交流互动的网站。原告指控被告网站促进卖淫(违反《美国法典》第 18 篇第 1952 条)并违反了伊利诺伊州法律中的妨害公众安宁法律,依据在于 Craigslist 以卖淫目的明知地“安排”会见,将人们“指向”卖淫场所,且创建了名为“色情服务”的板块并基于性取向设计了 21 个子项,属于在网站上创设内容。法庭认为原告 Dart 曲解了“安排”和“指向”这些普通词汇的含义,Craigslist 并没有创造这些冒犯性的广告,也没有为这些歧视性的广告提供授权。同理,Craigslist 也没有提供卖淫者和妓院的联系信息,而是用户在提供这些信息。“促进”和“支持”的行为范围十分宽广,可以将电话公司、网络服务提供者和计算机制造商等中介媒体所提供的服务都包含进来。中介媒体并不为“帮助和教唆”滥用他们的服务来实施非法行为承担刑事责任。要求网络服务提供者为用户创造的有害信息承担过失发表的责任,无异于将其作为该信息的发表者,这违背了《通信规范法》第 230 条。[1] 该案中,普通公民指控被告实施了犯罪行为,法庭成功地将“230 条款”延伸适用于刑事诉讼,具有开拓性意义。

2012 年 1 月 5 日,Kim Dotcom(金达康)、Megaupload(互联星空)有限公司等九个自然人和法人被美国弗吉尼亚东部地区法院大陪审团指控。九位被告人均是互联集团的成员,互联集团是实施著作权犯罪和洗钱犯罪的世界性犯罪组织,金达康是互联星空有限公司的创始人,也是互联集团的首要分子。[2] 互联星空有限公司运营着 Megaupload. com 网站,该网站属于信息存储服务提供者,被称为网盘(cyberlockers),或者一键式托管网站(one-click hosting sites)。用户每上传一个文件,都存储在互联星空所控制的服务器上,用户因此获得一个网址链接,将此网址链接告知他人,用户即可与他

---

[1] DART v. CRAIGSLIST, INC. Cite as 665 F. Supp. 2d 961 (N. D. Ill. 2009), p. 967.

[2] U. S. v. Dotcom, No. 1:12CR3 (E. D. Va. Jan. 5, 2012).

人分享文件。除非用户特别标明文件是私密的，一般网站会公开这些链接，公众可以通过软件自身或者第三方提供的索引来搜索文件。[1] 被告人被指控的罪名共有5项，其中3项与侵犯著作权罪相关，第一项是共谋侵犯著作权罪，第二项是通过在计算机网络上传播本准备用来进行商业传播的著作权作品的侵犯著作权罪以及帮助和教唆侵犯著作权罪，第三项是通过电子方法侵犯著作权罪以及帮助和教唆侵犯著作权罪。2015年12月23日，新西兰北岸地区法院 Nevin Dawson 法官宣布金达康和其他3名被告被引渡到美国接受审判。[2]

二、美国网络服务提供者刑事责任之分析

（一）美国网络服务提供者刑事责任之形式

美国是判例法国家，People v. BuffNET、People v. Gourlay、Dart v. Craigslist 案被广泛引用且具有普遍约束力。同时美国也有成文法，既有联邦层面的立法，又有州层面的立法。《美国法典》第18篇"犯罪与刑事程序"相当于美国联邦层面的刑法和刑事诉讼法，有专门规定网络服务提供者刑事责任的条文，如第2258A条"电子通信服务提供者和远程计算机服务提供者的报告要求"；实务中也有根据共犯理论，依照第18篇其他犯罪的帮助犯处理，如 U. S. v. Dotcom 案，被告人以帮助和教唆侵犯著作权罪（第18篇第2319条）被起诉。各州均有自己的刑法典，以《模范刑法典》（Model Penal Code）作为范本。触犯州刑法典，且被告人、受害人、行为发生地、结果发生地均位于一州之内的，按照州刑法典定罪处罚。如 People v. BuffNET 案中网络服务提供者 BuffNET 依照《纽约州刑法典》处理，People v. Gourlay 案

[1] Mary Rasenberger & Christine Pepe, *Copyright Enforcement and Online File Hosting Services: Have Courts Struck the Proper Balance?* 59 Journal of the Copyright Society of the U. S. A (2012).

[2] Kim Dotcom, Wikipedia, https://en.wikipedia.org/wiki/Kim_Dotcom#cite_note-torrentfreak-108，最后访问日期：2016年4月10日。

中网络服务提供者 Gourlay 依照《密歇根州刑法典》处理。除了联邦和各州的刑法典,实务中被广泛运用的还有行政法律,特别是《通信规范法》。“230条款”为网络服务提供者提供了广阔的责任豁免,同时为这种豁免作出了明确的限定——不得妨碍刑事法律的执行。由此,是否实施了犯罪行为,能否作为网络服务提供者享受责任豁免,州刑法是否违背“230 条款”,均成为刑事责任有无的关键因素,Dart v. Craigslist 案和 People v. Gourlay 案均着重审理了这些因素。

在美国,不同的法律对网络服务提供者有不同的称谓,“230 条款”将其称为交互式计算机服务提供者,〔1〕《数字千年版权法》将其统称为服务提供者,〔2〕联邦刑法将其称为电子通信服务提供者和远程计算机服务提供者。〔3〕 学理上将网上服务提供者、因特网服务提供者与交互式计算机服务提供者统称为网络服务提供者,〔4〕通用使用 online service provider〔5〕和 internet service provider〔6〕的表述。

(二)美国网络服务提供者刑事责任之内容

美国网络服务提供者刑事责任模式有两种。其一,按照网络服务提供者实施的正犯行为定罪处罚,又包含两种情况:第一种是刑法本身规定了网络服务提供者的犯罪行为;第二种是刑法本身未规定网络服务提供者的犯罪行为,网络服务提供者跨越了服务提供的界限,作为内容提供者实施了

---

〔1〕 47 U. S. C. A. § 230(f)(2).

〔2〕 17 U. S. C. A. § 512(k).

〔3〕 18 U. S. C. A. § 2711.

〔4〕 Anne C. Datesh, *Storms Brewing in the Cloud: Why Copyright Law Will Have to Adapt to the Future of Web* 2. 0, 40 Aipla Quarterly Journal 694(2012).

〔5〕 Lawrence G. Walters, *Shooting the Messenger: An Analysis of Theories of Criminal Liability Used Against Adult- Themed Online Service Providers*, 23 Stanford Law and Policy Review(2012), *Fortifying the Safe Harbors: Reevaluating the DMCA in a Web* 2. 0 *World*, Berkeley Technology Law Journal(2008). Anne C. Datesh, *Storms Brewing in the Cloud: Why Copyright Law Will Have to Adapt to the Future of Web* 2. 0, 40 Aipla Quarterly Journal(2012).

〔6〕 Judit Bayer, *Liability of Internet Service Providers for Third Party Content*, 1 Victoria University Wellington Working Paper Series(2008).

刑法规定的犯罪行为。其二,利用共犯责任理论,对网络服务提供者按照其所帮助和教唆的犯罪以及共谋的犯罪来定罪处罚,这种情况在实务中最为常见。

1. 正犯责任

(1)刑法本身规定了网络服务提供者的犯罪行为

在联邦刑法中,网络服务提供者正犯责任的典型体现是《美国法典》第18篇第2258A条“电子通信服务提供者和远程计算机服务提供者的报告要求”。该罪的实行行为是没有在合理期限内向国家失踪和被虐待儿童中心的检举热线举报,属于不作为。主观罪过是“对于违反有关儿童色情的特定法条的事实或环境存在实际明知”(actual knowledge of any facts or circumstances),故意不报告。[1] 通过与《数字千年版权法》的比较可知,要成立本罪需具备更严格的主观罪过要求,本罪的证明标准和入罪门槛也随之提高。“512条款”(c)(d)两款将明知区分为实际明知(actual knowledge)和认识到侵权活动的事实或环境十分明显(be aware of facts or circumstances from which infringing activity is apparent),前者着眼于对于特定侵权行为的认识,后者着眼于对于指示侵权行为的事实或环境的认识,是一种整体性的认识,也被称为“红旗明知”、“推定明知”(constructive knowledge)。[2] 要符合第2258A条,必须对于违法行为的事实或者环境存在实际明知,而在《数字千年版权法》中只需对此存在一般性认识即可。

该条款为不履行报告义务的犯罪行为配置了罚金刑,并且为首次知情不报和再次知情不报设定了不同的法定刑。就自由市场中以营利为目的的网络服务者而言,罚金刑是最有力的制裁手段。在刑法分则中强调初犯和再犯区分的立法例实属少见,足以说明国会打击网络服务提供者不履行报

---

〔1〕 18 U.S.C.A. § 2258A(a)(1).

〔2〕 Emily Zarins, *Notice Versus Knowledge Under the Digital Millennium Copyright Act's Safe Harbors*, California Law Review, Vol. 92, p. 261(2004).

告义务的力度。

(2)网络服务提供者作为内容提供者实施了刑法规定的犯罪行为

People v. Gourlay 案中,法庭认为被告人积极参与色情网站的创造,并对网站上的色情材料存在明知,已成为信息内容提供者,不得享受“230 条款”的责任豁免,须承担刑事责任。[1] Dart v. Craigslist 案中,法庭认为是用户而不是被告提供了冒犯性的广告以及卖淫者、妓院的联系信息,被告依然可作为网络服务提供者享受“230 条款”的责任豁免。这两个案件在控方主张和法庭判决上呈现完全相反的走向,其基本原理是一样的,即信息内容提供者需为自己所提供的信息负完全责任,网络服务提供者可以根据“230 条款”享受完全的责任豁免。网络服务提供者与信息内容提供者的区别何在?

网络服务提供者与信息内容提供者又被称为散播者(distributor)和发表者(publisher)。网络服务提供者自己参与了信息的创造或发展的,就成为信息内容服务提供者。创造指的是信息从无到有,发展包括对信息进行修改、筛选、过滤等操作。Fair House v. Roommates. com 案中,被告 Roommates. com 是一家搭配室友的网站,用户访问网站时须创建资料,公开性别、性取向和其他个人信息,网站还要求用户描述他们对室友的偏好,并鼓励他们在“附加评论”的留言板中发表评论。[2] 网站索要这些信息可能用于歧视性目的,违反了《公平住房法》和国家住房歧视法律,从而实质性地产生了内容。[3] 由此可知,网络服务提供者与信息内容提供者的区别在于是否“实质性地贡献”了信息内容。[4]

---

[1] People v. Gourlay, Not Reported in N. W. 2d (2009) WL 529216.

[2] Shahrzad T. Radbod, *A Case for Criminal Liability for Online Service Providers*, 25 Berkeley Technology Law Journal 606 (2010).

[3] Fair House. , Council of San Fernando Valley v. Roommates. com, LLC, 521 F. 3d 1157 (9th Cir. 2008) (en banc).

[4] Lawrence G. Walters, *Shooting the Messenger: An Analysis of Theories of Criminal Liability Used Against Adult- Themed Online Service Providers*, 23 Stanford Law and Policy Review (2012).

2. 共犯责任

根据《模范刑法典》，如果被告“以推动或者促进犯罪行为的目的”支持他们进行特定的犯罪，那么就存在共犯责任。[1] 这种协助主要是通过帮助和教唆（aiding and abetting）、共谋（conspiracy）来实现的。因此，共犯又可以分为帮助和教唆型共犯和共谋型共犯。根据《美国法典》第18篇第2条的阐释，帮助和教唆指的是故意造成行为实施，此行为如果直接由帮助者和教唆者实施，则构成违反联邦法律的犯罪，此时，帮助者和教唆者应当作为主犯处罚。犯罪共谋是“犯罪目的的联络”，在两人以上的人之间就实施犯罪行为或者通过非法途径实施合法行为达成明示或者暗示的协议或者理解。[2] 帮助和教唆犯罪与共谋犯罪的区别在于，前者要求帮助者和教唆者出现在犯罪现场、故意地、积极地参与犯罪活动，后者只要求对于实施犯罪行为的协议存在明知并自愿参与其中。[3]

People v. BuffNET 案中，被告人 BuffNET 在为用户提供互联网访问的时候，明知用户正在使用此项服务传播儿童色情材料，却没有采取删除和阻止访问儿童色情材料的措施，为第三方犯罪行为提供了方法和机会，“促进”或者“帮助、教唆”非法活动。U. S. v. Dotcom 案中，被告人对上传著作权文件侵权复制件的用户提供金钱奖励，并指导用户如何定位 Mega 网站上的侵权内容的链接；启用“滥用工具”（Abuse Tool），表面上移除或阻止访问侵权材料，实际上将侵权复制件留在 Mega 集团控制的服务器上；移除侵权文件上传者的身份，使著作权所有人更难辨别重复侵权人。由此可以认定被告人促进实质犯罪的行为以及为实质犯罪提供便利的目的。此外 U. S. v. Dotcom 案的被告人均为互联集团的成员，他们意识到彼此处于利益攸关的

---

[1] Model Penal Code § 2.06(3)(a) (1981).

[2] Joshua Dressler & Stephen P. Garvey, *Cases and Materials on Criminal Law* (Sixth Edition), West, 2012, p. 777.

[3] Lawrence G. Walters, *Shooting the Messenger: An Analysis of Theories of Criminal Liability Used Against Adult-Themed Online Service Providers*, 23 Stanford Law and Policy Review (2012).

整体,他们所实施的行为均为增进集团的共同利益,被告人使用由集团控制的计算机服务器复制和传播著作权作品,从侵权作品的下载中获取广告收入、赚取会员费,体现了共谋侵犯著作权罪的行为和故意。[1]

三、美国网络服务提供者刑事责任之启示

(一)维持科技发展、言论自由、儿童利益的平衡

美国较好地维持了科技发展、言论自由、儿童利益之间的微妙平衡,这种做法值得借鉴,与此同时,这种做法后面的理念与本书第一章提到的我国对于网络服务提供者刑事责任具体依据的刑事政策不谋而合:在综合考虑社会发展、社会安全和技术水平对于刑事政策制定的正向、负向作用之下,在宽严相济基本刑事政策之下定下适度从宽的基调;但对于特殊群体、弱势群体的利益则要通过严刑峻法来保护,体现在对于制作、传播儿童色情资料、损害儿童利益和儿童权利的行为重拳出击、绝不手软。

“230 条款”更是开宗明义地指出,鼓励技术发展,促进互联网和其他交互式计算机服务以及其他交互式媒体的持续发展,使其免受联邦或者州法规的束缚,使用户对信息的控制最大化是美国的政策。而这之后 People v. BuffNET 案、People v. Gourlay 等案判决网络服务提供者为用户发布的内容承担责任,美国联邦刑法也专门增设了网络服务提供者的刑事责任内容,对于网络服务提供者所允诺的宽松的政策骤然缩紧。同时我们看到,在 Dart v. Craigslist 案中,面对原告的强势指控,法庭依然确认被告享有“230 条款”赋予网络服务提供者的责任豁免。

这一张一弛的规制方法绝非“运动式执法”,也非“欲擒故纵”。上述对网络服务提供者从严打击的事例的共性在于网络服务提供者触碰了儿童色情材料的高压线。People v. BuffNET 案中,被告人经告知后未履行删除或

---

〔1〕 U. S. v. Dotcom, No. 1:12CR3 (E. D. Va. Jan. 5, 2012).

阻止访问儿童色情材料的义务；People v. Gourlay 案中，被告人与一位儿童共同创造色情网站，传播儿童色情材料；《美国法典》第 18 篇第 2258A 条处罚依据在于网络服务提供者明知自己保管或控制范围内的信息中存在涉及儿童色情的事实或情况不报告。而法官之所以对 Craigslist 网开一面，主要因为被告只是为色情服务广告和色情活动联络提供了网络平台，其自身未参与创造、发展网站信息，也未涉及儿童色情领域。究其本质，美国在对网络服务提供者的规制过程中实现了各种价值的相对平衡。首先，科技发展是社会发展的火车头，而互联网又是领跑科技发展的有生力量，所以通过成文法的形式将对于互联网鼓励和扶持的政策确立下来。其次，当互联网出现了安全隐患，特别是严重威胁到国家的未来——未成年人的身心健康，如儿童色情材料，立法和司法毫不犹豫地重拳出击，优先保护安全价值，为互联网的健康、有序发展清除出一条道路。最后，对于安全价值的保护并不能走得太远，还需考虑自由价值的实现。信息的快速流动是社会前进的标志，除非信息本身属于绝对禁止的内容，我们有理由相信理性人，特别是成年人具有根据信息做出符合社会期待判断的能力，因而，人们发表观点和获取他人观点的言论自由权利应当作为首要的自由得以保障。

美国划定了儿童权利和言论自由权利的边界。美国宪法第一修正案规定国会不得以法律形式设立宗教，也不得妨害宗教自由；不得剥夺言论自由或出版自由；不得剥夺人们和平集会的权利，以及向政府机构请愿申冤的权利。[1] 对审查义务含糊其辞容易导致网络服务提供者为降低法律风险而采取审查、监控、过滤措施，进而担负起“网络警察”的职责，造成言论自由的“寒蝉效应”。基于此，“230 条款”规定，网络服务提供者不因自愿实施的限制访问违法材料的行为承担责任，[2]“512 条款”和《美国法典》第 18 篇第

---

〔1〕 U. S. C. A. Const. Amend. I.

〔2〕 47 U. S. C. A. § 230(c).

2258A 条均明确排除了网络服务提供者对于用户发布的内容的审查义务。[1] 《通信规范法》通过之时包含了禁止向未满 18 周岁的人发送或展示冒犯性的材料,[2] 该部分因违宪而失效,冒犯性但是并非淫秽的性表达应受第一修正案的保护。[3] Dart v. Craigslist 案中,被告网站上的成人色情广告栏目也被视为言论自由的体现,被告无须承担责任。

但是儿童色情信息属于绝对禁止的内容,任何人不得以言论自由来主张儿童色情信息的合法性。[4] 在美国,儿童(child)和未成年人(minor)经常混合使用,本书中儿童和未成年人均指未满 18 周岁的人。根据《美国法典》第 18 篇第 2256 条,"儿童色情"是指包括照片、电影、录像、图片,或者电脑合成的图像或图片在内的任何露骨性行为的视觉展示,不论这些载体是以何种方式制作的,但须符合以下三个条件:(A)在所制作的可视化描述中,包含了使未成年人参与露骨性行为的场景;(B)以电子图像、电脑图像或者电脑合成图像呈现的可视化描述,这些可视化描述与未成年人参与露骨性行为难以区分;或者(C)此种可视化描述被创造、改编或者修改为可以辨认出是未成年人在从事露骨性行为。[5] 美国对儿童色情的认定采取了比一般的淫秽信息更为宽松的标准。对于什么是"淫秽"信息,美国最高法院在 1973 年的 Miller v. California 案中确定了三个判断规则(以下简称 Miller 规则):首先,以同时代社会上一般人的标准来看,作品在整体上是否会刺激淫欲;其次,作品是否以一种明显冒犯性的方式描写了由所适用的州法律定义的特定性行为;最后,作品从整体上看,是否缺乏正当的文学、艺术、政治或者科学价值。[6] 1982 年,美国最高法院在 New York v. Ferber 案中为描写

---

〔1〕 18 U.S.C.A. §512(m). 18 U.S.C.A. § 2258A(f).

〔2〕 47 U.S.C.A. § 223(a)(d).

〔3〕 U.S.C.A. Const. Amend. 1.

〔4〕 [德]乌尔里希·齐白:《全球风险社会与信息社会中的刑法》,周遵友、江溯等译,中国法制出版社 2011 年版,第 317 页。

〔5〕 18 U.S.C. § 2256(8).

〔6〕 Miller v. California, 413 U.S. 15(1973).

未成年人性主题的作品设置了一个单独的规则(以下简称 Ferber 规则)。[1] 依照 Ferber 规则,各州须禁止由州法律明文定义的涉及未成年人性行为视觉展示的作品。相较于 Miller 规则,Ferber 规则无须对作品"从整体上判断",作品无须"刺激一般人的淫欲"或者"具有显然冒犯性",也无须判断作品是否有"正当的文学、艺术、政治或者社会价值"。显然,Ferber 规则更为宽松,只适用于未成年人性主题作品的判断,相同作品更容易被认定是淫秽色情作品。

美国通过规制网络服务提供者来保护儿童权利主要体现在两个维度。其一,网络服务提供者有义务告知儿童家长不良信息过滤措施。"230 条款"中提到,美国的政策包括移除阻止或过滤技术在发展和使用上的障碍,这些技术使父母能够限制自己的孩子访问不良或者不恰当的网上内容。[2] 交互式计算机服务提供者应该提前告知顾客家长有可以使用的控制保护(如电脑硬件、软件或者过滤服务),可以支持顾客实现对有害于未成年人的信息的限制访问。[3] 其二,对网络服务提供者涉及传播儿童色情的行为严惩不贷,即启动联邦刑法这种最高级别的保护及最后规制手段来设定网络服务提供者的报告义务,并对为儿童色情材料传播提供帮助的网络服务提供者从重处罚。

(二)根据网络服务提供者的技术功能区分建立分级责任体系

"512 条款"将网络服务提供者分为四类并分别规定其享受责任豁免的条件。对于短暂的数据网络通信提供者而言,没有发起传输、没有选择传输的材料或者材料的接收者、没有将材料的复制件提供给接收者之外的其他人、在系统或者网络中保存材料的复制件未超过合理必要期间、没有修改材料内容的不承担金钱责任、禁令或者其他同等的补偿。对于系统缓存提供

---

[1] Ferber,458 U.S. at 761.
[2] 47 U.S.C.A. § 230(b)(4).
[3] 47 U.S.C.A. § 230(d).

者而言,除了满足上述条件,还应在接到关于特定材料未获得版权所有人授权的侵权通知之后,迅速移除或者阻止访问侵权材料才能免除责任。对于信息存储服务提供者和信息定位工具提供者而言,免责条件大致相似,包含三个方面。其一,对于系统或者网站上的材料或者使用材料的行为是侵权的,并没有实际的明知;缺乏此种实际明知,没有意识到侵权活动的事实或者环境是明显的;或者一旦获取了此种明知或者意识,迅速移除或者阻止访问材料。其二,当服务提供者有权利和能力控制侵权活动时,没有直接从侵权活动中获得经济利益。其三,一旦获取了侵权通知,迅速作出反应,移除或者阻止访问侵权材料。[1]

由上可知,从短暂的数据网络通信提供者、系统缓存提供者、信息存储服务提供者到信息定位工具提供者,其能够享受责任豁免的限制条件越来越多,越来越严格,从单纯的不为、消极的义务(不干涉所传输材料的内容、对象、期间)逐步过渡到一定的当为、积极的义务(删除或者阻止访问特定的侵权材料)。可见,这种分类是具有实质意义的,是一种层层递进式的类型化规定,也可以称为分级制责任规定。分级制责任规定的内在驱动力是网络服务提供者主体庞杂,分工细密。不同的网络服务提供者距离终端信息的距离不同,对用户所发布信息的控制力大小有别。短暂的数据网络通信提供者仅提供网络连接服务,系统缓存提供者仅对所传输的信息进行临时存储,目的在于加速用户获取信息的速度。信息存储服务提供者和信息定位工具提供者距离终端信息距离较近,一个存储用户发布的信息,另一个为用户提供信息检索服务,自然也有一套存储信息并分类检索的系统,所以信息存储服务提供者和信息定位工具提供者比前两者更容易承担责任。这种分级制责任规定能够防止对网络服务提供者“一刀切”地追责,实现“精确打击、不枉不纵”。

---

〔1〕 17 U.S.C.A. § 512(a)-(d).

（三）注重总结网络服务提供者明知认定规则

网络服务提供者无差别地为不特定多数人提供网络服务，这本是一种技术中立行为，其承担刑事责任的依据在于明知他人利用网络服务实施犯罪行为还继续提供帮助。因此，明知是网络服务提供者主观罪过的重要体现，没有明知，网络服务提供者的刑事责任无从谈起。美国在制定《数字千年版权法》时就注意到了明知的重要性，同时规定了实际明知和对于侵权活动的事实或环境十分明显的认识，前者是通过直接证据来证明明知，后者是在缺乏直接证据情况下，通过侵权的事实或环境十分明显的间接证据来推定明知。

"通知—取下"（Notice and Takedown）规则在"512 条款"以及整个网络服务提供者责任体系中非常重要。有效通知是认定网络服务提供者实际明知的主要来源。有效的侵权通知必须以书面形式向网络服务提供者指定的接受通知的代理机构发出，包含以下内容：受害人所授权的人的签名；对于受到侵犯的版权作品的鉴定，如果通知涵盖一个网站上的多个版权作品，出示该网站上据称是侵权作品的列表；对于被认定为侵权或者成为侵权活动主体的材料以及即将被移除或者阻止访问的证明，并且有合理的足够的信息允许服务提供者来定位材料；有足够的信息允许服务提供者联系申诉的一方，如地址、电话号码，电子邮件地址；申诉方表明他完全有理由相信，对于所申诉的材料的使用方法并未获得版权所有人、版权所有人的代理机构或者法律的授权；申诉方申明在伪证罪的条款下，经授权代受害人行事，且通知中信息是准确的。[1] "对于侵权活动的事实或环境的明显认识"的"红旗明知"判断标准是"随意一瞥（a brief and casual viewing）便能发现"。然而立法者、司法者、学者均难以给出"红旗"的具体标准。从实用性的角度出发，法院日益接受"故意无视（Willful Blindness）规则"，即当其他证据不足以

[1] 17 U.S.C.A. § 512.

证明实际明知或者红旗明知时，根据被告人对于红旗环境视而不见的证据来推定明知。[1]

第二节　德国网络服务提供者的刑事责任及其启示

网络规制在德国是一个“特别棘手”的问题。美国是一个“网络友好型”国家，而德国被称为典型的“网络规避型”国家，这主要缘于德国大量使用法律来禁止极端主义宣传和淫秽材料，以保持网络环境的干净。[2] 德国是欧洲的核心国家之一。[3] 德国不断地对欧盟法律进行吸收、借鉴和超越，为我们了解欧盟成员国乃至整个欧洲关于网络服务提供者的刑事责任提供了便利。

一、德国网络服务提供者刑法责任之概览

1997 年 8 月 1 日，德国通过了《信息和通信服务法》(Information and Communication Services Act)。《信息和通信服务法》包括了《远程服务法》《电子服务信息保护法》《电子签名法》，这些法律构成德国的电子商务服务的基础。《信息和通信服务法》是欧洲大陆第一部综合性的网络内容控制法，包括三重内容。其一，当网络服务提供者故意为非法内容提供传输通道，有能力停止传输但是没有停止传输的，会遭到刑事起诉；其二，网络服务提供者须设立“青少年保护机构”，防止网络上出现冒犯性的材料；其三，传

---

[1] Methaya Sirichit, *Catching the Conscience an Analysis of the Knowledge Theory Under* 512 *c Safe Harbor and the Role of Willful Blindness in the Finding of Red Flag*, 23 Albany Law Journal of Science & Technology (2012).

[2] John F. McGuire, *When Speech is Heard Around the World: Internet Content Regulation in the United States and Germany*, 74 New York University Law Review 759 (1999).

[3] 参见[德]埃里克·希尔根多夫：《德国刑法学：从传统到现代》，江溯、黄笑岩等译，北京大学出版社 2015 年版，第 2 页。

播或者提供访问被认为是有害于儿童的信息构成犯罪。[1]

《远程服务法》(Teleservices Act,德文 Teledienstegesetz,TDG)位于《信息和通信服务法》的第一篇,意在为电子信息和通信服务的各种应用设立统一的经济条件。[2] “电子信息和通信服务”指的是利用远程通信(远程服务)方式来传输字符、图像或声音的组合数据。[3] “电子信息和通信服务提供者”指的是提供自己或第三方的远程服务或者提供对于远程服务的访问的自然人、法人或协会,[4]包含两类:其一,自己内容的提供者(内容提供者),此类提供者须为自己提供的内容承担责任;其二,第三方内容的提供者,第三方内容提供者分为访问提供者和存储提供者,访问提供者的服务包含单纯提供访问通道和基于用户请求对第三方内容进行自动和临时存储,访问提供者不为任何第三方内容承担责任,存储提供者不为第三方内容承担责任,除非他们明知这种内容,并且阻止此种内容在技术上可行,可以合理期待其阻止此种内容的使用。如果网络服务提供者明知自己的服务中存在非法内容且遵守了《远程通信法》第 85 条之下的远程通信保密规定,如果阻止访问在技术上可行且可以合理期待,那么一般性法律中所规定阻止非法内容的义务依然有效。[5]

1998 年 5 月 28 日,慕尼黑一审刑事法庭法官判决 CompuServe 德国公司主管 Felix Somm 有罪,判处两年缓刑。CompuServe 德国公司是 CompuServe 美国公司的全资子公司,属于访问提供者,通过连接母公司的服务器和德国网关的专用电话线,将美国服务器中的内容传播给德国的网络用户,服务器中的内容包含了美国网络用户发表的文章、组建的论坛以及由 Com-

---

〔1〕 John F. McGuire, *When Speech is Heard Around the World: Internet Content Regulation in the United States and Germany*, 74 New York University Law Review 759(1999).

〔2〕 Thomas Jansen, *Legal Aspects of Doing E-commerce Business in Germany*, International Company and Commercial Law Review(1999).

〔3〕 Teleservices Act § 1, § 2.

〔4〕 Teleservices Act § 3.

〔5〕 Teleservices Act § 5.

puServe 公司所发布的电子游戏。1995 年 12 月，慕尼黑法律执行机构向 CompuServe 德国公司提供了取自 CompuServe 公司服务器中的 282 个新闻组列表，每个均包含儿童色情和极端暴力材料。慕尼黑地区检察官告知 CompuServe 德国公司这些内容是非法的，可能招致刑事制裁，并要求其阻止这些内容进一步传播。CompuServe 德国公司的主管 Felix Somm 向母公司转达了此请求，母公司随后封锁了这 282 个新闻组。1996 年 2 月，CompuServe 公司向全球的互联网用户重新开放了尚存疑问的新闻组，CompuServe 德国公司向用户提供免费过滤系统——网络巡警，认为自己已经采取了所有合情合理的方式来阻止未成年人访问非法内容，然而地区检察官认为，向成人散布暴力色情及儿童色情同样违反了德国刑法（也违反了美国刑法）。1996 年，慕尼黑检察官正式起诉 Felix Somm。1998 年 5 月 28 日，慕尼黑一审刑事法庭法官认定被告人犯有 13 项违反《德国刑法典》第 184 条第 3 款之罪，[1]具体表现为故意传播儿童、动物和极端暴力色情材料，并且违反德国《青少年保护法》第 21 条第 3 款规定，过失地将被定为 PG－18 级的电子游戏提供给未成年人，判处被告人两年缓刑。1999 年，慕尼黑上诉法庭推翻了下级法庭的判决，认定被告人 Felix Somm 无罪。[2]

2000 年 6 月 8 日欧洲议会和理事会发布了 2000/31/EC 指令（关于信息社会服务的特定法律问题，特别是针对国内市场的电子商务），通常被称为电子商务指令。电子商务指令出台的目的是促使成员国之间信息社会服务

---

[1] 《德国刑法典》第 184 条规定了散发色情文书犯罪，文书指的是录音、录像、数据储存、图片和用于同样目的之类似物品。第 184 条第 3 款与暴力色情材料有关，行为方式包含三种：(1) 散发；(2) 公开陈列、张贴、展览或者以其他方式使人得到；或者 (3) 为了使用它和由它产生的第 1 项或者第 2 项意义的片段或使他人能够使用它而从事制作、取得、供给、贮存、提供、预告、宣扬、输入或者输出。犯罪对象是以暴力活动、对儿童的性的滥用或者人与动物的性行为为对象的色情文书。如果该色情文书以对儿童的性的滥用为对象，处三个月以上五年以下的自由刑，否则，处三年以下的自由刑或者金钱刑。参见《德国刑法典》，冯军译，中国政法大学出版社 2000 年版，第 122 页。

[2] Lothar Determann, *Case Update: German CompuServe Director Acquitted on Appeal*, 23 Hastings International and Comparative Law Review 109 (2000).

的自由流动、提升用户的信心、保证法律的确定性、防止与刑法的适用产生冲突。[1] 电子商务指令将服务分为三类:纯粹传输服务(mere conduit)、缓存(caching)、存储(hosting),这三类服务的提供者被统称为中介服务提供者(liability of intermediary service providers)。作为欧盟成员国的德国,须在18个月之内使国内法与指令规则保持一致。因此,德国于2001年12月21日对《远程服务法》进行修改。

2007年3月1日,德国联邦议院根据电子商务指令制定的《远程媒体法》(Telemedia Act)生效。《远程媒体法》代替了《远程服务法》和《电信服务数据保护法》(Teledienstedatenschutzgesetz),融合了原本分散的法律,并使用"远程媒体"指称所有的电子信息和通信服务,包括网络商店、网上拍卖服务、搜索引擎、播客、聊天室、门户网站、私人网站、博客等。[2] 根据《远程媒体法》的规定,"服务提供者"是每一个以自己或者他人的远程媒体提供使用或者提供使用方法的自然人或法人。该法第三章"责任"部分第7~10条将网络服务分为四类:内容服务(providing own information)、仅仅作为信息通道(acting as a conduit of information)、为信息的加速传输提供临时存储(temporary storage for the accelerated transmission of information)、信息存储(storing of information),并分别规定了这四类服务提供者不必承担责任的条件。内容提供者须为自己的内容承担完全责任,对于访问提供者、缓存提供者、存储提供者而言,承担责任是例外,免除责任是常态。但是需要注意两点:其一,这三类网络服务提供者故意与服务接收者共同实施违法行为的,则应当承担责任。[3] 其二,即便网络服务提供者无须监督

---

[1] Directive 2000/31/EC of the European Parliament and of the Council of 8 June 2000 On Certain Legal Aspects of Information Society Services, in Particular Electronic Commerce, in the Internal Market (Directive on electronic commerce).

[2] Dieter Dorr& Steffen Janich, *The Criminal Responsibility of Internet Service Providers in Germany*, 80 Mississippi Law Journal 1248(2011).

[3] Telemedia Act § 8(1),9,10.

其传输或存储的信息,或者调查显示非法活动的环境,还是应当履行一般法律中移除或阻止访问信息的义务。《远程媒体法》第5部分专门规定了法律后果,不履行本法规定的特定义务,构成行政犯罪,可以处5万欧元以下的罚金。[1]

2010年2月23日,德国通过了《阻碍网页登录法》专门抵制网上儿童色情材料,根据该法律,德国联邦刑事警察局每日更新应当被封锁的网站列表,网络服务提供者根据列表内容封锁相关的儿童色情网页。[2]同时德国政府制定新的打击互联网儿童色情犯罪的法案,将由原来的"封锁"儿童色情网页改为"删除"网页,争取最终出台一部以"删除"为重点的反儿童色情法。[3]

2010年4月1日,德国通过了《保护人格尊严以及在广播和电讯媒体中保护未成年人州际条约》(以下简称《保护未成年人州际条约》,JMSTV)。《保护未成年人州际条约》致力于保护儿童和青少年免受可能有损于其发展或者教育的电子信息和通信媒体的侵害。该条约将包括色情、暴力、对儿童或者青少年的性虐待或者涉及动物的性行为在内的材料、可能损害儿童或者青少年成长为自我负责并且独立的社会个体的内容视为非法。远程媒体提供者在传输或者提供访问这些材料的时候,有义务使用技术手段或其他手段,或者调整传输的方式,使未成年人在一般情况下不可能看到或者听到这些内容,可采用的方式包括清除该内容,或者仅在23:00至次日6:00播放,以及将这些非法内容独立于其他面向儿童的内容传送。[4]此外,远程媒体提供者有义务在其所传输的内容之上设置一个被认可的技术系统,对于不同年龄段的人设置不同的访问通道,用以保护未成年人。[5] 故意或者

[1] Telemedia Act § 16.
[2] 参见周谷风:《德国反儿童色情法〈阻碍网页登录法〉正式生效》,载人民网,http://world.people.com.cn/GB/11020472.html。
[3] 参见冉维等:《西方国家网络监管毫不手软》,载新华网,http://news.xinhuanet.com/world/2010-07/23/c_12365092_5.htm。
[4] Interstate Treaty on the protection of minors, §5,(1)(3).
[5] Interstate Treaty on the protection of minors, §11,(1) (2) (3).

过失传输了色情材料等非法内容的，传输或者提供访问有害于未成年人发展的内容，未采取措施避免未成年人看到或者听到这些内容的是行政犯罪，将被处以5万欧元以下的罚金。[1]远程媒体提供者传输明显有害于青少年的内容，考虑到传输媒体的特殊后果，提供者可能被处以1年以下监禁或者罚金，如果是出于过失，则处以6个月以下的监禁或者罚金。[2]

二、德国网络服务提供者刑事责任之分析

(一)德国网络服务提供者刑事责任之形式

《德国刑法典》中与计算机有关的罪名是第263a条计算机诈骗、第303b条破坏计算机。[3] 这些均是以计算机作为工具或者对象的犯罪，并没有网络服务提供者的刑事责任条款。德国针对网络服务提供者出台了专门性的立法，这些均是联邦层面的法律文件，如《远程服务法》《远程媒体法》《保护未成年人州际条约》。这些法律主要是从反面排除网络服务提供者的责任，作为网络服务提供者的出罪条款，而不是入罪条款。司法实践中主要借助共犯理论来追究网络服务提供者帮助正犯者实施犯罪行为的刑事责任。德国虽是成文法国家，但判例享有很高的地位，作为司法经验的总结被反复援引，成为学术界热议的对象，有的还成为立法的助推器，如德国网络服务提供者刑事第一案——CompuServe德国公司案，促使德国为网络服务提供者创设特殊责任条款，推动了《远程服务法》的出现。

(二)德国网络服务提供者刑事责任之内容

1. 德国网络服务提供者刑事责任之控制力理论

《远程服务法》出现了网络服务提供者分级责任体系的雏形，2000年欧盟电子商务指令中也体现了分级责任体系的思想，德国吸纳了电子商务指

[1] Interstate Treaty on the protection of minors, §24(1)4,(2).
[2] Interstate Treaty on the protection of minors, §23.
[3] 参见《德国刑法典》，冯军译，中国政法大学出版社2000年版，第159、179页。

令，于2007年通过了《远程媒体法》，网络服务提供者的分级责任体系更加详尽、系统、全面。德国《远程媒体法》、欧盟电子商务指令以及美国《数字千年版权法》在规定网络服务提供者责任豁免时存在共同点。“当考虑控制的可能性时，技术性的分析表明网络基础设施的责任人必须根据其功能进行类型化。”〔1〕“在互联网中，一个服务提供者离特定信息越近，他对于这些信息所应当承担的法律责任也越早”，〔2〕应当履行的义务越重，承担的法律责任越大。“服务提供者对于违法信息是否处于直接的控制地位，是衡量特定的网络服务提供者对网络违法犯罪的管理义务及刑事责任有无的标准。”〔3〕

控制力理论对于网络服务提供者刑事责任差异性的影响体现为以下几点。其一，对于明知的要求不同。对于访问提供者，没有对于明知的要求。对于缓存提供者和存储提供者，均有明知的要求，前者明知的内容是原始信息已经从网上移除或者访问通道被封锁，后者明知的内容是网站上存在非法活动或信息。缓存提供者和存储提供者存在此种明知时，须采取相应行动，否则会丧失责任豁免。而访问提供者是否有此种明知，丝毫不影响其责任豁免。其二，对于义务的要求不同。根据电子商务指令，对于访问提供者和缓存提供者而言，该指令不得妨碍法庭或者执法机构要求服务提供者终止或预防侵权，当然这种做法须符合成员国本国法律；对于存储提供者而言，该指令不得妨碍法庭或者执法机构要求服务提供者终止或预防侵权，也不得妨碍成员国设立移除或阻止访问信息的程序，当然这种做法须符合成员国本国法律。可见，终止或预防侵权是网络服务提供者的一般性义务，存储提供者在此基础上还负有更重的义务——移除或阻止访问信息。美国《数字千年版权法》要求缓存提供者须移除或阻止访问非法的缓

---

〔1〕 Sieber, *Responsibility of Internet-Providers-A Comparative Legal Study with Recommendations for Future Legal Policy*, 15 The Computer Law and Security Report 292(1999).

〔2〕 Vgl. Eric Hilgendorf, Thomas Frank, Brian Valerius, Computer-used Internetstafrecht, EinGrundriss, Springer-Verlag Berlin Heidelberg(2005), S. 82.

〔3〕 涂龙科：《网络内容管理义务与网络服务提供者的刑事责任》，载《法学评论》2016年第3期。

存内容，存储提供者须移除或阻止访问非法的存储内容，对于访问提供者没有任何移除或阻止访问的要求。德国《远程媒体法》第 9 条和第 10 条分别规定了缓存提供者和存储提供者须移除和阻止访问非法缓存内容和存储内容，还在第 7 条第 2 款总括性地提到，不得有损于一般立法下移除或阻止访问信息义务的实现，即便当服务提供者根据第 8 ~ 10 条的内容不承担责任。这就将访问提供者包含在内。然而综观德国一般立法，并未发现要求访问提供者履行移除或阻止访问信息义务的规定，这种做法也不符合实际，因而可以认定德国也对不同类型的网络服务提供者确立了不同的义务。

慕尼黑上诉法院判决 CompuServe 德国公司案被告人无罪的根据正是控制力理论。CompuServe 公司提供内容存储服务，同样使美国用户发布的内容可以被德国互联网用户获取，属于访问提供者和存储提供者的复合体，对于自己服务器中的内容有直接控制力。CompuServe 德国公司仅仅是访问提供者，并不能从母公司的服务器中封锁或移除特定内容，如果非得要封锁内容的话，需要切断德国互联网用户和 CompuServe 公司服务器之间的整个连接。这样一来，Felix Somm 会被 CompuServe 公司免去主管一职，要他实施这种行为没有期待可能性。再者，即便是 Felix Somm 冒着被免职的风险切断了连接，德国网络用户依然可以利用其他网络存储服务提供者提供的连接服务访问 CompuServe 公司服务器上的非法内容。其中就存在假定的因果关系，即某个行为导致结果发生，但即使没有该行为，其他情况也会产生相同结果。[1] 此时虽能肯定该行为与结果之间的因果关系，但不可否认 CompuServe 德国公司及其主管对于 CompuServe 公司服务器中的内容缺乏控制力。因此，被告人没有履行移除或封锁的行为不构成具有可罚性的不作为，被告人因没有犯罪行为不承担刑事责任。

---

〔1〕 参见张明楷：《刑法学》（第 6 版），法律出版社 2021 年版，第 236 页。

2. 德国网络服务提供者刑事责任之日常行为理论

网络服务提供行为具有业务性、中立性、反复实施性,是我们生活得以正常运转的重要支撑,因而可以被称为日常行为、中性帮助行为、外表中立的行为、正常职业实践范围内的行为。[1] 日常行为是否可罚取决于其如何促进、保障犯罪或者使犯罪可能,即相应的帮助对于主行为的因果影响只是一种"任意"的影响,还是一种有助于正犯的,特别是正犯所需要用来达成主行为的犯罪目标的手段?有论者认为,应根据日常行为者介入正犯行为的时间节点来讨论日常行为可罚性。其一,在行为实施时或实施前直接提供支持行为,并且明显提高了正犯在具体情况下实施构成要件的成功机会,可以按照《德国刑法典》第27条帮助犯的规定处罚。其二,在时间上前置的预备阶段,一般不能将提供支持认定为帮助,因为正犯可以合法地、很容易地获得此种支持。除非是该物品、信息不管在任何时间点使用均具有专供犯罪行为的帮助手段的特征。其三,如果支持行为人以实现本来是合法的某一目标,则该举止不能认定为帮助,因为正犯只是在行为方式上违反了规范,并没有得到专门针对此行为的帮助。[2] 另有论者认为,应根据日常行为者对于正犯行为的认识程度来讨论日常行为可罚性,当日常行为者认识正犯的犯罪决定,其贡献行为就成为了具有刑事可罚性的帮助行为;当日常行为者只是估计到正犯的犯罪性举止行为,应当否定帮助行为,因为这种建立在正犯犯罪性举止行为基础上的主观印象还不足以证明日常行为者认识到正犯实施的是犯罪行为。[3]

综合上述时间节点和认识程度的判断方法,网络服务提供者构成帮助

---

〔1〕 参见[德]克劳斯·罗克辛:《德国刑法学 总论——犯罪行为的特别表现形式》(第2卷),王世洲主译与校订,法律出版社2013年版,第155页。

〔2〕 参见[德]乌尔斯·金德霍伊泽尔:《刑法总论教科书》(第6版),蔡桂生译,北京大学出版社2015年版,第456页。

〔3〕 参见[德]克劳斯·罗克辛:《德国刑法学 总论——犯罪行为的特别表现形式》(第2卷),王世洲主译与校订,法律出版社2013年版,第158页。

犯的情形有两种。其一,行为人利用网络实施犯罪行为的意图和行为均非常明显,网络服务提供者明知行为人正在实施或者立即要实施犯罪行为,仍为其提供支持行为,这时候构成帮助犯,如网络接入提供者明知对方是电信诈骗团伙成员,并且还在实施电信诈骗活动,仍为其提供网络接入服务。其二,网络服务提供者以专供犯罪行为的目的提供服务,应当认定为帮助犯,如网络存储提供者在网站上开辟色情专区,在服务器中预留存储空间,专供他人上传、下载淫秽电子信息。在这两种情况下,网络服务提供者均认识到正犯实施犯罪行为的决定。网络服务提供者不构成帮助犯的情形也有两种。其一,网络服务提供者在预备阶段提供支持,如行为人申请开通网络是为了在淘宝网上出售自己搜罗来的公民个人信息,此时网络服务提供者为其提供网络接入服务,并不构成帮助犯。其二,网络服务提供者为本来要实现合法目标的行为人提供支持,如行为人想将自己电脑硬盘里面的学习资料通过网络与他人共享,明知某同学曾使用他的电脑观看、下载过淫秽视频,他一股脑地把硬盘里面的资料上传,没有对淫秽视频进行筛选,致使淫秽视频大量传播,此时网络存储提供者并没有帮助行为。

就 CompuServe 德国公司案而言,被告人作为网络访问提供者,至多只是在行为人犯罪预备阶段提供了支持,在绝大部分情况下,行为人在接入网络之时没有犯罪决意,在使用网络过程中也不会产生犯罪决意,即便是有些行为人在使用网络过程中产生了犯意,利用网络实施了犯罪行为,网络服务提供者也不构成帮助犯。由此,CompuServe 德国公司不能作为帮助犯处罚,更不能作为正犯处罚,不应承担刑事责任。

3. 德国网络服务提供者刑事责任之管辖权理论

CompuServe 德国公司案中,正犯是在 CompuServe 公司服务器上发布内容的美国用户,帮助犯是为用户提供存储服务的 CompuServe 公司。CompuServe 德国公司是仅仅为德国的用户提供访问服务。存储服务提供者承担责任的条件是,当其明知非法内容存在,并且预防非法内容在互联网上发布或传播在技术上可行并合理。访问提供者并不为其提供访问的内容承担责任。然而,在以下情况下,法庭或者政府机构可以命令网络访问提供者阻止特定内容传播给用户。其一,这样做在技术上可行、在商业上合理;其二,如果政府机构不能直接制裁应负责任的内容提供者或存储服务提供者(比如,因为他们居住在国外)。本案恰好印证了这一做法,当政府机构不能直接制裁应负责任的内容提供者(美国用户)或存储服务提供者(CompuServe 公司)(因为他们居住在国外),则要求网络访问提供者(CompuServe 德国公司)承担责任。慕尼黑检察官不起诉正犯和帮助犯,偏要起诉访问提供者,直接原因是正犯和帮助犯均在美国境内,根本原因是刑事管辖权的有限性。

三、德国网络服务提供者刑事责任之启示

(一)网络服务提供者分级制责任体系的强势推行与法律全球化

自德国产生网络服务提供者的法律规制以来,分级制责任体系便相伴产生,分级制责任的根据在于网络服务提供者对用户信息的控制力大小以及由此产生的技术功能区分。美国《数字千年版权法》也建立了这套责任体系。德国和美国的网络服务提供者分级制责任体系存在两点差异。其一,法律性质不同。德国《远程服务法》和《远程媒体法》兼具民法、行政法和刑法的性质。这种特别立法该如何与刑法典协调,德国学界对此有两种观点。第一种,采用预先过滤模式,将特别责任条款中网络服务提供者不得从事特定行为才能享受责任豁免的条件作为责任适用的过滤器,先于刑法中的条款适用。[1] 第二种,采用融合模式,将特别责任条款与刑法中的条款结合起来使用,即对于刑法中规定的特定犯罪行为,要将特别责任条款与之相结合进行判断。[2] 而美国《数字千年版权法》是纯粹的民事法律,且是知识产权领域的法律,将其规定直接适用于刑法存在障碍。其二,网络服务提供者的

---

〔1〕 Thomas Hoeren, *Liability for Online Services in Germany*, 10 German Law Journal 561(2009).

〔2〕 参见王华伟:《网络服务提供者的刑法责任比较研究》,载《环球法律评论》2016 年第 4 期。

分类不同。德国将网络服务提供者分为3类：通道提供者（也可称为访问提供者、接入提供者）、缓存提供者、存储提供者，虽然《远程服务法》和《远程媒体法》均提到了内容提供者，但这仅是为了区别于纯粹的网络服务提供者而规定的。美国将网络服务提供者分为4类：短暂的数据网络通信提供者、系统缓存提供者、信息存储服务提供者、信息定位工具提供者。两相比较，前三类的网络服务提供者在两国法律中均有规定，而信息定位工具提供者唯独见于美国法律中。有学者认为，“德国网络服务提供者的责任规定于远程通信法（TKG）和远程媒介法（TMG），相关条款系根据《欧盟个人数据指令》（2000）制定，而后者的蓝本就是美国《数字千年版权法》”。[1] 然而，如果德国和欧洲法均以美国《数字千年版权法》为蓝本，那么它们不会整齐划一地遗漏非常重要且独具特色的信息定位工具提供者。与其说德国和欧洲借鉴美国法律规定，不如说欧洲大陆在德国法律的基础上形成了自己的法律体系，这与美国的法律规定有极大的相似性。这种“不约而同的默契”是法律趋同化的推动力。此外，法律趋同化还来源于法律移植。南美洲国家智利的《著作权法》、[2] 哥伦比亚的《雷拉斯法》（Lleras Law）、[3] 阿根廷的《皮内多法》（Pinedo Law）[4]，以及我国国务院制定的《信息网络传播权保护条例》、[5] 我国台湾地区的“著作权法”，[6] 均借鉴了美国《数字千年版权法》的网络服务提供者“四分法”及分级制责任体系。这一方面表明网络服务提供者分级制责任体系所具有的旺盛生命力和极强的适用性，另一方面也表明在经济全球化的浪潮中，各国先进的法律经验也随之扩散，我国

---

〔1〕 刘文杰：《网络服务提供者的安全保障义务》，载《中外法学》2012年第2期。

〔2〕 Chile-US FTA, ch. 17(b).

〔3〕 Bill No. 241 of 2011.

〔4〕 参见[德]乌尔里希·齐白：《比较法视野下网络服务提供者的责任》，王华伟、吴舟译，载陈兴良主编：《刑事法评论》第37卷，北京大学出版社2016年版，第193页。

〔5〕 《信息网络传播权保护条例》第20～23条。

〔6〕 我国台湾地区于2009年5月13日修订“著作权法”，增设了第6章之一网络服务提供者之民事免责事由，于第90条之四至第90条之十二引入了美国的这一套规则。

在吸收、借鉴外国先进法律制度的同时,也应迎头赶上,抢占先机,争取为其他国家输出合理的规则和先进的制度。

(二)对于儿童、未成年人的精细化保护

德国对于儿童、未成年人的划分标准清晰。《规制有害于未成年人的文书和媒体内容散播的法律》[1]《青少年保护法》[2]《保护未成年人州际条约》[3]均规定,儿童是未满 14 周岁的人,未成年人是指未满 18 周岁的人。德国对于儿童、未成年人的保护十分精细,主要体现在三个方面。其一,广泛推行网络内容分级制,根据 6、12、16、18 周岁未成年人的心理特征和接受能力,限定网络内容所辐射的对象。网络服务提供者须使用技术手段或其他手段,或者调整传输的方式,使得未成年人在一般情况下不可能看到或者听到有损于未成年人成长与教育的信息,包括清除该内容、确保这些非法内容独立于其他面向儿童的内容传送,或者根据受众的年龄段来调整播放时间。调整播放时间的具体规定如下:对于有损 18 周岁以下的儿童和青少年发展的内容,仅在 23:00 至次日 6:00 播放;对于有损于 16 周岁以下的儿童或者青少年的发展的内容,只能在 22:00 至次日 6:00 提供;对于根据《德国青年保护法》不为 12 岁以下儿童播放的电影,在调整传输过程中应当优先考虑更小的孩子的权益。[4] 其二,对有害于未成年人的信息进行扩大解释。《保护未成年人州际条约》将非法内容分为两个层次,第一个层次是损害人类尊严或者德国刑法典保护的其他法益的信息。第二个层次是在损害了《德国刑法典》所保护的法益的基础上,还明显严重地损害儿童和青少年成长或教育为自我负责和具有社会生活能力的个人的信息。根据德国《青年人保护法》(Protection of Young Persons Act)第 18 条的规定,严重地损害儿

[1] Act to Regulate the Dissemination of Writings and Media Contents Harmful to Young Persons § 1.

[2] Protection of Young Persons Act. § 1(1).

[3] Interstate Treaty on the protection of minors, §3,(1).

[4] Interstate Treaty on the protection of minors, §5,(1)(3).

童和青少年成长或教育为自我负责和具有社会生活能力的个人的信息包括不道德、残忍的、煽动暴力、犯罪和种族歧视的信息等。[1] 根据德国《规制有害于未成年人的文书和媒体内容散播的法律》(Act to Regulate the Dissemination of Writings and Media Contents Harmful to Young Persons)的规定,有害于未成年人的文书包括儿童色情材料。其三,对于儿童色情网站采取删除措施而非简单地屏蔽或阻止访问。德国《阻碍网页登录法》出台之后,英国、意大利等欧洲国家纷纷效仿,要求网络服务提供者封锁对于儿童色情网站的访问。现今,欧盟委员会提倡对儿童色情网站进行封锁,而德国方面坚持要将其删除,认为封锁儿童色情网站收效甚微,犯罪分子可以很快地解除封锁,并且可能导致互联网用户极大的不信任。[2] 所以德国正在争取最终出台一部以"删除"为重点的反儿童色情法。对于德国这样一个曾有过纳粹历史的国家,限制对于信息的访问是一个敏感话题。然而,德国在儿童色情网站上采取了决绝的立场,不仅要对其进行封锁,还要进行彻底的删除。

由此可见,德国和美国在保护未成年人的立场是一致的,但德国启动了更高级别的保护。美国《通信规范法》中要求网络服务提供者防止未成年人接触色情信息的内容因为违宪而失效,德国利用专门的立法为网络服务提供者设定防止未成年人接触包括色情信息、不道德信息在内的所有有害于未成年人发展的信息。此外,针对不同年龄的未成年人分时分段放送网络内容、彻底删除儿童色情网站均凸显了未成年人保护在德国享有的优先顺位。这种做法和理念与我国对待涉未成年人犯罪当从严处罚有异曲同工之妙,具体体现在网络服务提供者参与传播儿童色情材料时,要在原本对网络服务提供者采取的适度从宽的刑事政策上收紧、从严,以严济宽。少年儿童

---

〔1〕 Protection of Young Persons Act. §18.

〔2〕 The Local de, *EU Plan to Block Web Child Porn Sparks German Opposition*, https://www.thelocal.de/20100330/26207.

是国家的未来，是世界未来的主人，对其予以充分保护是每一个国家的共同追求。

（三）网络服务提供者刑事管辖权的国际冲突及解决

每个国家都是一个刑事自治的主体，依法对犯罪行为地、结果地在本国或行为人、被告人是本国人以及国际条约规定的罪行行使管辖权。然而网络无国界，这意味着网络服务提供者所提供的服务也没有国界限制。网络服务提供者位于A国，而位于B国的网络用户利用该网络服务提供者的服务大量传播C国某公民的著作权作品，此时A国网络服务提供者应当受哪一国管辖？当一项网络服务是由几个分工不同的网络服务提供者共同提供的，正如CompuServe德国公司案那样，网络访问提供者CompuServe德国公司位于德国境内，网络存储提供者CompuServe母公司位于美国境内，如果这些网络服务提供者均涉嫌刑事犯罪，该由哪一国行使管辖权？对于国际公约中规定的网络恐怖主义活动以及通过网络传播儿童色情材料的犯罪行为，各国可以借此行使普遍管辖权，进而抢占网络服务提供者刑事管辖的话语权。但是管辖权的行使既怕没有人管，又怕大家都管，那么在国际社会应当如何协调管辖权？对此有学者主张将结果发生地限于结果犯与具体危险犯中的最初结果发生地、实害结果发生地、行为人在行为时所认识到的结果发生地。[1] 另有学者主张有限管辖原则，即在属人管辖之外，以犯罪行为对本国国家或公民的侵害或影响的关联性来确定刑事管辖权的有无，关联性是指犯罪行为对本国国家或公民已形成实际侵害或影响。[2] 综上，当几个国家同时具有刑事管辖权时，管辖权归危害结果发生国行使，危害结果发生国指的是行为人意图造成危害、且实际造成危害的国家。值得注意的是，网络服务提供者往往只实施了帮助行为，而非正犯行为，自然应当以网络服务提供者所帮助的正犯行为所造成危害结果所在地行使管辖权。此外，当一

〔1〕 参见张明楷：《刑法学》（第6版），法律出版社2021年版，第96页。

〔2〕 参见郑泽善：《网络犯罪与刑法的空间效力原则》，载《法学研究》2006年第5期。

国已经开始对网络服务提供者行使管辖权,而被告人并不在该国境内,被告人所在国应配合管辖国将被告人引渡。在 United States v. Dotcom 案中,被告人 Dotcom 等因运营 Megaupload. com 网站大量侵犯著作权被美国弗吉尼亚东部地区法院大陪审团指控共谋侵犯版权罪、帮助和教唆侵犯版权罪等,但被告人随即逃往新西兰。三年之后,新西兰北岸地区法院宣布 Dotcom 和其他三名被告将被引渡到美国接受审判。本案中新西兰全力配合美国实施对被告人的引渡,即便如此,引渡之路还是充满曲折,在新西兰国内关于 Dotcom 等人的引渡问题就经历反复的庭审和讨论,及至 2015 年年底引渡决定终于作出,直到 2017 年年初,本案的几名被告才到达美国接受审判。[1]

第三节 日本网络服务提供者的刑事责任及其启示

一、日本网络服务提供者刑事责任之概览

2000 年 12 月,日本教育、文化、运动、科学和技术部发布有关网络服务提供者责任的报告。报告指出,权利人可要求间接侵权人提供民事赔偿,也可以对间接侵权人提起刑事诉讼。当网络服务提供者故意促进或帮助侵犯著作权行为,其主观恶意得到确证,可以追究其侵犯著作权罪的刑事责任。反之,网络服务提供者不为侵犯著作权犯罪承担刑事责任。由此,刑事起诉的正当性转移到帮助者的主观心态上面来。[2]

2001 年 11 月 30 日,日本通过了《限制特定远程通信服务提供者损害责任以及请求公开发送者身份信息的权利之法案》(Act on the Limitation of Liability for Damages of Specified Telecommunications Service Providers and

---

〔1〕 United States v. Dotcom, No. 1:12CR3 (E. D. Va. Jan. 5, 2012).

〔2〕 Salil K. Mehra, *Software as Crime: Japan, the United States, and Contributory Copyright Infringement*, 79 Tulane Law Review 284 (2004).

the Right to Demand Disclosure of Identification Information of the Senders)。[1] 特定远程通信服务提供者是使用特定远程通信设施向不特定人传输通信信息的人,即网络服务提供者。发送者指的是在特定远程通信设备的记录介质中记录信息,或者将信息存储于此种特定远程通信设施的传输设备中的人,即内容提供者。

根据立法规定和司法实践划定的范围,特定远程通信服务提供者有以下三种特点:其一,以不特定的人接收信息为目的进行远程通信传输,不包括公众直接接收信息的远程通信传输(如广播、有线广播);其二,不区分服务本身的营利性与否,运营电子公告板、提供搜索工具、提供服务器的大学、地方公共团体或个人,只要能够为不特定多数人提供信息传输服务,均可以成为特定远程通信服务提供者,这与日本《远程通信商业法》(Telecommunications Business Law)仅规制以营利为目的的远程通信服务提供商有本质区别;[2] 其三,包含了远程通信中提供媒介的各种主体,日本最高法院在一个判决中对特定远程通信服务提供者作出了界定,该案原告主张自己名誉权受到某互联网论坛中匿名帖子的侵害,请求静冈地方裁判所滨松支部向论坛管理人委托的网络服务器经营者发布临时处分令,要求其公开发送者(发帖人)的身份信息。静冈地方裁判所否认被告属于特定远程通信服务提供者,理由在于:发送者将帖子发布在论坛中以及用户看到论坛中的帖子是两个不同的阶段,被告作为网络中介服务提供者参与的是前一个阶段,而特定远程通信服务提供者负责后一个阶段。上诉裁判所和日本最高裁判所均认为,被告属于特定远程通信服务提供者,理由在于:从发送者发布帖子到用户看到帖子是一个整体的阶段,为其中任何一段通信提供媒介的均属于特定远程通信服务提供者。日本最高裁判所纠正了静冈地方裁判所将远程通信分割成块的狭隘观点,把握住“向不特定对象传输信息”的目的,将为发送

---

〔1〕 Law No. 137 of 2001, http://law.e-gov.go.jp/htmldata/H13/H13HO137.html.

〔2〕 Law No. 86 of December 25, 1984.

者和接收者提供媒介服务的主体均作为特定远程通信服务提供者。[1]

发送者使用特定远程通信发送的信息侵犯他人权利的,特定远程通信服务提供者一般不为这种损失承担责任。只有同时符合下列两个条件,特定远程通信服务提供者才需要承担责任:其一,采取措施防止此种信息传输给不特定的人在技术上可行;其二,特定远程通信服务提供者明知通过特定远程通信散布的信息侵犯了他人权利,或者特定远程服务提供者知道特定远程通信所散布的信息,并且有合理依据认为特定远程服务提供者可以知道通过特定远程通信散布的信息侵犯了他人权利。特定远程通信服务提供者已经采取措施来封锁信息传输,当该措施同时符合以下两个条件时,该服务提供者不为信息发送者招致的任何损失承担责任:其一,该措施未超出防止不特定人接收侵权信息的必要范围;其二,有合理依据认为特定远程通信服务提供者相信他人的权利没有正当理由地被通过特定远程通信散布的信息所侵害,或者权利人告知发送者,特定远程通信服务提供者已采取措施来防止侵权信息的传输,并询问发送者是否同意采取防止侵权信息传输的措施,通知发出 7 天后,特定远程通信服务提供者没有收到发送者关于不同意采取传输预防措施的任何通知。特定远程通信服务提供者应权利人的请求公开发送者的身份信息须满足以下两个条件:其一,有证据证明侵权信息的散布侵犯了权利人的权利;其二,发送者的身份信息对于权利人行使损害赔偿请求权的人来说十分必要,并且权利人接收所公开的发送者的身份信息有正当理由。特定远程通信服务提供者收到请求时,应当听取侵权信息发送者关于该请求的意见,了解发送者是否同意披露自己的身份信息,除非服务提供者不能联系到发送者或者有其他特殊情况。特定远程通信服务提供者不为权利人提出的公开请求所招致的损失承担责任,除非服务提供者存在任何故意或者重大过失。

---

〔1〕 参见罗勇:《论"网络服务提供者"的法律界定——以中日比较为中心》,载《学术交流》2016 年第 6 期。

由上可知,明知他人利用服务实施侵权行为对于特定远程通信服务提供者而言是业务中立行为与帮助行为的分水岭,也是承担侵权责任与否的分水岭。当特定远程通信服务提供者明知或者有合理理由知道发送者利用服务实施侵权行为,并且有能力采取措施防止信息传输的,应当承担责任。特定远程通信服务提供者向权利人公开发送者身份信息是应权利人请求而产生的相对义务,并非一般性、强制性的义务。

2002年5月6日,东京大学研究员金子勇发布了Winny软件。Winny软件是点对点(peer-to-peer,以下简称P2P)传输服务中分布式存储软件的代表,无须借助中央服务器,每个用户都是P2P软件的一个节点,用户向其他对等计算机发送请求,便可直接从他人电脑中下载文件。[1] 2003年4月9日,新版Winny面世。新版Winny既组建了大规模电子公告系统,又保留了文件分享功能,被广泛用于传播著作权作品。两名正犯使用Winny软件,使享有著作权的视频游戏软件程序可以被互联网用户自动获取,违反了日本《著作权法》第23条第(1)款规定,侵犯了作者影响作品公共传输的权利。2004年5月31日,京都地方检察厅以侵害著作权罪的帮助犯起诉金子勇,理由在于他发布并提供最新版的Winny软件,使正犯可以实施侵犯著作权人影响作品公共传播的权利。2006年12月13日,京都地方裁判所宣告被告人构成侵犯著作权罪的帮助犯,处以150万日元罚金。检察官和被告人均提起上诉,2009年10月8日,大阪高等裁判所撤销了京都地方裁判所的判决,改判被告人无罪,理由是被告人缺乏帮助故意。2011年12月20日,日本最高裁判所驳回了大阪高等检察厅的上诉,大阪高等裁判所的无罪判决生效。日本最高裁判所提出了软件提供者构成侵害著作权罪帮助犯的判断规则:其一,当一个人认识并容认使用软件程序所带来的侵犯著作权的具体、紧迫的风险时,还发布并提供软件程序,并且此种侵犯著作权的行为已

---

[1] Metro-Goldwyn-Mayer Studios Inc. v. Grokster 125 S. Ct. 2764 (2005) p. 2771.

经实际发生;其二,根据软件程序的性质、软件程序的客观使用情形以及提供软件的方法,在那些获取软件程序的人之间,很多人极有可能使用软件来侵犯著作权,这种可能性高到不能作为例外被容忍,提供者在认识并容忍此种高度盖然性时仍发布并提供软件。[1] 最高裁判所的法官根据此规则来考量被告人的责任:其一,很明显被告人并没有在认识或容认使用软件程序所带来的侵犯著作权的具体、紧迫的风险之时发布并提供 Winny 软件;其二,发布并提供 Winny 软件之后,被告人经常警告用户不要将 Winny 软件用于侵犯著作权的目的,目前为止很难认定被告人认识或容认大量的人极有可能会将 Winny 用于侵犯著作权的目的,这种使用已经不能作为例外被容忍。综上所述,被告人缺乏违反著作权法的帮助犯罪的故意,因而无罪。

二、日本网络服务提供者刑事责任之分析

(一)日本网络服务提供者刑事责任之形式

从 1987 年起,日本立法机关开始频繁修改刑法典,出现了刑事立法活性化的现象,表现为犯罪化、处罚早期化、重刑化。[2] 日本有学者认为刑事立法活性化是战后日本社会“成熟”的佐证。由于电子计算机的普及,刑法典、单行刑法、附属刑法增设了计算机犯罪。1987 年,日本《刑法典》在有关公文书的伪造、损坏等 4 个分则条文中增加了电磁记录的内容,另增设了不正当制作和提供电磁记录罪、损坏电子计算机等妨害业务罪、使用电子计算机诈骗罪。[3] 日本于 1999 年通过了《非法侵入计算机法》,专门规定了非法的计算机访问行为造成损害信息和通讯的犯罪行为。为配合跨太平洋伙伴关系

---

〔1〕 最高裁判所 2011 年 12 月 19 日裁决,最高裁判所刑集 65 卷 9 号 1380 页,案号:2009(A)1900。http://www.courts.go.jp/app/hanrei_en/detail? id = 1131。

〔2〕 参见程红、吴荣富:《刑事立法活性化与刑法理念的转变》,载《云南大学学报(法学版)》2016 年第 4 期。

〔3〕 参见张明楷:《日本刑法的发展及其启示》,载《日本刑法典》(第 2 版),张明楷译,法律出版社 2006 年版,“前言”第 3 页。

协定(Trans-Pacific Partnership Agreement,以下简称 TPP)中加强知识产权保护的议定,日本于2013 年修改了《著作权法》,在第 8 章"刑罚规定"第 119 条增加了第3 款,将个人使用为目的通过互联网下载有偿提供的作品的行为入罪化,走在世界前列。[1] 遗憾的是,这些法律主要规制利用计算机实施的犯罪和针对计算机实施的犯罪,即将计算机作为工具和对象实施的犯罪行为,未涉及网络服务提供者的危害行为。

《限制特定远程通信服务提供者损害责任以及请求公开发送者身份信息的权利之法案》明确规定了特定远程通信服务提供者履行义务、承担责任的条件,然而,本法除了创设安全港之外,并没有讨论特定远程通信服务提供者作为间接侵权人的民事责任和刑事责任。[2] 并且,与前述美国的《数字千年版权法》、德国的《远程媒体法》、欧盟电子商务指令相比,该法并未对网络服务提供者进行分类,而是采取水平立法模式,统一规定网络服务提供者为他人侵权承担责任的限制。[3]

Winny 案作为日本网络服务提供者刑事第一案,为我们了解日本对网络服务提供者的刑法规制提供了一个窗口。本案的法律依据是:(1)日本《刑法典》第62 条第1 款"帮助正犯的,是从犯";(2)《著作权法》第23 条第1 款"作者应当有公开传播作品的专属权利(包括在自动公共传播的情况下,使得其作品可以传输)";(3)《著作权法》第 119 条第 1 项"符合以下条件的人将会判以三年以下的入狱劳作,或者不超过 300 万日元的罚金:侵犯作者的著作人身权利、版权、出版权,表演者的人身权利或邻接权(不包括个人自己复制作品或者表演等,为了第 30 条第 1 段中的个人使用目的,包括根据第

〔1〕 参见何天翔、谢晴川:《日本打击侵犯著作权私人下载行为的罚则探析——兼评个人下载行为在中国入刑的可行性》,载《知识产权》2015 年第 12 期。

〔2〕 Salil K. Mehra, *Software as Crime: Japan, the United States, and Contributory Copyright Infringement*, 79 Tulane Law Review, 265(2004).

〔3〕 参见[日]萩原有里:《网络服务提供者的损害赔偿责任——以日本法为中心》,载《科技与法律》2004 年第 2 期。

102条第1段适用的例子)，根据第113条第3段，触犯了被认为构成作者人身权利、版权，表演者的人身权或者邻接权(包括根据第113条第4段构成邻接权的权利；同样适用于第120条-2)的行为”。[1] 日本对著作权的刑法保护采取了附属刑法的形式，在《著作权法》第8章规定了侵犯著作权犯罪的刑事处罚。本案中被告人被起诉的罪名是侵犯著作权罪的帮助犯。

综上所述，日本没有专门规定网络服务提供者刑事责任的法律，司法实践中主要依靠《刑法典》中帮助犯的规定、附属刑法中的相关规定以及刑法中的帮助犯理论处理网络服务提供者刑事责任案件。

(二)日本网络服务提供者刑事责任之内容

21世纪之初的日本，正享受互联网高速发展带来的红利，此时科技人员因为开发软件而遭到刑事起诉，在日本国内反响非常强烈。Winny案作为日本首例网络服务提供者的刑事案件，缺乏先例可以援引、参照，恰好在被告人金子勇被起诉之前以及案件审理过程中，美国的法院分别对Sony案、[2] Napster案、[3] Grokster案[4]作出判决。Napster案、Grokster案和Winny案类似，均是采用点对点的方式传输文件，使文件分享方便快捷，美国的法院在这三个案件中分别提出“实质性非侵权用途”“共同侵权”“诱导侵权”的理论标准，这些理论标准不仅成为美国网络服务提供者侵权责任的里程碑，也在一定程度上影响了日本法官对于Winny案的判决。有论者认为，大阪高等裁判所在判决Winny案时采取了类似于Sony案中“实质性非侵权用途”标准。[5] 经比较日本和美国的案例，可以得出以下三个结论。

首先，大阪高等裁判所明显受Grokster案的影响，而非Sony案的影响，

---

[1] Act No. 92 of 2004.

[2] Sony Corporation of America, et al. v. Universal City Studio, Inc., etc., et al. 104 S. Ct. 774.

[3] A&M Records, Inc. v. Napster, Inc. 239 F. 3d 1004.

[4] Metro-Goldwyn-Mayer Studios Inc., et al. v. Grokster, LTD., et al. 125 S. Ct. 2764.

[5] Salil K. Mehra, *Keep America Exceptional! Against Adopting Japanese and European-Style Criminalization of Contributory Copyright Infringement*, 13 Vanderbilt Journal of Entertainment and Technology Law 817(2011).

理由有三。其一,从时间上来看,大阪高等裁判所审理该案时,美国最高法院已经对 Grokster 案作出判决,提出了新的判断规则,与 Sony 案的判决相去甚远;其二,从被告性质来看,Sony 公司为用户提供具有“时移”功能的录像机供用户录制电视节目,Winny 与 Sony 开发的 Betamax 录像机性质相差太大,与 Grokster 具有同质性,均为用户免费提供 P2P 软件,供用户进行文件分享、上传、下载;其三,从判决说理来看,大阪高等裁判所附加的“推荐他人专门或者主要以参与非法活动的目的来使用软件”的条件与美国最高法院在 Grokster 案中提出的“诱导侵权”如出一辙——被告以侵犯版权的目的促进软件的使用,这种目的通过明确的表示或者其他促进侵权的确定性的措施表现出来,在这种情况下,被告人需要为第三方的侵权结果承担责任,即便软件有合法用途。

其次,Grokster 案中的“诱导侵权”规则在美国被奉为圭臬,经日本法官在判决中适用后却被弃之敝屣,原因何在?在美国,即便著作权法没有明确表示任何人需要为他人的侵权行为承担责任,法官可以从普通法原理中推导出间接责任理论——行为人故意引诱或鼓励直接侵权时构成共同侵权,行为人从他人的直接侵权行为中获利并拒绝采取措施停止或限制侵权构成代位侵权。[1] 在日本,《刑法典》第 62 条第 1 款的“从犯”指的是故意帮助他人实施犯罪行为,给予有形或无形的帮助使他人更容易实施犯罪。从犯由“帮助行为”“帮助故意”“因果关系”构成,“推荐非法使用的行为”并不是法定的构成要件要素,法官在帮助犯的认定中增加额外构成要素违反了罪刑法定原则。再者,仅仅有向他人提供软件程序并推荐非法使用的行为,完全不考虑软件程序本来的性质(软件被用于非法活动的可能性)或者软件使用的客观情况,并不足以认定帮助犯。[2] 由此,民法中的裁判规则难以直接

---

〔1〕 Metro-Goldwyn-Mayer Studios Inc. v. Grokster 125 S. Ct. 2764 (2005) p. 2767, 2775.

〔2〕 最高裁判所 2011 年 12 月 19 日判决,最高裁判所刑集 65 卷 9 号 1380 页,案号:2009(A)1900。http://www.courts.go.jp/app/hanrei_en/detail? id = 1131。

被刑事审判所吸纳,普通法系的规则不能直接套用于大陆法系国家,大阪高等法院提出的"推荐侵权使用"的规则被日本高等法院毫不留情地否定也在情理之中。

最后,相较于美国,日本倾向于发动刑法来制裁网络服务提供者的危害行为,原因有三:其一,民事诉讼所面临的经济现实使寻求刑法援助的决定更为可取——在日本,原告期待民事诉讼解决问题会比在美国遇到更多的障碍,如巨大的经济成本、时间上的迟延等;其二,日本的著作权法并未对著作权人行使自己的权利提供强有力的支撑;其三,日本刑事司法资源(警察和公诉人)较为富足,而民事诉讼资源(民事诉讼律师)较为匮乏。[1] 然而,发动刑法来规制网络服务提供者的危害行为并非没有问题。Winny 案的法官一再强调刑法的谦抑性,然而,法律执行机关在案件调查过程中的粗暴举动被广为诟病。被告人尚未收到作者或者其他权利人的申诉,也未接到任何来自官方机构的警告,法律执行机构就开始了调查,并针对指控进行强制侦查,之后指控被告人提供软件程序是为了传播版权侵权作品,全然不顾诸如被告人没有营利目的,在接受了法律执行机构的建议之后,迅速关闭了提供 Winny 软件的网站等有利于被告人的情况。[2]

三、日本网络服务提供者刑事责任之启示

(一)以高度盖然性规则来评估网络服务提供者主观罪过及危害后果

日本最高裁判所的法官借 Winny 案提出了网络服务提供者构成侵害著作权罪帮助犯的判断规则,这里暂且称其为"高度盖然性规则"。高度盖然性区别于一般可能性和盖然性,指的是依据日常经验可以达到的近似确然

---

〔1〕 Salil K. Mehra, *Software as Crime: Japan, the United States, and Contributory Copyright Infringement*, 79 Tulane Law Review(2004).

〔2〕 最高裁判所2011年12月19日判决,最高裁判所刑集65卷9号1380页,案号:2009(A)1900。http://www.courts.go.jp/app/hanrei_en/detail? id=1131。

性的可能。[1] 高度盖然性规则包括客观方面和主观方面的判断。从客观方面来说,网络服务本身具备了侵犯著作权的具体、紧迫的风险;使用网络服务的用户中很多人极有可能侵犯著作权,这种可能性高到不能作为例外被容忍。从主观方面来说,网络服务提供者已经认识到了这种具体的、紧迫的风险以及不能作为例外被容忍的境况。"具体的""紧迫的""不能作为例外被容忍"等描述性的关键词均转化为可以估量的数值,这正是高度盖然性的特征。但高度盖然性和一般可能性之间并不是僵化地以50%作为分界线,而是一种整体性认识,因而该规则又被我国学者称为"全面考察说",即对不特定多数的使用者利用中立帮助状况的全体情况予以衡量,进而判断中立帮助行为的可罚性。[2] 不管称谓如何,其核心思想只有一个——"法律不理会琐细之事"。[3] 当使用软件实施的侵权行为不再是稀稀落落、星星点点的,而是成片的、大规模的、不能作为例外被忽视的,则需要考量其作为帮助犯的刑事责任。在Winny案中,一次版权侵权调查表明,特定时间在Winny网站上流转的120万份文件中,40%的文件都是音乐文件和DVD之类的商业性质的著作权作品的复制件。另外,根据大阪高等裁判所查明的事实,在2万份文件中,30%是有著作权的视频、音乐文件和游戏软件,其中90%的作品未经作者授权即使用。在使用文件分享服务的网络用户中,大约1/3的人最常使用Winny。[4] 在Sony案中,Sony公司开发了对电视节目进行录像留待后来观看的家用录像机Betamax,被起诉共同侵权,法官以"实质性非侵权用途"的理论为Sony公司免责。"实质性"也是一种高度盖然性的考量。其一,家用录像机制造商表明大量的通过电视免费放送著作权作品的权利

---

〔1〕 参见毕玉谦:《试论民事诉讼证明上的盖然性规则》,载《法学评论》2000年第4期。

〔2〕 参见刘艳红:《网络中立帮助行为可罚性的流变及批判——以德日的理论和实务为比较基准》,载《法学评论》2016年第5期。

〔3〕 张明楷:《刑法格言的展开》(第3版),北京大学出版社2013年版,第166页。

〔4〕 最高裁判所2011年12月19日判决,最高裁判所刑集65卷9号1380页,案号:2009(A)1900。http://www.courts.go.jp/app/hanrei_en/detail? id=1131。

人不会反对他们的作品由观众换个时间观看,并且电视节目的著作权所有人也没能证明“时移”会对他们作品的潜在市场或价值造成任何微小的损失。因此,家用录像机具有实质性非侵权用途。其二,Sony 公司的调查显示,80% 的观众在拥有 Betamax 之后依然观看跟从前一样的电视节目,Betamax 并没有降低收视率。对于 Betamax 7.3% 的使用集中于记录体育赛事,职业棒球、足球、篮球和曲棍球的代表们表示他们并不反对自己的演出被记录。[1]

(二)通过主观方面限制中立帮助行为入罪化

日本学者对于中立行为的帮助主要采取客观说,尤其是客观归责论,采取折中说的学者属于少数派。在支持折中说的学者中,曲田统肯定了罗克辛对于故意和不确定故意相区分的主张,提出以印象为基础的主观说,以规则违反性、共同体的危险性印象、直接的明确的犯罪有用性印象来判断帮助犯的成立。折中说的另一位主张者西田典之认为,行为人对自己行为的因果关系存在认识、容忍即存在(片面)帮助的故意,由此,Winny 案被告人金子勇构成帮助犯。[2] 主观方面对于网络服务中立帮助行为入罪化的限制是必不可少的、被考虑得最多的。毕竟,网络服务的确为侵权行为提供了物质性的帮助,而且这种帮助借助了互联网技术,具有匿名性、便捷性、扩散性,因而这种帮助是实质性的,从外观上看,网络服务与其他的帮助行为对于正犯行为的加功并无二致,真正决定责任有无的是提供帮助者是否存在帮助故意。如果网络服务提供者不具备帮助故意,即便其客观上帮助了正犯实施犯罪行为,也没有责任,反之,则可能承担责任。正如日本学者西田典之所说,这种帮助故意多半是一种片面的帮助故意,网络服务提供者并没有与正犯事前的合谋、事中的合意,而体现在明知他人正在利用服务实施犯罪行为,有能力采取措施而不加以制止。

---

〔1〕 Sony Corporation of America, et al. v. Universal City Studio, Inc., etc., et al. 104 S. Ct. 774.

〔2〕 参见陈洪兵:《中立行为的帮助》,法律出版社 2010 年版,第 123 ~ 148 页。

《限制特定远程通信服务提供者损害责任以及请求公开发送者身份信息的权利之法案》中,特定远程通信服务提供者明知他人利用服务侵犯权利,或者有合理依据认定特定远程通信服务提供者明知他人利用服务侵犯权利,特定远程通信服务提供者可能丧失责任豁免。从“有合理依据认定”的表述可以看出,该法也是赞成明知推定的,至于合理依据包含哪些内容,法律没有给出说明,需要根据司法实践具体情况进行判断,一般是根据网络服务提供者对于所传输的内容具有控制力,以及网络服务提供者直接从违法行为中获利来判断其明知。Winny 案中三级裁判所提出的限制“价值中立”技术提供行为入罪范围均绕不开主观方面的规定,被告人对于软件被用于侵权的实际情况的认识,以及提供软件时的主观心态均在考虑之列。

第三章

网络服务提供者刑事责任的义务前提

需明确作为刑事责任义务前提的“义务”一词所使用的语境。首先,这里的义务是指由国家强制力保障实施的法律义务,有别于道德义务、宗教义务、政治义务、社会团体义务等义务。其次,这里的义务是宏观层面的、整体性的、前提性的义务,有别于预见义务、注意义务、不作为义务等作为犯罪构成要件要素的义务。再次,这里的义务是刑法义务,是刑事法律上规定的行为人必须履行的约束其行为的任务,有别于宪法义务、民法义务、行政法义务。[1] 最后,这里的义务是第一性义务,即不得实施刑法所禁止的行为的积极守法义务,有别于作为违反第一性义务所应承担的刑事后果的第二性义务。

〔1〕 参见冯军:《刑事责任论》,法律出版社1996年版,第37页。

第一节　刑事义务与刑事责任

一、刑事义务是刑事责任制度的基石

（一）“义务违反说”为刑事责任的前置性问题提供依据

“没有犯罪就没有刑罚”，[1] 当然，没有犯罪也就没有刑事责任。犯罪是刑事责任的前置性问题。关于犯罪的本质存在几种学说：权利侵害说、法益侵害说、义务违反说、折中说（法益侵害 + 义务违反）。[2] 其中法益侵害说具有通说地位。[3] 刑法法规在具体的情况下总是表现为一定的行为规范，这些行为规范中的作为义务和不作为义务并不重要，重要的是作为义务和不作为义务背后隐藏着的诸如“不准杀人”“不准盗窃”“必须解散”“必须退出”等抽象性的禁令或者命令。归根结底，这些禁止性规范或命令性规范、不作为义务和作为义务都指向“不得侵害法益”。[4] “不得侵害法益”的思想可以溯源到西塞罗在《论义务》中提到的“公正的第一任务就是不伤害他人”，[5] 身体和生命是最重要的法益，“不伤害他人”体现了朴实的（刑）法观念。“不伤害他人”对后世的学者以及法律制度有深远的影响，费尔巴哈指出，“市民原初的义务只是不作为”，重新确认了“不伤害他人”的原则。[6] 说到底，以“不得侵害法益”为核心的法益侵害说与以“不伤害他人”为核心的义务违反说在思想源流上有交集，两者并非势不两立。

义务违反说由德国刑法学者 Friedrich Schaffstein 提出，认为“犯罪是对国家、社会共同体的危害，即便没有侵害各个法益，但违反了对社会共同体

---

[1] 张明楷：《刑法格言的展开》（第 3 版），北京大学出版社 2013 年版，第 186 页。

[2] 参见张明楷：《外国刑法纲要》（第 2 版），清华大学出版社 2007 年版，第 56 页。

[3] 参见［日］大塚仁：《刑法概说（总论）》（第 4 版），有斐阁 2008 年版，第 91 页。转引自陈家林：《外国刑法通论》，中国人民公安大学出版社 2009 年版，第 106 页。

[4] 何庆仁：《义务犯研究》，中国人民大学出版社 2010 年版，第 154 页。

[5] ［古罗马］西塞罗：《论义务》，王焕生译，中国政法大学出版社 1993 年版，第 144 页。

[6] 何庆仁：《义务犯研究》，中国人民大学出版社 2010 年版，第 144 页。

所负有的义务、人伦的义务的行为就是犯罪”。[1] 由于该说产生于纳粹时期,曾被法西斯曲解和滥用,在“二战”结束后并未得到全面发展和广泛认可。[2] 然而抛去时代的偏见,义务违反说自有其不可取代的价值。“刑法规范来自义务,或者说刑法规范不过是在确认义务。”有学者认为,所有的犯罪行为都表现为义务违反。如德国学者 Otto 认为,“任何法律的不法本质都在于对该义务之违反,而不是只有义务犯的不法本质才是义务违反”。德国学者 Gössel 与 Zipf 均认为,每个犯罪行为最后都表现为一个义务违反。[3] 义务违反说不仅能够为普通刑事犯罪提供理论支撑,对于行政犯、身份犯、未遂犯、危险犯、预备犯、疏忽大意犯罪等特殊类型犯罪,义务违反说比法益侵害说更能够说明处罚合理性。[4]

(二)刑事义务是刑事责任的前提和基础

“刑事责任就是对违反刑事法律义务的行为(犯罪)所引起的刑事法律后果(刑罚)的一种应有的承担。”[5] 刑事责任由刑事义务、刑事归责、刑事负担三部分组成,这三部分均是刑事责任不可或缺的内容,在地位上同等重要,但是在判断顺序上存在先后关系,刑事义务当然是刑事责任的首要判断因素,也是刑事责任的前提和基础。

首先,刑事义务是刑事责任判断的起点。行为人的行为在刑法上是否正当,由行为人履行还是违背其负有的刑事义务决定。一个行为客观上虽未引发危害结果,但行为人违反了其负有的刑事义务,其行为就是不正当的,应紧接着判断其是否具有主观可归责性以及所应承担的刑事负担的轻重。从行为人是否违反了刑事义务、违反了何种刑事义务的角度去考察刑事责任,既遵守了法治原则,又确定了行为的正当性,这进一步体现了义务

---

[1] 张明楷:《外国刑法纲要》(第 2 版),清华大学出版社 2007 年版,第 57 页。

[2] 参见牛忠志:《犯罪本质之义务违反说论纲》,载《山东社会科学》2014 年第 6 期。

[3] 参见何庆仁:《义务犯研究》,中国人民大学出版社 2010 年版,第 92、155 页。

[4] 参见牛忠志:《论犯罪本质的义务违反说优越于法益说》,载《法学论坛》2014 年第 1 期。

[5] 高铭暄等:《中国刑法词典》,学林出版社 1989 年版,第 130 页。

违反说在揭示犯罪本质上的优越性。[1]

其次,刑事义务限定了刑事归责的范围。所谓刑事归责,指的是行为人在违反刑事义务上的应受谴责性。刑事义务对刑事归责范围的限定体现在两个方面。其一,对可以被归责的行为的限制,行为人的行为既可能整体违反了刑事义务,也可能部分违反了刑事义务。在作为犯中,行为人所负有的刑事义务包含了不实施危害行为的义务和防止危害结果发生的义务。如果行为人实施了危害行为,但自动有效地防止危害结果发生,那么行为人仅违背了不实施危害行为的义务,而没有违背防止危害结果发生的义务,只能就违背前一义务的行为进行归责。事实上,自动有效防止危害结果产生是犯罪中止的一种情形,中止行为是刑法所鼓励的行为,而不是犯罪行为,但是犯罪中止状态作为一种犯罪的特殊形态,在造成损害时也要承担刑事责任。[2] 其二,对可以被归责的主体的限制,刑事义务是主体所负有的义务,主体不同,刑事义务也随之不同,如对于街边一处不断往周边蔓延的火势,消防员和路人所负有的刑事义务截然不同。刑事归责是把危害行为、危害结果等归属于行为人,唯有通过归责,才能确定危害行为、危害结果是否来源于行为人主体性活动。应当对谁进行归责、进行何种归责,是由谁负有刑事义务、负有怎样的刑事义务所决定的,刑事义务确定了应当被予以刑事归责的主体。[3]

最后,刑事义务决定了刑事负担的程度。所谓刑事负担,指的是行为人应受谴责地违反了刑事义务后应当承受的不利后果。刑事负担是刑事责任的落脚点,是刑法威慑力的体现,是代表国家的司法机关依法给予的否定性评价和谴责。刑事负担的本质是让接受者感到痛苦,进而达到预防犯罪的目的。说到底,惩罚的正当性在于报应论和预防论相结合的并合说,由此刑

---

〔1〕 参见冯军:《刑事责任论》,法律出版社1996年版,第17~50页。
〔2〕 参见张明楷:《刑法学》(第6版),法律出版社2021年版,第465页。
〔3〕 参见冯军:《刑事责任论》,法律出版社1996年版,第53页。

事负担必然与犯罪造成的危害社会后果等价,且具有预防必要性。违反刑事义务是行为不正当的原因,所违反的刑事义务的大小决定了行为的危害性大小,限制了刑事归责的范围,进而决定了刑事负担的程度。简言之,所违反的刑事义务大小决定了对行为人适用刑罚、非刑罚处罚措施还是单纯宣告有罪,以及各种刑事负担的重轻。

二、作为刑事责任前提的刑事义务来源

首先,毋庸置疑的是,刑事义务是由刑事法律确定的,刑事义务来源于刑事法律。〔1〕 刑法作为刑事义务的集中体现,最好是完整、详细地规定每个被禁止的行为背后所蕴含的刑事义务,司法机关在处理刑事案件时会有更清晰的思路,刑法解释者也会省去很多争论。但如果刑法事无巨细地逐条规定刑事义务,违背了法律本身简洁性和概括性的要求,而且刑法典也会演变成教科书或者操作指南。为调和这种冲突,在适用刑法法规时不得不将目光转向刑法之外,寻找刑事责任的义务前提。

其次,从法律部门划分的角度而言,刑事义务可以来源于民事和行政部门法的规定,这是由刑法的保障法性质决定的。“刑法是对不服从第一次规范(民法规范、行政法规范等)所保护的利益进行强有力的第二次保护的规范。”〔2〕刑事义务可否来源于宪法呢?宪法是一国的根本大法,是其他一切法律的母法。刑法根据宪法制定,不得违背宪法的规定和宪法的精神,刑法在制定、施行过程中,须保障宪法的法益。刑事义务原则上可以来源于宪法,但由于宪法中的权利义务都被规定在具体的民事、行政法律中,归根结底刑事义务还是来源于民事、行政法律的规定。

〔1〕 参见冯军:《刑事责任论》,法律出版社1996年版,第38页。

〔2〕 参见[日]宫本英修:《刑法大纲(总论)》,弘文堂1935年版,第3页;[日]泷川幸辰:《犯罪论序说》,有斐阁1955年版,第4页;[日]泉二新熊:《日本刑法论(总论)》,有斐阁1936年版,第178页。转引自张明楷:《刑法在法律体系中的地位——兼论刑法的补充性与法律体系的概念》,载《法学研究》1994年第6期。

再次，从法律层级的角度而言，为刑事责任供给义务的规律性法律文件一般由全国人大及其常委会、国务院制定。“将层次较低的法律义务直接上升为刑法义务，是对不作为义务来源问题在法理上的重大‘突破’。”[1]根据我国《刑法》第96条规定，违反国家规定指的是违反全国人民代表大会及其常务委员会制定的法律和决定，国务院制定的行政法规、规定的行政措施、发布的决定和命令。同样，“法律、行政法规规定的”意味着该规范性法律文件的制定主体是全国人大及其常委会、国务院。

最后，来源于刑法之外的刑事义务同样是刑事责任密不可分的一部分。基于刑法保障法的地位、刑法安定性与简明性的考量，规范层面的刑事义务势必大量溯源到民事、行政部门法中由全国人大及其常委会、国务院制定的规范性法律文件中。这些位于刑法之外的义务规定一旦成为刑事义务，就立即成为刑事责任的前提和基础，成为定罪量刑的根据，成为行为不法与行为人责任的判断依据，并不是独立在“刑法的地界”之外，更不是独立存在于刑事责任之外。[2] 值得注意的是，本书一方面强调刑事义务可以来源于民事和行政部门法的规定，另一方面又强调刑事义务有别于宪法义务、民法义务、行政法义务。这两者看似矛盾，实则不然。第一，并非所有的宪法义务、民法义务、行政法义务均可以成为刑法义务，刑法只是有选择性地从宪法义务、民法义务、行政法义务中选取对于法益保护极具价值的义务作为刑事义务。第二，宪法义务、民法义务、行政法义务一旦上升为刑法义务，便与刑事责任融为一体，与其所来源的法律中的义务规定相对独立，如《刑法》中遗弃罪的刑事义务虽然来源于民法中的抚养、赡养和扶养义务，但法官在判决遗弃罪刑事案件时，只会论证被告人的行为符合遗弃罪的犯罪构成，而不会阐述其违反了民法中的抚养、赡养和扶养义务。

[1] 毛玲玲:《传播淫秽物品罪中“传播”行为的性质认定》，载《东方法学》2016年第2期。
[2] 参见陈兴良:《快播案一审判决的刑法教义学评判》，载《中外法学》2017年第1期。

第二节 网络服务提供者刑事义务的正当性根据

刑事义务是决定行为在刑法上是否正当的根据，而刑事义务本身也存在是否正当的问题。[1] 网络服务提供者的刑事义务集中体现于信息网络安全管理义务。网络服务提供者多半是以营利为目的的市场主体，要求其承担信息网络安全管理义务的正当性何在？学界对此主要有以下三种主张。

一、“危险源的开启与控制”说

不论在刑法还是在民法理论中，危险源的概念均占据非常重要的地位。在刑法中，不作为犯罪的作为义务经历了从形式的法义务到实质的法义务的演进，在此基础上，德国学者 Armin Kaufmann 提倡机能的二分说，将作为义务分为对特定法益的保护义务和对危险源的监督义务，后者就包含了危险物品、危险设置、危险系统的管理者，负有防止对被害人造成现实危险状况的作为义务。[2] 在民法中，德国自 17 世纪起采用了“交往安全义务”理论——“开启或者持续特定危险的人所应承担的、根据具体情况采取必要的、具有期待可能性的防范措施，以保证第三人免遭损害的义务”。[3] 其中两个关键点就是“开启、参与社会交往”以及“给他人权益带来危险”。交往安全义务后来被称为安全保障义务，我国《民法典》第 1198 条第 1 款借鉴了该理论，规定公共场所的管理人或者群众性活动的组织者，未尽到安全保障义务，造成他人损害的，应当承担侵权责任。宾馆、商场、银行、车站、机场、体育场馆、娱乐场所这些被规定在法条中的公共场所限于物理空间，于是这

---

〔1〕 参见冯军：《刑事责任论》，法律出版社 1996 年版，第 54 页。
〔2〕 参见张明楷：《外国刑法纲要》（第 2 版），清华大学出版社 2007 年版，第 101 页。
〔3〕 王思源：《论网络运营者的安全保障义务》，载《当代法学》2017 年第 1 期。

些学者不遗余力论证安全保障义务可以适用于网络空间，原因有两个：其一，德国在提出和适用安全保障义务理论时并未将其限定为物理空间；其二，随着"Web 2.0"时代的到来，网络平台化趋势日益凸显，网络空间等同于公共场所。[1] 由此，《民法典》第1194条、第1196条网络服务提供者为用户的侵权行为承担连带责任的法理依据是安全保障义务。此外，日本著作权法中存在"危险中心"理论。网络服务提供者为直接实施侵害著作权的人提供了工具、方法、手段，其行为属于间接侵害。若该间接侵权行为被认定为"危险中心"，可以要求其立即停止侵害。"危险中心"理论类似于客观归属论中的"危险增加"理论，即制造了不被允许的危险。[2]

德国确有将安全保障义务用于网络服务提供者的理论和司法实践，如德国学者认为，搜索引擎提供者打来了互联网流量的危险之源——搜索引擎，因此负有特定的保障和安全义务。但是根据德国《远程媒体法》第7～10条的规定，不能期待搜索引擎提供者不断地对搜索引擎自动收集和索引的结果进行检查。[3] 德国汉堡州法院认为，网络空间如果属于社会交往空间，那么在法律上应当与物理空间等同视之，因为此时网络服务提供者开启或维系交往空间而负有包括主动审查在内的安全保障义务。网站必须具备足够的危险控制力，在人力、物力上做到与其运营规模相匹配。如果论坛和网站的数量超过了网站的人力和技术能力，那么网站需投入更多的资源，或者限制经营规模，即转型。[4] 德国联邦最高法院在类推《德国民法典》第823

---

〔1〕 参见刘文杰：《网络服务提供者的安全保障义务》，载《中外法学》2012年第2期；王思源：《论网络运营者的安全保障义务》，载《当代法学》2017年第1期。

〔2〕 参见刘艳红：《网络中立帮助行为可罚性的流变及批判——以德日的理论和实务为比较基准》，载《法学评论》2016年第5期。

〔3〕 LG Frankenthal, CR 2006, 698 (arguing for the decision to be dependent on a balance of interests between those of the creator, to make be able to prevent publication without his consent, and those of the operator of the search engine to maintain the engine). Thomas Hoeren, *Liability for Online Services in Germany*, 10 German Law Journal 568 (2009).

〔4〕 LG Hamburg, MMR 2006, 491. 转引自刘文杰：《网络服务提供者的安全保障义务》，载《中外法学》2012年第2期。

条和第1004条的基础上，将网络服务提供者的责任定位于"妨害人责任"，即网络服务提供者有义务排除正在发生的侵权行为，并且审查控制重复侵权行为，防止对于未来的妨害，这是一种"面向未来的审查义务"。[1]

根据《最高人民法院、最高人民检察院关于办理利用信息网络实施诽谤等刑事案件适用法律若干问题的解释》的规定，编造虚假信息，或者明知是编造的虚假信息，在信息网络上散布，或者组织、指使人员在信息网络上散布，起哄闹事，造成公共秩序严重混乱的，适用寻衅滋事罪中"在公共场所起哄闹事，造成公共场所秩序严重混乱的"的处罚。该解释探索性地将网络空间等同于公共场所，因而将公共场所扩展到网络空间并没有太大的理论障碍，而以安全保障义务理论来说明网络服务提供者承担信息网络安全管理义务正当性的难点在于以下三点。

其一，网络服务提供者是否为公共场所的管理人或者群众性活动的组织者？网络服务提供者开启了网络空间这一公共场所，众多用户活跃在这个公共场所中，他们因为某个话题而聚集，或者进行文件分享活动，尽管用户多半"隐姓埋名"，但不妨碍将在网络空间的聚集类比为群众性活动。但是网络服务提供者只提供技术架构和网站空壳，网站的具体内容有待于用户参与建设，又被称为"内容框架提供者"（Rahmen-Content-Provider）。[2]他们既不参与内容制作，也不以自己的名义发布内容，并不是公共场所的管理者或者群众性活动的组织者。

其二，网络服务是否算得上是危险源？危险源既包括自然的危险源，如地震、海啸、火山喷发、山洪，又包括人为的危险源，如恐怖主义、生化病毒、核辐射、交通事故，这些危险的共同特点是均有造成人身伤亡和重大财产损

---

〔1〕 BGH MMR 2004, 668, 671f; BGH MMR 2007, 507, 511; BGH NJW 2008, 758, 762. 转引自刘文杰：《网络服务提供者的安全保障义务》，载《中外法学》2012年第2期。

〔2〕 Volker Haug, Internetrecht, S. 132. 转引自刘文杰：《网络服务提供者的安全保障义务》，载《中外法学》2012年第2期。

失的极大可能性。网络在其飞速发展的30年时间里，在极大地造福人类社会的同时，也偶尔成为犯罪工具，给人们的名誉权、财产权造成一定的损失。网络的主流是好的、善的，与前述的危险源有本质区别，即便其被误用、滥用进而侵害了权利，也不会直接造成人身伤亡（除非有人篡改正在为危重病人实施检查和抢救的机器的程序，使其成为一个杀人的机器），与危险源的危害完全不同。

其三，网络服务提供者是否制造了不被允许的危险？现代社会是一个充满风险的社会，许多危险行为对社会发展具有重要意义而被允许。〔1〕网络服务对民众生活质量、国家综合实力、社会发展进步的重要作用有目共睹，当今社会对网络的依赖程度日渐加深，已经到了离开网络就无法运转的地步。因而网络服务提供者在正常营业范围内所造成的危害属于被允许的危险，因而网络服务提供者的行为未增加危险，难以成为日本著作权法理论中的“危险中心”。

网络服务提供者既没有开启危险源，无法对其中可能的危险进行控制，也没有制造不被允许的危险。因此，安全保障义务理论在说明网络服务提供者承担信息网络安全管理义务正当性时难以自圆其说。

二、“看门人”说

“看门人”（gatekeeper），也可称“守门人”“警卫”，指的是掌管一扇门，允许或者拒绝他人通过，或者把守一方区域、负责其安全的人。〔2〕有学者认为，互联网已经变得和其他的社会生活一样了，网民实际生活在封闭的社区里。〔3〕尽管当前互联网采用去中心化的技术架构，控制了技术组件的人依

---

〔1〕参见张明楷：《刑法学》（第6版），法律出版社2021年版，第228页。

〔2〕Jing Xu, *DMCA Safe Harbors and the Future of New Digital Music Sharing Platforms*, 11 Duke Law & Technology Review 270（2013）.

〔3〕Anne Cheung & Rolf H. Weber, *Internet Governance and the Responsibility of Internet Service Providers*, 26 Wisconsin International Law Journal 404（2009）.

然可以创造控制点来影响信息流动,互联网通信中存在看门人。[1] 网络服务提供者把持着用户接入互联网的通道以及利用互联网交流的进路,像公路的过路收费亭,最符合看门人的特征。事实上,各国政府也乐于和网络服务提供者展开合作,在维护国家安全、反恐怖主义活动、防范儿童色情等方面请求网络服务提供者过滤信息、留存数据、识别用户身份。[2] 在20世纪90年代早期,有些国家将网络服务提供者作为阻止儿童色情材料以及其他对未成年人有害的内容的看门人。[3] “网络服务提供者运营电子公告板、聊天室和其他网上论坛时,当用户在使用服务的过程中因侵犯版权被起诉,网络服务提供者应依照美国联邦贸易委员会的披露规则以‘看门人’的角色来调查和监控用户的活动。”[4]“网络服务提供者被视为连接互联网的当然看门人,毫无争议地处于过滤和制止互联网中非法和不良内容传播的最佳位置。”[5]

搜索引擎提供者是最常见的网络服务提供者,为人们查找信息提供索引工具,因而,搜索引擎也被认为是互联网上最重要的、最具影响力的看门人。[6] 德国、法国政府坚持认为诸如谷歌的搜索引擎公司应当将纳粹言论的搜索结果过滤掉。[7] 谷歌不仅运营搜索引擎,还运营着网络视频服务——Youtube。在意大利谷歌案中,一名残疾的学生正在被同学欺负和侮

---

〔1〕 Oren Bracha & Frank Pasquale, *Federal Search Commission? Access, Fairness, and Accountability in the Law of Search*, 93 Cornell Law Review 1150(2008).

〔2〕 Anne Cheung & Rolf H. Weber, *Internet Governance and the Responsibility of Internet Service Providers*, 26 Wisconsin International Law Journal 404(2009).

〔3〕 Joshua J. Schroeder, *Choosing an Internet Shaped by Freedom: A Legal Rationale to Rein in Copyright Gate Keeping*, Berkeley Journal Entertainment and Sports Law, Vol. 2, p. 58, 2013.

〔4〕 Anne Keaty, Roger J. Johns & Lucy L. Henke, *Can Internet Service Providers and Other Secondary Parties Be Held Liable for Deceptive Online Advertising?*, 58 Business Law 480(2003).

〔5〕 Lilian Edwards & Charlotte Waelde, Online Intermediaries and Copyright Liability, WIPO Workshop Keynote Paper(2005), https://ssrn.com/abstract=1159640, pp. 15-17.

〔6〕 Oren Bracha & Frank Pasquale, *Federal Search Commission? Access, Fairness, and Accountability in the Law of Search*, 93 Cornell Law Review 1150(2008).

〔7〕 Anne Cheung, Rolf H. Weber, *Internet Governance and the Responsibility of Internet Service Providers*, 26 Wisconsin International Law Journal 408(2009).

辱的视频发布在谷歌视频 Youtube 中,谷歌公司经请求移除视频后未及时移除,谷歌公司四名高管被指控刑事诽谤以及违反信息保护法。有学者发表评论称,谷歌公司作为视频平台的看门人面临着两难选择,一方面要查看用户是否发表了敏感甚至违法的信息,另一方面还要考察这些信息是否应当视为言论自由权利的实现而豁免其责任。[1]

"看门人"说和前面的"危险源开启与控制"说的类似之处在于,两者都是地位决定论,即网络服务提供者处于能够控制危险的地位,即负有对于信息网络的安全保障义务。而两者的差异在于,"危险源开启与控制"说将网络服务视为一种当然的危险源,将其与通常意义上极易造成重大人身伤害的危险源等同视之,言过其实了。"看门人"说承认提供网络服务过程中会伴随相应的危险,但并不意味着网络服务是危险来源。"看门人"的角色只是在危险发生后及时遏制或者避免可能重复发生的危险,这和宾馆、商场、银行、车站等公共场所的管理者所负担的义务是一样的。公共场所是人们日常生活不可或缺的部分,并不能视为危险源,同理,网络空间也不能视为危险源。从这个意义上来说,"看门人"说比"危险源开启与控制"更为恰当。

然而,"看门人"说也并非完美无缺,人们担心"看门人"说所要求的监督和审查义务会带来以下弊端。其一,损害网络中立性,网络中立的倡导者认为网络服务提供者应当对所有的内容提供者和应用程序提供者等同视之,如果网络服务提供者以互联网的看门人的身份来决定传输什么内容以及传输的速度,将会对小型的、非商业的中介媒体的内容传输造成歧视。其二,侵犯隐私权,网络服务提供者在充当看门人时,势必会对数据包进行细致的扫描,深入检查每一片数据来决定是否值得传输甚至加快传输。由此,网络

---

〔1〕 Giovanni Sartor & Mario Viola de Azevedo Cunha, *The Italian Google-Case: Privacy, Freedom of Speech and Responsibility of Providers for User-Generated Contents*, 18 International Journal of Law and Information Technology 356(2010).

服务提供者不仅能看到每个数据包的来源和地址,还可以看到其所包含的内容,用户的隐私将荡然无存。其三,实施有罪推定,法治国的基本正义原则是无罪推定,而要求网络服务提供者监督用户的一举一动,意味着假定用户在实施非法活动,这与公民被证明有罪之前都是无辜的原则背道而驰。其四,削减表达和言论自由,网络言论是现实空间中言论的延伸,由于网络空间广袤无限、互联互通并具有匿名性,人们倾向于更主动、积极、大胆地表达言论、观点,网络空间因而成为言论自由的新的阵地,不排除有非法言论混杂其中,但是制裁非法言论是政府机关、司法机关等国家机关的事情,如果要求网络服务提供者作为看门人将非法言论拦截在外,对于公民言论、思想、表达自由的削弱是十分明显的。[1]

以上对于“看门人”说弊端的担忧是有理有据的,并非空口无凭。另外,网络空间虽可比作公共场所,但网络空间毕竟不像现实物理空间一样有具体的“门”和清晰明确的片区,对于不同层级、提供不同服务的网络服务提供者而言,如何确定其应当“看守”的“门”和“区域”? 这使“看门人”说停留于理论,无法落地进行实际操作。

三、“网络服务提供者中心主义”说

诱发网络安全问题的主体无非是普通网络用户和网络服务提供者,因此,各国在治理网络侵权、犯罪有两种路径,一种是通过制度设计高效且低成本地找到侵权用户,另一种是通过网络服务提供者来间接控制网络用户。前者采取的是网络用户中心主义模式,后者采取的是网络服务提供者中心主义模式。

我国对于网络违法犯罪行为采取哪种治理模式?《信息网络传播权保护条例》第 13 条规定著作权行政管理部门查处侵犯信息网络传播权行为时

---

〔1〕 Vojtech Mlynar, *A Storm in ISP Safe Harbor Provisions*: *The Shift from Requiring Passive-Reactive to Active-Preventative Behavior and Back*, 19 Intellectual Property Law Bulletin 25(2014).

可要求网络服务提供者提供相关资料,并未规定网络用户可请求网络服务提供者提供相关资料。同时该条例第 15 ~ 17 条规定了权利人可请求网络服务提供者向涉嫌侵犯信息网络传播权的服务对象转送书面通知,服务对象认为其作品未侵犯他人权利,可以书面形式要求网络服务提供者恢复作品,网络服务提供者应恢复作品并将该书面说明转送权利人,权利人不得再通知网络服务提供者删除或者断开链接此作品。法律并未让权利人和涉嫌侵权的人"短兵相接"、面对面解决问题,而是让网络服务提供者作为权利人和服务对象之间沟通的桥梁。似乎唯有这样才能实现权利的平衡,维护程序正义,一方面防止他人侵犯权利,另一方面防止权利人滥用权利。我国《侵权责任法》第一次审议稿中本来规定了网络服务提供者有义务向权利人提供用户的注册资料,但是后来删除了,《侵权责任法》也随着《民法典》的施行而废止。[1] 根据《最高人民法院关于审理涉及计算机网络著作权纠纷案件适用法律若干问题的解释》,网络服务提供者无正当理由拒绝向著作权人提供侵权行为人在网络上的注册资料的,构成侵权,后来该司法解释失效了。《民法典》对网络服务提供者侵权责任设计的创新之处在于规定了反通知制度,丰富了"通知—删除"规则的内容,即网络服务提供者接到通知后,应当及时将该通知转送相关网络用户,网络用户接到转送的通知后,可以向网络服务提供者提交不存在侵权行为的声明。由此可知,我国采用了典型的网络服务提供者中心主义模式。采取网络服务提供者中心主义模式有其必然性以及合理性。

其一,从网络危害行为的严重态势及难以管控的实际出发,网络服务提供者中心主义模式是必然选择。在"互联网 + "的背景下,网络犯罪的行为主体更加离散、行为方式更加虚拟、侵害后果更加泛化、犯罪成本更加低廉,国家机关对网络违法犯罪管控的难度加大,有限的司法资源难以应对网络

---

[1] 参见徐伟:《网络服务提供者侵权责任理论基础研究》,吉林大学 2013 年博士学位论文,第 131 ~ 143 页。

上所有的违法犯罪行为,以至于不少违法行为难以获得司法资源的有效控制。这一切促使国家将网络违法犯罪的管控重心由用户向网络服务者转移,赋予网络服务提供者一定范围内的信息网络安全管理义务。通过网络服务提供者来控制网络用户,这是一种间接控制网络用户的方式。[1]

其二,从法经济学的一般原理出发,义务应当分配给可以最小成本实现它的人。[2] 谁为避免意外而付出的成本更低,谁就应当担当更大的责任,这种责任分摊方式会使整个社会为避免意外所要付出的总成本最小。首先,履行信息网络安全管理义务对于网络服务提供者本身而言成本不大。互联网上出现的违法、侵权信息是互联网服务的天然副产品,这是网络服务提供者商业运营成本的一部分。网络服务提供者可以将使用过滤软件、雇佣监管人员产生的费用摊到用户缴纳的服务费中。除了服务费之外,网络服务提供者还可以从会员费、服务费中获得巨额收入,付出的成本与获取的收益相比不算大。[3] 其次,相较于其他主体而言,网络服务提供者履行信息网络安全管理义务成本最小。我们利用互联网进行的任何活动都会在网络服务提供者的服务器中留下痕迹,网络服务提供者把持着上网的通道,存储着用户身份信息、用户使用网络的痕迹、用户传播的文件。网络服务提供者在权利人的请求下、国家机关的要求下实施删除违法信息、提供用户信息和访问记录等行为简直易如反掌。相较之下,公安机关、网络安全机关即便有再精深的技术监察部门,也必须要网络服务提供者配合,提供信息资料,才能进行及时的制止以及事后的追责。一个或者多个用户凭一己之力根本无法匹敌掌握全局信息的网络服务提供者,无法实现网络安全监管的工作,最多只

---

〔1〕 参见刘艳红:《无罪的快播与有罪的思维——"快播案"有罪论之反思与批判》,载《政治与法律》2016年第12期。

〔2〕 参见魏小雨:《论侵权法中网络服务提供者的安全保障义务》,载《国家行政学院学报》2013年第1期。

〔3〕 Alfred C. Yen, *Internet Service Provider Liability for Subscriber Copyright Infringement, Enterprise Liability, and the First Amendment*, 88 The Georgetown Law Journal 1(2000).

是履行不破坏网络安全的消极义务。最后,由网络服务提供者履行信息网络安全管理义务能够起到防微杜渐、节约司法资源的诸多效果。正如学者评价瑞典海盗湾案件那样,“主犯太多了,每个人所犯的罪行以及他们中的每一个人都太微不足道,不足以被起诉”。[1] 特别是我国采取“定性+定量”的定罪方式,具有一定的社会危害性的行为才具有刑事可罚性,单个实行人的行为不一定能够作为犯罪处理。但是实行人数量众多,整体上造成的社会危害性非常大,这时候将网络服务提供者作为处罚对象,能够督促其遏制用户的非法行为,通过对实施非法行为的用户采取封号、禁言等措施,防止其重复实施非法行为,进而达到很好的预防作用。

其三,从网络服务提供者自身能力出发,网络服务提供者提供并控制着必要的基础设施,占据着前所未有的强势地位。“没有金刚钻,甭揽瓷器活”,既然提供网络服务,网络服务提供者必然有足够的存储空间、计算能力、调度能力以及相应的安全保障措施。可想而知一家潜伏各种木马程序或者动辄崩溃的网站会因为鲜有流量经过而被淘汰,存活下来的网络服务提供者必定是具备相应技术条件和竞争优势的。“Web 2.0”时代,云计算赋予网络服务提供者更大的能力。[2] 由云计算支撑的大数据使任何事物之间微小的相关性都昭然若揭,数据是这个时代最具价值的资源,即使碎片化的数据经过整合之后也可以还原为有用的信息。而网络服务提供者正是凭借对这些数据的掌握成为网络治理的中心。

网络服务提供者中心主义说也存在缺陷。其一,该说只考虑网络用户

---

[1] Michael Bogdan, *Cyberspace Pirates Walk the Plank Some Comments on the Swedish Judgement in the Pirate Bay Case*, 4 Masaryk University Journal of Law and Technology 124(2010). 海盗湾(Pirate Bay)是瑞典一家使用比特洪流协议的P2P文件分享网站,用户使用该网站分享大量著作权人的音乐、电影、计算机软件和电子游戏,海盗湾4名工作人员被判处侵犯著作权罪。Stockholm District Court Division 5 Unit 52 Case no B 13301 -06. 17 April 2009. pirate bay verdict, p. 15.

[2] 参见[德]埃里克·希尔根多夫:《德国刑法学:从传统到现代》,江溯、黄笑岩等译,北京大学出版社2015年版,第388、453页。

和网络服务提供者两种平等的民事主体，而未将国家机关考虑进来，国家机关显然负有更大、更直接的信息网络安全管理职责，信息网络安全管理义务应当如何在网络服务提供者和国家机关之间划分，网络服务提供者中心主义说并没有给予讨论。其二，将网络管控的重心转移给网络服务提供者，很容易加重网络服务提供者的责任，甚至为实现管控目的而借助一定的“解释”使其入罪。[1]

上述缺陷并非难以克服。网络服务提供者中心主义说只是提供了一种管控网络犯罪、加强网络空间管理的思路和方法，具体的制度设计要靠法律规范来保障。法律规定了网络服务提供者的义务，也规定了国家网信部门、国务院电信主管部门、公安部门和其他有关机关所负有的网络安全保护和监督管理职责。网络服务提供者中心主义说已经完成了它的使命，我们不能奢求一个理论能够解决所有问题。再说到网络服务提供者中心主义说可能带来的网络服务提供者责任扩张问题。首先，罪刑法定原则作为刑法最基本的原则，不允许在法无明文规定的情况下通过“解释”入罪，这意味着试图以“解释”入罪的手段突破了罪刑法定原则，本身就存在问题，该问题并非由网络服务提供者中心主义说所导致。其次，对网络服务提供者刑事责任所应当采取的刑事政策是“适当从宽，以严济宽”，在该具体刑事政策的指导、牵制之下，无论是在立法还是在司法上，对网络服务提供者适用刑事责任绝不会过度严格，只会偏宽，因而网络服务提供者中心主义说会加重网络服务提供者的责任的担忧略显多余。

相较于前面两个学说，网络服务提供者中心主义说更具优越性。“危险源开启与控制说”“看门人说”都认为网络服务提供者对于网络空间的危险有足够的控制力，并且能够逐个识别试图进入网络空间的用户并决定对其放行或者拦截，这里面暗含的审查义务在法律上无依据、在政策上不

---

〔1〕 参见刘艳红：《无罪的快播与有罪的思维——“快播案”有罪论之反思与批判》，载《政治与法律》2016年第12期。

可取、在技术上不可行。网络服务提供者中心主义说则基于分配正义的考量，网络服务提供者在其能力范围内能够以最小成本实现良好的网络安全管理效果，应承担一定的信息网络安全管理义务。[1] 正因为网络服务提供者中心主义说切合实际、科学合理，在世界范围内受到广泛认可，被大力推广。各国网络服务提供者之间只存在信息网络安全管理义务大小的差别，而不存在信息网络安全管理义务有无的差别。[2] 基于此，本书将网络服务提供者中心主义说作为网络服务提供者刑事义务正当性的根据。

第三节　网络服务提供者刑事义务的具体内容

一、我国网络服务提供者刑事义务之现状

网络服务提供者的刑事义务来源于刑法本身以及其他法律、行政法规的规定，特殊情况可以放宽至法律、行政法规未规定的职务或者业务要求。当前，我国与网络服务提供者相关的法律共 8 部，[3] 行政法规共 6 部，[4] 部

---

[1] 参见徐伟：《网络服务提供者侵权责任理论基础研究》，吉林大学 2013 年博士学位论文，第 144 页。

[2] 参见刘艳红：《无罪的快播与有罪的思维——"快播案"有罪论之反思与批判》，载《政治与法律》2016 年第 12 期。

[3] 《关于维护互联网安全的决定》（全国人大常委会于 2000 年 12 月 28 日发布，并于 2011 年 1 月 8 日修订）；《关于加强网络信息保护的决定》（全国人大常委会 2012 年 12 月 28 日发布并实施）；《反恐怖主义法》（全国人大常委会 2015 年 12 月 27 日发布，2016 年 1 月 1 日实施，2018 年 4 月 27 日修正）；《慈善法》（全国人大 2016 年 3 月 16 日发布，2016 年 9 月 1 日实施）；《网络安全法》（全国人大常委会 2016 年 11 月 7 日发布，2017 年 6 月 1 日实施）；《民法典》（全国人大 2020 年 5 月 28 日发布，2021 年 1 月 1 日实施）；《未成年人保护法》（全国人大常委会 2020 年 10 月 17 日发布，2021 年 6 月 1 日实施）；《刑法》（全国人大常委会 2020 年 12 月 26 日发布《刑法修正案（十一）》，2021 年 3 月 1 日实施）。

[4] 《计算机信息系统安全保护条例》（国务院 1994 年 2 月 18 日发布并施行）；《计算机信息网络国际联网管理暂行规定》（国务院 1996 年 2 月 1 日发布，1997 年 5 月 20 日修正）；《计算机信息网络国际联网安全保护管理办法》（国务院 1997 年 12 月 30 日发布，2011 年 1 月 8 日修订）；《电信条例》（国务院 2000 年 9 月 25 日发布，2016 年 2 月 6 日修订）；《互联网信息服务管理办法》（国务院 2000 年 9 月 25 日发布，2011 年 1 月 8 日修订）；《信息网络传播权保护条例》（国务院 2006 年 5 月 18 日发布，2013 年 1 月 30 日修订）。

门规章共9部。[1] 这些规范性法律文件对网络服务提供者义务的规定既有共性,又有个性,阐述如下。

(一)“发现—删除”义务

根据美国《数字千年版权法》以及我国《民法典》《信息网络传播权保护条例》的规定,网络服务提供者均负有接到权利人的通知之后移除或者阻止访问侵权作品的义务,该义务通常被简称为“通知—删除(取下)”(Notice-Takedown)义务。权利人“通知”是网络服务提供者“发现”侵权事实的一种渠道,“发现”的外延要比“通知”更广,“发现”的方法除了权利人发出的有效通知之外,还包括网络服务提供者自己察觉或者网络用户告知,因而本书借用“通知—删除”的表述,并将其改动为“发现—删除”。

法律、行政法规、部门规章均对网络服务提供者的“发现—删除”义务作出了规定,这应当算是网络服务提供者的基本义务。[2] “发现—删除”义务的内涵是网络服务提供者发现其传输、缓存、存储、提供检索的信息明显属于违法内容的,应当立即停止传输、保存记录、删除信息、及时报告。何为“违法信息”?违法信息指的是被法律、行政法规所禁止的信息,大致有4

---

〔1〕《互联网著作权行政保护办法》(国家版权局、信息产业部2005年4月29日发布,2005年5月30日实施);《互联网新闻信息服务管理规定》(国务院新闻办公室、信息产业部2005年9月25日发布并实施);《互联网安全保护技术措施规定》(公安部2005年12月13日发布,2006年3月1日实施);《互联网视听节目服务管理规定》(国家新闻出版广电总局2008年1月31日实施,2015年8月28日修订);《电信业务经营许可管理办法》(工业和信息化部2009年3月1日发布,2009年4月10日实施);《通信网络安全防护管理办法》(工业和信息化部2010年1月21日发布,2010年3月1日实施);《互联网文化管理暂行规定》(文化部2011年2月17日发布,2011年4月1日实施);《电信和互联网用户个人信息保护规定》(工业和信息化部2013年7月16日发布,2013年9月1日实施);《互联网广告管理暂行办法》(国家工商行政管理总局2016年7月4日发布,2016年9月1日实施)。

〔2〕《关于维护互联网安全的决定》第7条;《反恐怖主义法》第19条;《关于加强网络信息保护的决定》第5点;《网络安全法》第47条、第48条;《计算机信息网络国际联网安全保护管理办法》第10条;《电信条例》第61条;《互联网信息服务管理办法》第16条;《互联网著作权行政保护办法》第5条;《互联网新闻信息服务管理规定》第20条;《互联网视听节目服务管理规定》第18条;《电信业务经营许可管理办法》第27条;《互联网文化管理暂行规定》第19条;《互联网广告管理暂行办法》第17条。

类。其一,危害国家安全的信息,如煽动分裂国家,煽动民族仇恨、民族歧视;其二,危害公共安全的信息,如宣扬恐怖主义、极端主义的信息;其三,妨害社会管理秩序的信息,如捏造、散布谣言的,损害国家机关信誉的;其四,侵犯公民人身权利的信息,如侮辱或诽谤他人的。[1] 何为"停止传输"?停止传输是指采取删除链接、清除缓存、删除服务器中违法信息及其副本、阻止访问等一切使公众无法获取违法信息的措施。何为"删除信息"?删除信息要达到的效果和停止传输一样,即公众无法访问。然而删除信息要彻底,需将违法内容从互联网上连根拔起,是一种永久性的而非临时性、应急式的停止传输措施。何为"及时报告"?有行政法规指出及时报告是指在 24 个小时之内向公安机关报告。[2] 从学理上说,"及时"的本质是没有不适当的迟延,综合网络服务提供者的性质、通知的形式和准确程度、违法信息的类型和程度来判断是否存在不必要的拖延,网络服务提供者自行判断信息是否违法、实际采取措施删除信息所耗费的时间并不属于不适当的迟延。[3] 报告的对象则是具体网络服务提供者所对应的主管部门。

(二)用户信息的保护和管理义务

网络服务提供者对于用户信息的保护和管理义务在不同的时间段有不同的要求。其一,提供服务之初,网络服务提供者为用户办理网站接入服务或者信息发布服务时要求用户提供真实身份信息,建立用户登记和信息管理制度。[4] 其二,收集信息之时,网络服务提供者在业务活动中收集、使用个人(电子)信息,应当遵循合法、正当、必要、合意原则,不得违反法律、法规的规定和双方的约定收集、使用信息,应充分告知用户所要收集的信息范

---

[1] 《计算机信息网络国际联网安全保护管理办法》第 5 条;《电信条例》第 56 条;《互联网信息服务管理办法》第 15 条。
[2] 《计算机信息系统安全保护条例》第 14 条。
[3] 参见李佳伦:《影响网络服务提供者采取措施及时性的因素》,载《当代法学》2017 年第 3 期。
[4] 《关于加强网络信息保护的决定》第 6 点;《计算机信息网络国际联网安全保护管理办法》第 10 条。

围、目的、使用方法并取得其同意。[1] 其三,信息收集之后,网络服务提供者应当妥善保管公民个人电子信息,采取特定措施防止信息泄露、篡改、毁损。[2] 未经用户同意不得非法向他人提供其个人电子信息,当用户终止使用电信服务或者互联网信息服务后,应即刻停止对用户个人信息的收集和使用。[3]

(三)配合有关部门履行职责的义务

网络服务提供者配合有关部门履行职责的义务包含两个层面。其一,提供技术支持。当公安机关、国家安全机关或其他部门依法防范、调查、制止恐怖活动、窃取或以其他非法方式获取、出售或非法向他人提供公民个人电子信息的违法犯罪行为以及其他违法犯罪行为时,网络服务提供者应当提供技术支持。[4] 其二,提供信息支持。在国家有关部门依法查询时提供用户发布的信息内容、发布时间、用户账号、用户上网时间、互联网地址、域名、主叫电话号码等信息。[5] 由上可知,网络服务提供者配合有关部门履行职责的义务均应国家机关的要求而产生,并且此要求应有合法依据、有正当理由。但是提供技术支持具有突发性,根据发生违法犯罪活动后以及查处该活动的实际需要而产生,提供信息支持的义务具有常态性,即便国家有关部门没有作出此要求,网络服务提供者也应当按时按量地保存信息备份。

上述义务之间是否存在冲突和矛盾之处,又该如何协调和化解?此外,不同的网络服务提供者所使用的技术不同,具备的功能不同,履行的义务不

[1] 《网络安全法》第41条;《关于加强网络信息保护的决定》第2点;《电信和互联网用户个人信息保护规定》第5条。

[2] 《关于加强网络信息保护的决定》第3点;《网络安全法》第42条;《电信条例》第65条;《互联网安全保护技术措施规定》第4条。

[3] 《电信和互联网用户个人信息保护规定》第9条。

[4] 《关于加强网络信息保护的决定》第10点;《反恐怖主义法》第18条、第84条;《网络安全法》第28条、第69条。

[5] 《计算机信息网络国际联网安全保护管理办法》第8条;《互联网信息服务管理办法》第14条;《互联网文化管理暂行规定》第20条;《互联网著作权行政保护办法》第6条;《互联网新闻信息服务管理规定》第21条;《互联网视听节目服务管理规定》第16条。

同,对于危害结果所要承担的责任也有所不同。从应然层面看,在探讨网络服务提供者的义务时,对网络服务提供者进行划分是完全有必要的。然而从实然层面看,这恰恰是我国法律规定的短板。与网络服务提供者相关的规范性法律文件很多是将其作为一个整体予以规定的,[1]有些尝试着对网络服务提供者进行分类,但是这种主体分类并未促进义务的区分,因而没有实质意义。[2] 只有《信息网络传播权保护条例》和《互联网安全保护技术措施规定》在网络服务提供者分类的基础上为其分配了不同的义务,但行政法规和部门规章采取了两种截然不同的分类方法,对此我们应当如何取舍?

二、我国网络服务提供者刑事义务之兼容

(一)"发现—删除"义务中"发现"的内涵界定

网络服务提供者"发现—删除"义务中的"发现" 应当作何理解?发现与审查有何关系?发现是一种查找违法犯罪事实的行为,还是对于违法犯罪事实明知的状态?发现的渠道有哪些?

1."发现"的基本含义

"发现"一词有三个义项,其一,找到新事物、新规律;其二,察觉;其三,对自然界客观存在的物质、现象的特征、变化过程、运动规律等作出的前所未有的阐释。发现属于人的认识范畴,是人们发明创造的基础。[3] 由上可知,"发现"强调的是找到新事物、新规律、新视野、新理论的一种结果,而非

[1] 我国法律并未划分网络服务提供者的类别。《关于维护互联网安全的决定》中的从事互联网业务的单位、《民法典》《关于加强网络信息保护的决定》《刑法》《网络安全法》中的网络服务提供者、《反恐怖主义法》中的互联网服务提供者,均分别作为一个整体被规定。

[2] 《计算机信息系统安全保护条例》只规定了计算机信息系统的使用单位,未规定计算机信息系统的服务单位。《计算机信息网络国际联网管理暂行规定》和《计算机信息网络国际联网安全保护管理办法》将网络服务提供者分为互联单位和接入单位,说到底均是网络接入提供者,其义务相同。《电信条例》中出现了互联网接入服务和互联网信息服务的分类,但是没能将主体分类与义务区分结合起来。《互联网信息服务管理办法》将互联网信息服务提供者分为经营性和非经营性两种,两者在信息网络安全管理义务方面都是一致的。

[3] 参见《辞海》(第6版),上海辞书出版社2016年版,第452页。

强调探寻、查找的行为。新的不一定就是好的，新的违法犯罪事实也可以作为发现的客体。因此，发现违法犯罪事实主要是指对违法犯罪事实明知的状态，而不是查找违法犯罪事实的行为。“发现”这种结果是由坚持不懈的探索、盘旋脑海的思考、灵光一现的火花综合作用产生的。“查找”“审查”“监督”等积极主动的动作是“发现”的途径。然而，法律为网络服务提供者附加了“发现—删除”义务，是否意味着同时要求其负有审查义务？

2.“发现”与“审查”的关系

美国《数字千年版权法》第512条第(m)款规定，不得认为网络服务提供者须监控其服务，或者主动查找指示侵权活动的事实。[1] 德国《远程媒体法》第7条第2款规定，网络接入提供者、网络缓存提供者、网络存储提供者不需要监督他们传输或者存储的信息，或者调查显示非法活动的环境。[2] 欧盟电子商务指令第15条“不得附加一般性的监控义务”规定，欧盟成员国不得对于提供接入、缓存和存储服务的网络服务提供者附加监控他们所传输或者存储的信息的一般性的义务，也不得附加积极查找指示非法活动的事实或环境的一般性的义务。[3] 由上观之，从美国到德国再到整个欧盟组织，法律均明文排除了网络服务提供者监控服务、查找侵权行为的一般性的义务。我国在司法解释及地方司法性文件表明了网络服务提供者不负有审查义务的立场。[4]

---

〔1〕 17 U. S. C. A. § 512(m)(1).

〔2〕 Telemedia Act §7(2).

〔3〕 Directive 2000/31/EC of the European Parliament and of the Council of 8 June 2000 On Certain Legal Aspects of Information Society Services, in Particular Electronic Commerce, in the Internal Market (Directive on electronic commerce), §15(1).

〔4〕《最高人民法院关于审理侵害信息网络传播权民事纠纷案件适用法律若干问题的规定》(法释〔2012〕20号)第8条规定，网络服务提供者未对网络用户侵害信息网络传播权的行为主动进行审查的，人民法院不应据此认定其具有过错；《北京市高级人民法院关于审理涉及网络环境下著作权纠纷案件若干问题的指导意见(一)(试行)》(京高法发〔2010〕166号)第17点规定，提供信息存储空间、搜索、链接、P2P(点对点)等服务的网络服务提供者对他人利用其服务传播作品、表演、录音录像制品是否侵权一般不负有事先进行主动审查、监控的义务。依照相关法律及其规定应当进行审查的，应当审查。

3．“发现”的渠道

其一，权利人的书面通知。权利人认为网络服务提供者侵犯了自己的信息网络传播权的，可以提交书面通知，要求网络服务提供者删除作品或者断开链接，书面通知应当包含权利人的基本身份信息和联系方式，涉嫌侵权作品的名称、描述、网址，以及侵权行为的初步证明。其二，行政主管机关的书面告知。行政主管机关，即网络服务提供者对应的监管机关向特定对象作出的正式通知，直接抵达行为人处，指出行为人的违法行为，释明法律依据，有的还责令改正。德国《远程媒体法》与欧盟电子商务指令还将法庭作为书面告知的适格主体，我国并没有对应规定。其三，网络服务提供者自己发现。从市场规律来说，网络服务提供者以网络服务为业，从网络服务中营利，必然注重供需情况，会主动了解用户的使用动态，即便法律没有对其附加审查义务，其也免不了定期或者随机地查看自己的安全措施、各板块的信息内容，在这个过程中，极有可能发现明显的违法事实。其四，权利人之外的第三人的有效书面通知。相较于权利人通知而言，没有利害关系的第三人都已经发现了侵权的事实和环境，恰恰说明了对于一个理性的人而言侵权已经十分明显。为了防止第三人恶意举报，避免网络服务提供者陷入疲于检查侵权材料的境地，第三人的通知应当与第一、二种告知一样，以书面方式发出，内容包括侵权作品的名称、网址链接、侵权行为的具体表现、举报人的联系方式。

（二）网络服务提供者删除信息义务与保存记录义务的矛盾与化解

1．删除信息义务与保存记录义务的矛盾

法律、行政法规、部门规章在规定网络服务提供者“发现—删除”义务时，在表述了“立即停止传输、删除相关信息、采取消除等处置措施”之余，必然会提到“保存有关记录”。我国《刑法》第286条之一拒不履行信息网络安全管理义务罪所列举的法定的危害后果包括：“致使违法信息大量传播的”“致使刑事案件证据灭失，情节严重的”。有学者指出，这两项规定相互矛盾,“网络服务提供者防止违法信息大量传播行之有效的方法是删除有关信息,而删除信息又可能导致刑事犯罪证据灭失,严重妨害司法机关依法追究犯罪,网络企业因此无所适从,陷入‘旋转门’的困境中”。[1] 删除信息,有关记录也会因此而被删除;保存有关记录,说明相关信息并没有被彻底删除。从表面上来看,删除信息和保存记录之间的确存在矛盾。而出自不同制定主体之手的不同层级的法律文件不约而同地采取了“保存记录、删除违法信息”的规定,说明这两者之间必然存在和谐运作的可能。

2. 删除信息的主体与方法

根据我国《信息网络传播权保护条例》的规定,网络存储提供者和搜索链接提供者应当根据权利人的书面通知删除涉嫌侵权的作品或者断开链接。根据德国《远程媒体法》,网络服务提供者在得知自己的服务中存在违法内容时,应当移除或者阻止访问;对于网络接入提供者而言,主要是采取阻止访问的措施;对于网络缓存提供者和网络存储提供者而言,主要采取移除或阻止访问的措施。根据美国《数字千年版权法》的规定,网络缓存提供者在得知原始材料已经被移除或阻止访问,或者法院责令相关人员将材料从原始网站上移除或者阻止访问的,应当立即移除或者阻止访问缓存信息。网络存储提供者和搜索引擎提供者在得知自己的服务中存在违法内容时,应当移除或者阻止访问。由上可知,不同类别的网络服务提供者的移除义务略有不同,网络接入提供者只需要阻止访问、阻止传输,截断网络用户和特定网络信息之间的通路即可;网络缓存提供者和网络存储提供者在功能上都属于信息的存储者,因而需要将自己控制范围内的违法信息清除干净,即删除信息;搜索引擎提供者需要断开与违法信息的链接或索引,防止用户接触到该特定信息。删除的方式多种多样,包括停止传输、移除记录、断开

---

〔1〕 周光权:《网络服务商的刑事责任范围》,载《中国法律评论》2015 年第 2 期;刘仁文、张慧:《刑法修正案(九)草案有关网络犯罪规定的完善建议》,载《人民法院报》2015 年 8 月 12 日,第 6 版。

链接、阻止访问，其作用和目的均是使这些信息对于网络用户不可见，从而起到防止违法信息传播、扩散的效果。

3. 网络服务提供者信息删除义务之相对性

“通过互联网接收的侮辱言辞很难再被删除，即便在最初储存这则问题数据的服务器上删除了该数据，然而这则数据在绝大多数情况下已经被传送至其他数量庞大、不可计数的服务器上，而它们又将该侮辱言辞继续传送。”[1]网络中的信息具有超强的传播性和复制性，信息突破实体的限制，可能在网络的各个角落中留下副本，特别是网络缓存提供者的介入，为数据无限次地复制提供了条件。由此产生的问题有，网络服务提供者在履行“发现—删除”义务时，是仅移除行政主管部门、权利人、第三人等明确指出的特定违法信息，还是需要进一步“扫描”其他副本并予以移除？网络上信息无限克隆给人以“野火烧不尽，春风吹又生”的感觉，删除到底能否达到效果？

删除不是将代码彻底清除，而是改变了其内在结构形态，使其呈现不同于之前的面貌。删除不是绝对的，而是具有相对性。其一，删除范围的相对性。网络服务提供者不负有一般性的审查义务，只对权利人、行政主管部门、第三人书面通知中指出的或者通过其他渠道明确知悉的违法侵权事实负有删除义务。由此，“删除”是依命令或请求而为的行为，在启动程序上具有被动性，而不是一种积极主动的行为。其二，删除方式的相对性。网络服务提供者只要使前台用户无法接触到违法信息，就算履行了删除义务，无论其在操作后台对违法信息采取加密、覆盖还是搁置的方法，均不违背“删除”的本意。

网络服务提供者能够接触到网络的前台和后台两个界面，只要将前台的信息删除，使用户不能访问，而在后台留存该信息，并及时向有关部门报告违法信息，就可以兼顾删除信息义务与保存记录义务。

---

〔1〕［德］埃里克·希尔根多夫：《德国刑法学：从传统到现代》，江溯、黄笑岩等译，北京大学出版社2015年版，第452页。

（三）网络服务提供者信息披露义务与用户信息保护义务的冲突与平衡

1. 向谁披露

与信息披露相关的规定可以分为两种：其一，在规定“发现—删除”义务时，网络服务提供者对于所发现的违法信息，需要立即停止传输、保存相关记录、删除相关信息、向有关（主管）部门报告；其二，在规定“配合有关部门履行职责”义务时，网络服务提供者根据有关部门的要求向其提供特定信息。然而前者的报告义务仅限于报告违法信息这一客观事实，并不意味着将违法信息的发布者身份、IP地址等信息向有关（主管）部门报告。向有关（主管）部门报告违法事实是为了固定证据，使得相关部门可以及时介入调查，如果涉嫌违法犯罪可以及时移送公安机关或者其他部门处理。如果要求网络服务提供者主动地将违法信息发布者、传播者的个人数据信息一并报告，等于要求网络服务提供者承担网络警察的角色，这与网络服务提供者作为营利性的市场主体的地位格格不入。本书着眼于第二种情况的披露。

“配合有关部门履行职责”中“有关部门”的表述限定了要求披露的主体或者说网络服务提供者披露的对象是国家机关，包括公安机关、国家安全机关、著作权行政管理部门。从当前《网络犯罪公约》各成员国的刑事司法立法与实践来看，警察、检察官和法官均有可能要求网络服务提供者披露用户个人信息。〔1〕美国《数字千年版权法》第512条第（h）款规定版权所有者或者其代理人可以请求任何美国地区法院的工作人员对网络服务提供者发出传票，并按照本款要求辨别侵权人。〔2〕在犯罪侦查过程中，也必须要有法官签发的搜查令才可以要求网络服务提供者履行信息披露义务。美国明尼苏达州的Edina市发生了一起电信诈骗案件，警方向谷歌公司发布了行政传票，要求其提供相关用户信息，遭到谷歌公司拒绝，原因是行政传票没有法

---

〔1〕参见裴炜：《犯罪侦查中网络服务提供商的信息披露义务——以比例原则为指导》，载《比较法研究》2016年第4期。

〔2〕17 U.S.C.A. § 512(h).

官的签名。Edina 警方随后申请到了法院搜索令,要求谷歌提供 2016 年 12 月 1 日至 2017 年 1 月 7 日的搜索记录,这期间如果有人搜索过受害者姓名,谷歌公司需提供检索者的电子邮箱、支付信息、MAC 地址、社会安全号、出生日期、IP 地址。[1] 但是在日本,个人也可以向网络服务提供者发出披露请求,《限制特定远程通信服务提供者损害责任以及请求公布发送者身份信息的权利之法案》第 4 条规定了"要求公开发送者的身份信息",任何人主张自己权利被通过特定通信散布的信息所侵害,只有同时满足以下两个条件,才可以要求使用特定远程通信设施来运营特定远程通信的特定远程通信服务提供者("与披露相关的服务提供者")披露自己所掌握的与侵权有关的发送者的身份信息(由政府机关总务省令规定的姓名、地址,能够用来辨别侵权信息的发送者):其一,有证据表明要求披露的人的权利在侵权信息散布过程中被侵犯;其二,发送者的身份信息对于要求此种披露来行使损害赔偿请求权的人来说十分必要,权利人接收所披露的发送者的身份信息有正当理由。权利人也可以向网络服务提供者提出披露涉嫌侵权人特定信息的请求。[2]

相较于私力救济的方法,由国家机关出面要求网络服务提供者提供用户个人数据信息能够缩小个人数据信息的曝光面,对于用户个人数据信息的保护更为可取。美国在这一点上走得更远,需由法院出具传票或者搜索令才可以要求网络服务提供者披露用户个人数据信息,体现了对于用户个人数据信息保护程度的加深。

---

〔1〕 Restorethe Fourth, *For the First Time, Police Ask for Entire City's Google Searches and the Court Says Yes*, http://secretsofthefed.com/for-the-first-time-police-ask-for-entire-citys-google-searches-and-the-court-says-yes/. Anne P Mitchell, *Google Ordered to Disclose Everybody Who Searched for a Particular Person in Edina, Minnesota*, https://www.theinternetpatrol.com/google-ordered-to-disclose-everybody-who-searched-for-a-particular-person-in-edina-minnesota/. Techweb:《美国一法院命令谷歌提供数据助警方破案》,载 http://mp.weixin.qq.com/s/KsR5czZBTbTpBWqlQGYmbw,2017 年 8 月 26 日访问。

〔2〕 Law No. 137 of 2001, http://law.e-gov.go.jp/htmldata/H13/H13HO137.html.

2. 何种条件下需要披露

根据我国《网络安全法》和《反恐怖主义法》的规定，当公安机关、国家安全机关依法维护国家安全和侦查犯罪、防范、调查恐怖活动时，网络服务提供者应当提供相应帮助。针对《网络犯罪公约》30 多个缔约国展开的调查结果显示，网络服务提供者披露注册人信息的基本要求是至少怀疑某人实施了某项犯罪行为。在此基础上，对于交互信息和内容信息的披露则提高了门槛，美国《存储通信法案》要求披露交互信息时要以具体事实作为依据，披露内容信息时需要有合理根据。[1] 在捷克，只有当所需要的信息无法从其他途径获得，或者获取过于困难，才能要求网络服务提供者披露。[2]

2017 年 4 月 7 日，美国社交网站推特（Twitter）在旧金山联邦地区法院起诉美国国土安全部、美国海关和边境保护局以及这两个部门的 4 名工作人员。推特公司指出，美国国土安全部及旗下的美国海关和边境保护局对其非法传唤，要求其交出“@ ALT_USICIS”账户背后运营者的身份信息。USICIS 是美国公民及移民服务局的简称，“@ ALT_USICIS”是其“山寨版”，经常发文批评特朗普总统的移民政策、美国公民及移民服务局的具体做法。推特公司指出，这些账户在被证明涉及违法犯罪之前，政府要求获得账户的用户身份信息是违法的，侵犯了推特用户所享有的宪法第一修正案所保护的匿名自由发表关于公共事务言论的权利。[3] 在言论涉及违法犯罪之前，网络服务提供者没有义务披露言论发表者的身份，然而，言论是否涉及违法犯罪需要法官认定。这再次印证了，在美国只有法院才能要求网络服务提

---

〔1〕 裴炜：《犯罪侦查中网络服务提供商的信息披露义务——以比例原则为指导》，载《比较法研究》2016 年第 4 期。

〔2〕 Cybercrime Convention Committee (T-CY), Rules on Obtaining Subscriber Information, report adopted by the T-CY at its 12th Plenary (2 – 3 December 2014), at 16.

〔3〕 Kang Chang Kun：《推特公司状告美国国土安全部　这是为了啥?》，载 http://www.chinairn.com/news/20170407/142045638.shtml。

供者披露用户个人信息，行政机关无权作出这种要求；即便作出，网络服务提供者可以拒绝履行。

3. 何种网络服务提供者需要披露信息

网络接入服务提供者负有信息披露义务，因为其手头上掌握大量的用户信息，在当前全面推行电话号码实名制的背景下，网络开户也需提供电话号码等可以锁定真实身份的个人信息。除此之外，网络接入服务提供者能够收集到用户的 IP 地址，进而追踪用户的位置；了解用户访问网站的网址，进而了解用户的上网需求；计算用户使用网络的次数和时长，把握用户的上网习惯。在侦查犯罪时，网络接入服务提供者所掌握的信息会比网络信息服务提供者所掌握的信息更具价值。因此，从法律规定来看，不能将网络接入提供者排除出信息披露义务的主体范围；从要达致的法律目的来看，更不能将网络接入提供者排除在外。在制度设计上应采用网络服务提供者信息披露义务公力救济模式，即由法院、著作权管理部门或者其他主管部门要求网络服务提供者披露信息，权利受到侵害的自然人或者组织不得以自己的名义要求网络服务提供者披露信息。

4. 披露何种用户信息

《信息安全技术公共及商用服务信息系统个人信息保护指南》将个人信息定义为“可以为信息系统所处理、与特定自然人相关、能够单独或通过与其他信息结合识别该特定自然人的计算机数据”。这里的个人信息仅仅是指自然人的信息，而不包含法人和其他组织的信息。该指南将个人信息划分为个人敏感信息和个人一般信息，前者指的是一旦遭到泄露或修改，会对标识的个人信息主体造成不良影响的个人信息，如身份证号码、手机号码、政治观点、宗教信仰、基因、指纹等信息。后者指的是除个人敏感信息以外的个人信息。结合用户信息的种类以及犯罪侦查所需要信息的种类来看，网络服务提供者向国家机关提供的信息应当限于犯罪侦查所必须的信息，超出犯罪侦查目的限度的用户信息不得提供。

综上所述,公安机关、国家安全机关、检察机关在侦查犯罪过程中,法院在审理权利人请求网络服务提供者披露信息的诉讼请求时,著作权行政管理部门等主管部门在查处互联网上的侵权行为时,可以要求网络服务提供者披露为实现查处违法行为、侦查犯罪行为、排除妨害行为的目的必需的用户个人数据信息,网络接入服务提供者掌握着用户接入网络的信息,可以成为信息披露的主体。

三、我国网络服务提供者刑事义务之完善

(一)从行政管理角度建构网络服务提供者类型化义务之否定

《互联网安全保护技术措施规定》是我国首个对网络服务提供者进行分类并分别规定其义务的部门规章,将网络服务提供者分为互联网接入服务单位、互联网数据中心服务单位、互联网信息服务单位、互联网上网服务单位。

其中体现的网络服务提供者主体划分与义务类型化的意识值得肯定,且我国在未借助外国经验的情况下创设了这套体制,具有独创性,是"中国特色"的体现。这套划分方法的依据是什么呢?有论者认为这是以经营模式为中心来划分的。[1] 经营模式由"经营"和"模式"两个词组合而成,"经营"指的是经管办理经济事业,"模式"指的是可以作为范本、模本、变本的式样,经营模式指的是经管办理经济事业的式样,也可以理解为经营方式,即"经济单位生产经营活动的具体方式"。[2] "经营模式"的核心概念少不了经济单位、经济事业,说明经营本来就是一种以获取经济利益为目的的活动,具有营利性质。根据《互联网信息服务管理办法》,互联网信息服务可分为经营性的和非经营性的,两者的区别在于是有偿提供服务还是无偿提供

---

〔1〕 参见王华伟:《网络服务提供者的刑法责任比较研究》,载《环球法律评论》2016年第4期。
〔2〕 《辞海》(第6版),上海辞书出版社2016年版,第954、1322页。

服务。[1] 经营性本就与营利性同义，与其使用经营性和非经营性来区分有偿和无偿，不如使用营利性和非营利性加以区分。上述4种网络服务提供者均是有偿或者无偿提供特定网络服务，在经营模式上并不存在区别，显然经营模式不是该划分方法的依据。

《互联网安全保护技术措施规定》对网络服务提供者的划分完全是出于行政管理的需要。国务院于2000年发布的《电信条例》区分了基础电信业务和增值电信业务，增值电信业务的基本类别是互联网接入服务和互联网信息服务。在我国，提供互联网接入服务需要取得ISP许可证，网络接入提供者在行政管理中被简称为ISP，而不是通常所采用的IAP，这极易与网络服务提供者的缩写ISP混淆。[2] 经营性的互联网信息服务提供者需取得互联网信息服务增值电信业务经营许可证，被称为“ICP许可证”，非经营性的互联网信息服务提供者也需要进行ICP备案。互联网数据服务中心需取得IDC许可证。互联网接入服务单位、互联网信息服务单位、互联网数据中心服务单位分别是ISP、ICP、IDC许可证持有者。国家在对这些网络服务提供者进行审批、备案的过程中能够实现对其实时管理，及时发现并查处无证经营、超范围经营、“层层转租”等违法行为。

《互联网安全保护技术措施规定》中试图区分的四种类别中只有前三者是网络服务提供者，而且互联网信息服务提供者并不是纯粹的网络服务提供者，兼具内容提供者的性质。在剩下的两类中，互联网数据中心服务单位提供综合性、全面性的网络服务，其中既包含了纯粹由网络服务提供者提供的网络接入服务、网络缓存服务、网络存储服务，又包含了与网络运营相关

---

[1] 《互联网信息服务管理办法》第3条。

[2] 工业和信息化部于2012年发布了《关于进一步规范因特网数据中心(IDC)业务和因特网接入服务(ISP)业务市场准入工作的实施方案》；工业和信息化部于2017年1月17日发布了《关于清理规范互联网网络接入服务市场的通知》，意在依法查处互联网数据中心业务、互联网接入服务业务和内容分发网络(CDN)业务市场存在的无证经营、超范围经营、“层层转租”等违法行为。

但并非由网络服务提供者提供的服务器托管服务，还包含了由互联网信息服务单位提供的网页信息服务等。这种分类方法边界不清晰，甚至存在重合、交叠的现象，明显违背了划分的基本要求——诸子项的外延的总和应等于母项的外延，这使划分失去了意义。从义务的配置来看，《互联网安全保护技术措施规定》第7条规定了网络服务提供者一般性的义务，之后分别规定了作为子项的网络服务提供者的义务。除了互联网上网服务单位的义务略有不同外，其他三种网络服务提供者的义务高度相似，无外乎记录、留存用户注册信息；记录、留存用户使用的互联网网络地址和内部网络地址对应关系；在公共信息服务中发现、停止传输违法信息，并保留相关记录。可见，《互联网安全保护技术措施规定》对于网络服务提供者的主体划分不够科学，对不同类别的网络服务提供者设定类似义务的做法意义不大。正因为如此，这种分类方法在理论和实践中都很少被提及。[1]

（二）以技术功能为核心建构网络服务提供者类型化义务之提倡

国务院于2006年颁布的《信息网络传播权保护条例》明显借鉴了美国《数字千年版权法》对于网络服务提供者的分级制责任规定。《信息网络传播权保护条例》并没有直接将网络服务提供者分为若干类别，而是规定网络服务提供者在提供不同的服务时应当尽到不同的义务，因而这种义务的区分是由服务内容决定的。虽说在现代社会分工产生效率，网络服务提供者各司其职，专注于自己的服务项目，能够让用户享受更好的服务体验，但同时当前互联网以“互”字当头，讲求协同合作、综合发展，一个主体可以根据自身能力提供几项网络服务。因此，以服务内容来划定义务边界的做法更为灵活。

从服务内容来说，网络服务提供者需具备特定的技术才能提供相应的服务。自动接入服务提供者需保证网络通路流畅、带宽和流量分配合理、信

〔1〕 参见王华伟：《网络服务提供者的刑法责任比较研究》，载《环球法律评论》2016年第4期。

息数据安全传输。加速缓存服务提供者需保有代理缓存服务器,使被反复访问的数据可以留存在代理缓存服务器中,并应用户需要加速提供,缓存有两种:一种仅仅为执行通信网络中传输目的的自动的、中介的、短暂的存储,另一种是提高信息传输效率和速度的自动的、中介的、临时的存储;前者仍归属于自动接入服务,后者则是特定类别——加速缓存服务。[1] 正因为这种功能的二分性,有学者认为缓存行为从技术性角度来看属于存储,从功能性角度来看属于传输(接入),[2]进而将缓存服务提供者与存储服务提供者归为一类。[3] 信息存储提供者需提供服务器或者云存储技术,对存储空间进行合理调配,并使用技术手段保障所存储数据的安全。在外国法律和外文资料中,网络存储服务和网络存储提供者分别被表述为 hosting 与 hosting provider,因而也有学者将其翻译为"托管服务"与"托管服务提供者",或者"宿主服务"与"宿主服务提供者"。[4] 由此,服务器托管极易与托管服务发生混淆,服务器托管指的是为服务器这个实体提供一个适宜的物理空间,使其能够正常运作,不对服务器中存储的数据信息进行操作。而托管服务指的是将服务器分割为一个个独立的虚拟空间出租或借用给用户用以存放信息、数据。提供信息工具的搜索、链接服务提供者需设定好算法,使用"蜘蛛""爬虫"等技术手段,从浩瀚无边的网络信息海洋中"扒取"用户有用的信息,并按照信息与搜索关键词的匹配度、信息本身的有用性、流行性从高到低排列。自动接入、加速缓存、信息存储、搜索链接四种类型涵盖了网络服

---

〔1〕 Teleservices Act, § 1, §2. Telemedia Act, § 8, § 9. Directive 2000/31/EC of the European Parliament and of the Council of 8 June 2000 On Certain Legal Aspects of Information Society Services, in Particular Electronic Commerce, in the Internal Market (Directive on electronic commerce), § 12, § 13.

〔2〕 参见陈兴良:《快播案一审判决的刑法教义学评判》,载《中外法学》2017 年第 1 期。

〔3〕 参见梁根林:《传统犯罪网络化:归责障碍、刑法应对与教义限缩》,载《法学》2017 年第 2 期;[德]乌尔里希·齐白:《比较法视野下网络服务提供者的责任》,王华伟、吴舟译,载陈兴良主编:《刑事法评论》第 37 卷,北京大学出版社 2016 年版,第 193 页。

〔4〕 参见王华伟:《网络服务提供者的刑法责任比较研究》,载《环球法律评论》2016 年第 4 期。

务提供者服务内容的各个方面,各项服务之间相互独立。这符合“诸子项的外延的总和应等于母项的外延”的要求。

从义务设定来看,从自动接入服务提供者到加速缓存服务提供者再到信息存储提供者,这三类网络服务提供者享受责任豁免的条件越来越严苛,这意味着其义务越来越重,自动接入服务提供者只需要做好自己的本职工作——向指定的服务对象提供作品,并且对于所传输的作品尽到消极的不选择、不改变的义务即可。加速缓存服务提供者除了上述消极义务之外,在原网络服务提供者修改、删除、屏蔽作品时,应当根据技术安排自动予以同样的操作。这是因为加速缓存等于复制了所传输的内容,如果不对所缓存的作品进行修改、删除、屏蔽操作等于放任侵权、违法的作品传播。信息存储提供者在此基础上还应当在被权利人告知之前,不知道也没有合理理由知道服务对象的作品是侵权的,被权利人告知之后,删除权利人认为是侵权的作品,并且没有从服务对象的作品中获得直接经济利益。搜索链接服务提供者主要采用算法技术,与前述三种网络服务提供者的技术功能有明显区别,其义务集中体现于接到权利人通知之后,断开链接。

网络服务提供者的义务由其所提供的服务内容决定,而服务内容能否顺利实现又是以网络服务提供者是否具备特定的技术功能为前提的。说到底,网络服务提供者的类型化义务还是要回到技术功能上来。每种网络服务距离终端信息远近不同,网络服务提供者因此负有的信息网络安全管理义务大小不同,网络服务提供者基于自身的技术功能提供一项或多项网络服务,由此负担有区别、阶梯式的义务,这样才达到分级制责任体系的目的。重新审视这种网络服务提供者类型化义务的规定更能肯定其合理性。首先,这种分类方法有明确的标准——以技术功能来划分;其次,各类别之间有明显的界线,各类之间无交叉,各类加总充足了网络服务提供者的概念;最后,各类别网络服务提供者的义务有本质区别,具备更强技术功能、距离用户信息更近的网络服务提供者承担的义务更多、责任更大,反之亦然。

也有学者在认同《信息网络传播权保护条例》划分方法的科学性的同时质疑其适用范围，认为其集中解决网络空间知识产权保护问题，是否能够以及如何适用于刑事法领域仍有待进一步研究。[1] 刑法具有二次规范性和补充性，诸如“网络服务提供者”这样的空白罪状以及网络服务提供者的义务规定需要引证民事法律、行政法律的规定来确定。因此，对于网络服务提供者类型化的义务规定，不会因为其处于民事法律或者行政法律中而影响其适用于刑事案件。

〔1〕 参见王华伟：《网络服务提供者的刑法责任比较研究》，载《环球法律评论》2016年第4期。

第四章

网络服务提供者刑事责任的客观要件

刑法意义上的行为是违背了刑事义务的行为。刑事义务既是行为正当与否的判断标尺,又是刑事责任的前提和基础。“任何人不因思想受处罚”,只有行为才能构成犯罪,才是刑罚处罚的对象。〔1〕马克思曾说,“对于法律来说,除了我的行为以外,我是根本不存在的,我根本不是法律的对象”。〔2〕可见刑事责任的落脚点还是行为。因果关系决定了危险和实害在客观上是否可以归因于行为人的行为,是刑事责任的必要条件,与行为同为刑事责任的客观基础。〔3〕本章从网络服务提供者的危害行为及其涉及的因果关系问题出发,对其刑事责任的客观要件展开分析。

---

〔1〕参见张明楷:《刑法格言的展开》(第3版),北京大学出版社2013年版,第198页。
〔2〕《马克思恩格斯全集》(第1卷),人民出版社1995年版,第121页。
〔3〕参见龚明礼:《刑法中的因果关系与刑事责任》,载《社会科学》1983年第2期。

第一节　网络服务提供者的危害行为

刑法上的行为有广义、狭义之分。广义的行为是符合法定犯罪构成的犯罪行为，狭义的行为是作为构成要件要素的行为。本书取狭义用法，并将其称为“危害行为”，在阶层犯罪论体系中专指不法判断中构成要件符合性的行为，[1]在平面四要件犯罪论体系中专指作为犯罪客观方面要件的行为。[2] 本节从危害行为的基本表现形式以及危害行为在共同犯罪中的表现形式两个侧面切入，探讨其中与网络服务提供者密切相关的、在学理上引起广泛讨论的、在司法实践中引发大量争议的行为。

一、网络服务提供者危害行为的基本表现形式

作为与不作为是行为的基本表现形式，作为指的是行为人以积极的身体活动实施刑法所禁止的行为，不作为指的是行为人在能够履行自己应尽义务的情况下不履行该义务。[3] 持有的性质具有争议，后文将单独论述。在快播公司及其主管人员传播淫秽物品牟利案（以下简称快播案）中，被告人的行为究竟是作为还是不作为，还是两者兼而有之，裁判者和学者们各执一词。多元化观点为我们认识快播案被告人的行为提供了广阔视角，同时也是我们通过特殊性了解一般性、进一步认识其他网络服务提供者行为的良好契机。下文先对快播案被告人的行为表现形式的学说作一梳理，再分别阐述网络服务提供者作为、不作为、持有的具体体现。

（一）快播案被告人行为的作为与不作为之辩

经北京市海淀区人民法院审理查明，快播案被告人有三重行为。其一，

---

〔1〕 参见张明楷：《刑法学》（第6版），法律出版社2021年版，第151页。

〔2〕 参见高铭暄、马克昌主编：《刑法学》（第7版），北京大学出版社、高等教育出版社2016年版，第63页。

〔3〕 参见张明楷：《刑法学》（第6版），法律出版社2021年版，第189～191页。

提供QVOD资源服务器程序和快播播放器程序，当这些程序被大量用来点播、上传、下载淫秽视频文件时被告人未加制止；其二，搭建以缓存调度服务器为核心的平台，根据缓存调度服务器的工作原理，被频繁点击的淫秽视频文件被大量缓存；其三，在监管部门责令其采取改正措施之后，未按照要求实施整改措施。[1]

1. 快播案被告人行为表现形式的争议学说

(1)作为说

快播案被告人的作为行为体现为提供缓存服务器。在对快播案的评论中，笔者尚未发现纯粹的作为说的支持者。认为快播案被告人构成作为的学者同时也承认其存在不作为的行为，其行为属于作为与不作为的结合体，这将会在“作为与不作为相结合说”中予以展开。

(2)不作为说

高艳东副教授是不作为说的有力支持者，他认为快播案被告人成立不作为犯罪，符合拒不履行信息网络安全管理义务罪的犯罪构成，只是根据法不溯及既往的原理，不适用此罪。传播淫秽物品牟利罪是传统的作为犯，判决书将拒不履行管理义务等同于传播淫秽物品牟利罪，等于把传播淫秽物品牟利罪视为不纯正不作为犯，存在法理障碍。[2]

从一审判决书可知，快播案被告人的行为主要是不作为。“快播公司负有网络视频信息服务提供者应当承担的网络安全管理义务。”“快播公司具备承担网络安全管理义务的现实可能但拒不履行网络安全管理义务。快播公司连行业内普遍能够实施的关键词屏蔽、截图审查等最基本的措施都没有认真落实。”可见，判决书着力论证“当为而不为”的不作为犯构造。此外，在案件定性的7条理由中，提供缓存服务器的行为并未引起足够重视，甚至未被当作独立的行为予以阐述，多半是作为主观罪过的证明要素一笔带过。

---

〔1〕 北京市海淀区人民法院刑事判决书，(2015)海刑初字第512号。

〔2〕 参见高艳东：《不纯正不作为犯的中国命运：从快播案说起》，载《中外法学》2017年第1期。

比如,第 3 条理由中提出,“快播公司放任其缓存服务器存储淫秽视频并使公众可以观看并随时得到加速服务的方式,属于通过互联网陈列等方式提供淫秽物品的传播行为”。其中“放任”一词值得特别关注。首先,这个观点中“放任等于传播”的逻辑与《淫秽电子信息解释(二)》第 4 条规定的“网站建立者、直接负责的管理者允许或者放任他人在自己所有、管理的网站或者网页上发布淫秽电子信息的,构成传播淫秽物品牟利罪”如出一辙,后者将网站建立者、直接负责的管理者的行为设定为不作为。[1] 从这个角度而言,快播公司放任其缓存服务器存储淫秽视频并向公众提供的行为也应是不作为。该司法解释中的“放任”并不是《刑法》第 14 条故意犯罪中作为意志因素的放任,从用语规范性的角度而言,应当替换为“默认”或者“不闻不问”,指的是对危害结果发生负有防止义务而不履行义务的放任自流行为。其次,在这个观点之下的说理部分,“放任”一词被反复提及:“快播公司及各被告人放任其网络服务系统大量传播淫秽视频属于间接故意。”“缓存服务器介入视频传播,是对他人传播行为的放任,对他人利用自己技术服务传播淫秽视频的放任,对自己的缓存服务器介入到淫秽视频传播行为之中的放任,对自己的行为造成淫秽视频在网络上大量传播的放任。”[2] 这一连串的“放任”意在说明快播公司设立缓存服务器并没有在主观上对视频内容进行选择,对于缓存服务器可能存储淫秽视频,进而造成淫秽视频大量传播的后果漠不关心,危害结果是否发生都在意料之中,这里的“放任”又回归到《刑法》第 14 条故意犯罪中“放任结果发生”的意志因素中。一份判决书中在不同的语义上使用“放任”一词,显得似是而非、模棱两可,并且将被告人设立缓存服务器的行为作为其放任淫秽视频大量传播的主观罪过证明因素,削弱了说理效果,也不尽合理。

---

〔1〕 参见陈兴良:《快播案一审判决的刑法教义学评判》,载《中外法学》2017 年第 1 期。

〔2〕 北京市海淀区人民法院刑事判决书,(2015)海刑初字第 512 号。

(3)作为与不作为相结合说

快播案被告人兼有作为与不作为的观点为多数学者所采纳,然而对于快播案被告人的具体行为应认定为作为还是不作为,以及作为与不作为的结合构造的认识则因人而异。

在范君法官看来,快播提供 QVOD 资源服务器程序和快播播放器程序,以及开发缓存调度服务器的行为属于作为,快播未履行停止传输、消除淫秽视频的义务的行为属于不作为,作为与不作为实质集合为产生大量不法视频汇聚并更有效传播的危害结果的行为。具体而言,快播的作为行为根据技术原理不同又可以划分为帮助传输模式和参与传输模式。快播提供 QVOD 资源服务器程序和快播播放器程序时,采用的是以中心调度服务器为核心的 P2P 网络传输模式,用户之间进行平等的数据分享和互传,快播中心调度服务器帮助用户建立链接,这种链接是完全开放的,具有中立性。快播开发缓存调度服务器是对 P2P 模式的升级改造,意在解决文件传输受制于带宽及网速的问题,解决思路是在服务器附近设置一个“仓库”,用于存放播放、下载时出现卡顿的文件以及经常被访问的文件,提升用户取用该文件的速度。它的技术原理在于通过在网络各处放置节点服务器所构成的智能虚拟网络,实时根据网络流量和各节点的连接、负载状况及到达用户的距离和响应时间等综合信息将用户的请求重新导向离用户最近的服务节点上。这是内容分发网络(Content Delivery Network,CDN)的工作机制。[1] 缓存调度服务器的运作是建立在 P2P 网络传输模式之上的,由此该行为从技术上可以归纳为“P2P + CDN”的网络传输模式,正是因为缓存调取服务器的存在,快播实质性地介入了非法视频的传播,因而该种网络传输模式被称为参

〔1〕“内容分发网络”词条,载百度百科网,http://baike. baidu. com/link? url = 9qt6B_svOpgb7rS44j47PaKBbV8CwqLtUQE-lCVWv7BnwnAiW2PV6 – 5MlLqkUhNO3Sb7GVQ0jCsA5TJJXHK4vuJ_3KU-KCcxQj56j0bUXR4OCpuByJQbybnucx6tRkC-hctO70sO817MpA6Yk95Ilq,最后访问日期:2017 年 5 月 3 日。

与传输模式。在帮助传输和参与传输模式的共同作用下，快播公司的网络平台使“站长”可以自由发布链接、上传淫秽视频，并为包括淫秽视频在内的热门视频提供加速服务，这些行为已经对法益侵害造成了紧迫危险，快播公司因先前行为而负有防止危险变为实害或者尽可能降低危害的义务，即快播公司负有停止传输、消除违法视频的义务。先前行为不要求行为人独立实施，行为人参与了奠定作为义务基础的先前行为时，就具有结果防止义务。[1] 此外，我国法律、行政法规、部门规章规定了网络服务提供者发现违法信息应立即停止传输、保存记录、报告主管部门、删除信息。所以，先前行为和法律规定均为快播公司及其主管的作为义务提供依据，被告人未履行义务的行为构成不作为。该论者还对两种传输模式下的作为与不作为的交织与区分进行了细致的阐述：“帮助传输模式下的作为体现为帮助发布、帮助链接等帮助传播行为，不作为体现为未按法律规定加以限制屏蔽，总体上可以定性为不作为；参与传输模式下的作为体现为有条件存储、指令分发等参与传播行为，不作为体现为未履行法定义务及自己先前行为引起的消除不法视频的义务，总体上可以定性为作为。”[2]

在陈兴良教授看来，快播公司利用缓存技术为淫秽物品传播提供技术支持是对他人传播淫秽物品的帮助行为。首先，快播公司提供缓存服务的行为不宜单独评价为传播淫秽物品的实行行为，因为是站长在网络上传播了淫秽物品，快播公司的缓存行为只是对淫秽视频进行了技术处理。其次，快播公司提供缓存服务超出了拒不履行监管义务的范围，该行为不能作为传播淫秽物品的不作为的表现形式被不作为吸收。最后，快播公司提供缓存服务的行为是对传播淫秽物品行为的帮助行为，快播公司与站长没有意思联络，这是一种片面的帮助、作为的帮助。由于快播公司对站长（正犯）进

---

〔1〕 参见张明楷：《刑法学》（第6版），法律出版社2021年版，第200页。

〔2〕 范君：《快播案犯罪构成及相关审判问题——从技术判断行为的进路》，载《中外法学》2017年第1期。

行帮助,站长不具备牟利目的,因而不可能构成传播淫秽物品牟利罪,但是有可能构成传播淫秽物品罪,由此,快播公司有可能构成传播淫秽物品罪的帮助犯。但由于站长未受到刑事追诉,且快播中提供缓存服务并不是主要的行为,因此对于提供缓存服务的行为没有必要另行定罪。快播公司接到监管部门责令其改正的通知之后不履行网络安全管理义务,表现为典型的不作为,其认定依据在于《淫秽电子信息解释(二)》第4条。综合来看,快播公司的行为包含传播淫秽物品牟利罪的不作为的实行行为、传播淫秽物品罪的作为的帮助行为、拒不履行信息网络安全管理义务罪的不作为的实行行为,根据竞合从重的原则,对快播公司定为传播淫秽物品牟利罪。[1]

张明楷教授认为:"快播提供缓存服务器之后,调度服务器拉拽淫秽视频文件存储在缓存服务器里,并且向用户提供缓存服务器里的淫秽视频文件,属于以陈列方式传播淫秽物品的正犯行为,这是作为的行为。快播公司负有网络视频信息服务提供者应当承担的网络安全管理义务,并且具备管理的可能性但没有履行网络安全管理义务,这是不作为的行为。快播公司同时存在作为与不作为。"换个角度说,快播公司拉拽淫秽视频文件存储在缓存服务器之后,有义务防止用户观看该视频文件,这是由作为的先前行为引起的义务。但快播公司却同时向用户提供缓存服务器里的淫秽视频文件,属于不履行义务的不作为行为,快播公司的作为与不作为是结合在一起的。[2]

在周光权教授看来,快播公司及其主管人员通过缓存服务器拽取并缓存大量点击率较高的视频供用户下载的行为明显属于陈列、传播淫秽物品的行为,是犯罪支配行为,也是典型的作为行为。快播公司不仅仅是对用户提供技术支持,还将其服务器中贮存、陈列的淫秽物品(视频)提供给有特殊要求的客户,由此,快播公司是淫秽物品的直接提供者。与陈兴良教

---

〔1〕 参见陈兴良:《快播案一审判决的刑法教义学评判》,载《中外法学》2017年第1期。
〔2〕 参见张明楷:《快播案定罪量刑的简要分析》,载《人民法院报》2016年9月14日,第3版。

授"快播中提供缓存服务并不是主要的行为"的观点相左,周光权教授认为,缓存行为是快播案的核心行为,是定罪时特别需要考虑的。借助于缓存服务器,快播公司已不再让站长给用户提供淫秽视频,而是直接向用户提供淫秽视频,缓存服务器的存在使快播公司实质性地介入并亲自实施了淫秽视频的传播行为。快播公司利用 P2P 技术提供网络播放器,对于播放器被广泛用来上传、播放、下载、传输淫秽视频的现象坐视不管,这是不作为的行为。[1]

2. 快播案被告人的行为属于不作为

根据上述争议学说,快播作为行为的落脚点均是提供缓存(调度)服务器。根据一审判决书认定的事实,缓存(调度)服务器的功能是当视频文件点播次数达到一定标准后,指令处于恰当位置的缓存服务器抓取、存储该视频文件。判决书将缓存服务器的动作表述为"抓取",然而,学者在阐释快播缓存服务器工作原理时纷纷对该动词进行演绎,出现了各种版本的表述。"快播调试服务器不仅拉拽淫秽视频文件存储在缓存服务器里,而且也向用户提供缓存服务器里的淫秽视频文件。"[2]"用户点播达到一定次数即可能被拉拽存储,存储的视频可能在下一次点播时被指令直接提供。""假定按照查获的视频是被网络光通公司用户点播 10 次以上才被快播'拖拽'到缓存服务器存储的标准计算,2 万多个淫秽视频至少已经被点播 20 万次以上。"[3]"正是因为快播公司实施了拽取、缓存热门视频的行为,用户才能直接从快播公司的播放器中下载、浏览淫秽视频。"[4]学者对于快播案被告人行为的分歧很大程度上就源于对于"抓取"及其各种"变体"的理解,下文着

---

[1] 参见周光权:《犯罪支配还是义务违反——快播案定罪理由之探究》,载《中外法学》2017 年第 1 期。

[2] 张明楷:《快播案定罪量刑的简要分析》,载《人民法院报》2016 年 9 月 14 日,第 3 版。

[3] 范君:《快播案犯罪构成及相关审判问题——从技术判断行为的进路》,载《中外法学》2017 年第 1 期。

[4] 周光权:《犯罪支配还是义务违反——快播案定罪理由之探究》,载《中外法学》2017 年第 1 期。

重分析“抓取”。其一,对案情进行分析时应当尊重客观事实,当案件已经有判决时,更应当严格按照判决书认定的事实进行分析。拉拽、拖拽、拽取都有一个“拽”字,“拽”指的是拖,用力拉,如连拖带拽,[1]生拉硬拽,自有一种说一不二的力道在里面,语气强势。相比之下,判决书使用的“抓取”则显得更为平淡客观,仅仅是指将物品从一个地方转移到另外一个地方。学者们回避判决书中“抓取”的表述,转而采用其他表述,这可能在无意之间就偏离了事实。其二,“抓取”的主语是缓存服务器,而不是快播公司,快播公司及其主管只是在全国各地设置了缓存服务器,并开发了缓存调度平台来指挥这些缓存服务器。根据被告人张某某的供述,“自动缓存的标准是在设计软件的时候就设定好的,并且可以根据存储量进行更改”。[2] 快播公司能够控制的是一个视频在特定时间范围内被点击多少次就被缓存服务器抓取、存储,但是不能操纵缓存服务器抓取哪些视频、不抓取哪些视频。“快播公司实施了拽取热门视频的行为”“快播将视频拖拽到缓存服务器”的表述不合理。其三,快播的缓存服务器中存储了大量淫秽视频并不是缓存服务器工作原理直接导致的结果,而是介入了用户的点播行为。“人类社会的进步,总是有意无意地由性在推动,而色情是其中重要的动力。尤其是在大众传播领域,色情业总是走在最前线。很多现在必不可少的互联网功能都是由色情业首先推广开来的,如在线支付系统、在线流媒体播放、视频聊天、CC字幕等。”[3]与此同时,我国《刑法》第六章第九节规定了制作、贩卖、传播淫秽物品罪,将制作、复制、出版、贩卖、传播、组织播放淫秽物品的行为一网打尽,且我国最高司法机关分别于2004年和2010年联合出台了两个关于淫秽电子信息的司法解释,传递出对淫秽电子信息从严治理的刑事政策取向。

---

〔1〕《辞海》(第6版),上海辞书出版社2016年版,第2228页。

〔2〕范君:《快播案犯罪构成及相关审判问题——从技术判断行为的进路》,载《中外法学》2017年第1期。

〔3〕柯特:《没有小黄片,互联网什么都不是》,载虎嗅网,https://www.huxiu.com/article/182386.html? f=retweeted,最后访问日期:2017年5月4日。

人们对色情产品的旺盛需求遭遇了法律对于淫秽物品的严防死守,这种需求便在夹缝中野蛮生长。当站长在快播网站上发布淫秽视频种子文件时,用户便迫不及待地点击观看,点击次数多了,该视频便被缓存服务器抓取、存储了,久而久之,快播的缓存服务器基本上被淫秽视频占据了。"公安机关从服务器里提取了29,841个视频文件进行鉴定,认定其中属于淫秽视频的文件为21,251",淫秽视频占总体视频的比例超过70%。快播的缓存服务器中不光有淫秽视频,还有大量侵犯著作权的视频,并且快播为此已经付出了沉痛的代价。2013年年底,国家版权局认定快播公司构成盗版事实,开出25万元罚单,并责令快播停止侵权行为。[1] 经腾讯、乐视等互联网企业举报,深圳市市场监督管理局向快播开出2.6亿元罚单,对其实施的侵犯他人信息网络传播权行为进行惩罚。快播也收到不少权利人的举报。[2] 权利人腾讯视频曾多次函告快播即刻停止侵权,停止盗链行为;国内数十家正版视频网站和版权方向快播发起"中国网络视频反盗版联合行动"。盗版横行的原因多种多样,如我国国民著作权保护意识淡薄,对于著作权缺乏足够的尊重,对于著作权的经济性权能缺乏足够的认识;我国著作权保护制度不够完善,著作权作品的提供方和作品的需求方之间缺乏对话的桥梁;不可否认还有国民贪小便宜的心理在作祟,免费观看或者花很少的钱观看正在热播的影视剧已经被国人视为天经地义、理所当然的事情。快播缓存服务器中绝大部分都是侵犯著作权或者淫秽的视频文件,与其说快播打开了"潘多拉魔盒",不如说快播是一面"照妖镜",照出了贪婪好色的人性弱点。所以,"快播调试服务器拉拽淫秽视频文件存储在缓存服务器"的表述没有做到实事求是。陈兴良教授指出,"不可否认,拉拽、抓取等用语确实是对积极动作的

---

[1] 参见范传贵:《"流氓快播"野蛮发展史:盗版色情是两宗原罪》,载《法制日报》2014年9月9日,第2版。

[2] 参见汪小汉、谢睿:《外逃110天后,快播老总归案》,载《南方都市报》2014年8月16日,第8版。

一种描述,似乎可以界定为作为,但是一审判决中的这些用语并不是对人的行为的直接描述,而是对网络软件功能的描述”。这点明了快播缓存服务器的工作原理,反衬出“快播拉拽淫秽视频”的谬误。然而,对于陈兴良教授主张的“提供缓存服务已经超出了拒不履行监管义务的范围,该内容不能为传播淫秽物品的不作为所涵括,应当另行评价”的观点,[1]本书不敢苟同,原因如下。

其一,缓存服务本身是技术中立的。缓存指的是在互联网关键节点中存储经常访问的信息,目的是降低网络访问冗余,消除大量的重复传输,提高终端用户使用效率。[2] 在各国与网络服务提供者相关的法律规定中,网络缓存提供者一般作为网络服务提供者的单独类别,缓存从技术角度来看属于存储,从功能角度来看属于传输,[3]最终要达到加速传输的目的。快播公司作为一家提供视频分享平台的互联网公司,从名字便可看出,其服务质量是由“快速播放”来保证的,那么其设置缓存服务器、开发缓存调度平台的行为实在无可非议。

其二,缓存服务并未超出网站的服务范围。假设没有缓存服务器,快播公司仅提供 P2P 文件分享网站及技术支持的行为照样会被定罪,因为“快播公司作为网络视频信息服务提供者应当承担网络安全管理义务”,在不履行义务时应当承担相应责任。判决书里面并未提及快播公司作为网络缓存提供者应当如何。如前文所述,判决书对于缓存服务器并未展开说理,且多半将其作为被告人主观罪过的判断因素。缓存服务器根据事先的设定自动存储“热门”视频,由于人们对色情产品的旺盛需求,越是淫秽色情的视频越是热门,因而缓存服务器中便充斥着淫秽视频。如果没有站长上传淫秽视频,没有用户点播淫秽视频,缓存服务器里面不可能有淫秽视频。所以站长是

---

〔1〕 参见陈兴良:《快播案一审判决的刑法教义学评判》,载《中外法学》2017 年第 1 期。
〔2〕 参见贺琛等:《Web 缓存技术综述》,载《小型微型计算机系统》2004 年第 5 期。
〔3〕 参见陈兴良:《快播案一审判决的刑法教义学评判》,载《中外法学》2017 年第 1 期。

淫秽视频传播的始作俑者,用户是淫秽视频传播的介入因素,缓存服务器只不过是快播网站功能的合理延伸,快播公司在提供网站服务时负有的信息网络安全管理义务同样及于提供缓存服务器。

因此,提供缓存服务器本身算不上实行行为,不具备独立的刑事可罚性,充其量只能算是帮助行为,而且认定帮助行为的时候应当慎之又慎,毕竟缓存服务本质上是一项中立性的网络服务。提供缓存服务器是网站服务的延伸,其刑事可罚性基础仍然在于不履行义务的不作为行为。对于快播公司提供 QVOD 资源服务器程序和快播播放器程序、使用 P2P 技术搭建视频文件传输平台、搭建以缓存调度服务器为核心的平台的行为,应当综合考量,不应分而化之。快播公司及其主管人员不作为的作为义务来源有两个。其一,法律、行政法规的规定。快播公司作为网络服务提供者,发现自己传输的信息中存在诸如淫秽视频的违法内容,应当立即停止传输,采取消除等处置措施,保存记录,向有关主管部门报告。快播公司经主管部门数次责令其停止传输淫秽视频之后,未认真整改,淫秽视频仍然大量传播。其二,先前行为的要求。客观上缓存服务器使淫秽视频的传播面更广、影响更深远。"快播公司提供的这种介入了缓存服务器的视频点播服务,以及设立的这种缓存技术规则,决定了其实质介入了淫秽视频的传播行为。"[1] P2P 网站外加内容分发网络(缓存服务)的模式,为淫秽视频、侵犯著作权视频等违法内容的传播大开方便之门,法益侵害的紧迫风险迅速提升,这使行为人具备保证人地位,负有防止危害结果发生的义务,即防止违法视频被他人观看,需立即停止传输,删除信息。

(二)网络服务提供者作为的具体体现

在网络空间化、Web2.0 的时代,网络服务提供者危害行为所产生的辐射效应和严重后果不容忽视,其刑事责任已被立法者写入刑法。与网络服

---

[1] 北京市海淀区人民法院刑事判决书,(2015)海刑初字第512号。

务提供者直接相关的以作为形式实施的犯罪是《刑法》第287条之一非法利用信息网络罪和第287条之二帮助信息网络犯罪活动罪。

《刑法》第287条之一(非法利用信息网络罪)第1款规定了3项行为，其中第1项“设立用于实施诈骗、传授犯罪方法、制作或者销售违禁物品、管制物品等违法犯罪活动的网站、通讯群组的”适用于网络服务提供者。网站指的是计算机互联网络上拥有域名或地址并提供一定网络服务的主机，表现为相关网页的集合，所提供的服务包括新闻信息、搜索引擎、网络接入、聊天室、电子公报板、电子邮件、影音资讯、电子商务、网络社区、网络游戏、博客空间等。〔1〕 网站包罗万象，是我们访问互联网的入口，通信群组也是网站的附属功能。说到底网站就是主机，在技术功能上属于网络存储提供者。成立本罪的前提在于行为人设立网站、通信群组的目的是实施违法犯罪活动，或者行为人设立网站、通信群组的初始目的是正当的，但之后将该网站、通信群组变为实施违法犯罪的信息平台。若行为人出于发布合法信息、从事正常社交、网络经营行为等目的设立网站、通信群组，事后被他人用于从事违法犯罪行为的，则不构成本罪。但行为人事后知道他人利用其设立的网站、通信群组从事违法犯罪活动为其提供技术支持的，可能触犯帮助信息网络犯罪活动罪。〔2〕

有学者认为，“快播案件让人联想到帮助信息网络犯罪活动罪的规定”，〔3〕甚至“我国将帮助信息网络犯罪活动行为入罪与‘快播案’的发生有着千丝万缕的联系”。〔4〕 帮助信息网络犯罪活动罪的行为是提供互联网接入、服务器托管、网络存储、通信传输等技术支持以及广告推广、支付结算等帮助，这些行为只能由作为方式实施。值得注意的是，帮助信息网络犯罪活

〔1〕 参见《辞海》(第6版)，上海辞书出版社2016年版，第1946页。
〔2〕 参见郎胜：《中华人民共和国刑法释义》，法律出版社2015年版，第503页。
〔3〕 车浩：《谁应为互联网时代的中立行为买单?》，载《中国法律评论》2015年第3期。
〔4〕 刘艳红：《网络犯罪帮助行为正犯化之批判》，载《法商研究》2016年第3期。

动罪并未限定行为主体，并非只有网络服务提供者才能构成本罪。从本罪列举的行为方式来看，互联网接入、通信传输服务由网络接入提供者提供，网络存储服务属于互联网存储服务提供者的业务范围，上述服务当然只能由网络服务提供者提供。服务器托管与托管服务不是同一样事物，前者属于因特网数据中心的业务，后者与网络存储服务等同。广告推广服务可以由互联网广告公司或者一般的广告公司提供，支付结算服务可以由第三方支付平台、P2P 借贷平台等金融服务提供者提供，这些的主体并不限于网络服务提供者。实际上，帮助信息网络犯罪活动罪类似于《刑法》第 287 条“利用计算机实施有关犯罪的规定”，它们均是对利用互联网实施传统犯罪行为的注意规定，只不过前者有专门的罪名，且将传统的帮助行为提升为正犯处罚，后者按照利用计算机实施的具体犯罪来定罪处罚。帮助信息网络犯罪活动罪为网络服务提供者的作为行为提供了开放式的格局，目前难以穷尽的作为行为方式，可以被囊括进本罪所规定的技术支持与帮助活动中。

（三）网络服务提供者不作为的具体体现

德国古典学派大师宾丁将不作为问题誉为“刑法理论的王冠”。不作为的行为性问题更是被誉为刑法理论王冠上的宝石，[1]这个问题像幽灵一样缠绕刑法学者达一两个世纪之久，[2]大陆法系因果行为论、目的行为论、社会行为论、人格行为论均难以合理解释该问题。一般来说，不作为犯的不法与责任略低于作为犯，因而，刑法以处罚作为犯为原则，以处罚不作为犯为例外。不作为犯在成立犯罪的门槛上理应比作为犯略高，处罚不作为犯要比处罚作为犯有更严格的限制。根据刑法是否明文规定了不作为犯的保证人以及在行为中使用“没有”“不”“拒绝”之类的表述，可以将不作为犯分为纯正不作为犯和不纯正不作为犯。[3] 纯正不作为犯能够实现构成要件的定

---

〔1〕 参见刘霜：《刑法中的行为概念研究》，郑州大学出版社 2016 年版，第 139 页。
〔2〕 参见黎宏：《不作为犯研究》，武汉大学出版社 2003 年版，第 1 页。
〔3〕 参见张明楷：《刑法学》（第 6 版），法律出版社 2021 年版，第 193 页。

型性,而不纯正不作为犯容易失之过宽,因而,对于不纯正不作为犯的处罚则是例外中的例外。

1. 网络服务提供者成立纯正不作为犯的情形

拒不履行信息网络安全管理义务罪是典型的网络服务提供者的纯正不作为犯。网络服务提供者不履行法律、行政法规规定的信息网络安全管理义务,经监管部门责令采取改正措施而拒不改正,存在特定情形的,可能构成本罪。本罪的行为主体是特殊主体,只能是网络服务提供者。行为人的行为体现在违背了法律、行政法规规定的义务,并非一旦违背这些义务就要承担刑事责任,还需要在违反义务之后,经监管部门责令采取改正措施后拒不改正的行为。这里面包含两次不作为,第一次是对法律、行政法规所规定义务的不作为,第二次是对监管部门责令改正通知的不作为。这两次不作为叠加在一起,还要具备严重情节或者造成严重后果才能构成本罪,可见依本罪成立不作为犯罪的门槛是比较高的,因而本书不赞同"拒不履行信息网络安全管理义务罪的设定具有广泛的涵盖性和解释性,致使网络中立帮助行为的出罪死角全部被封住"的观点。[1]

在网络服务提供者的危害行为中,消极的、不履行义务的行为占到大多数,即危害行为多半表现为不作为。拒不履行信息网络安全管理义务罪的出台可以说是恰逢其时,也频繁被司法解释援引,《最高人民法院、最高人民检察院、公安部关于办理电信网络诈骗等刑事案件适用法律若干问题的意见》与《最高人民法院、最高人民检察院关于办理侵犯公民个人信息刑事案件适用法律若干问题的解释》规定网络服务提供者不履行法律、行政法规规定的信息网络安全管理义务,经监管部门责令采取改正措施而拒不改正,致使诈骗信息大量传播,或者用户信息泄露造成严重后果的,以及违反国家有关规定,被电信网络诈骗犯罪分子利用,使他人遭受财产损失,以拒不履行

---

[1] 刘艳红:《网络中立帮助行为可罚性的流变及批判》,载《法学评论》2016年第5期。

信息网络安全管理义务罪追究刑事责任，同时构成诈骗罪的，按照处罚较重的规定来定罪处罚。

美国也有以纯正不作为犯的方式追究网络服务提供者刑事责任的法律规定，如《美国法典》第18篇第2258A条“电子通信服务提供者和远程计算机服务提供者的报告要求”，电子通信服务提供者和远程计算机服务提供者明知自己保管或控制范围内的信息中有违反特定刑法条款，存在涉及儿童色情的事实或情况，需要尽快向国家失踪和被虐待儿童中心报告，明知且故意不履行报告义务的将会被处刑。[1]

2. 网络服务提供者不纯正不作为犯的范围限缩

拒不履行信息网络安全管理义务罪于2015年增设，在这之前，处罚网络服务提供者不作为的行为只能适用不纯正不作为犯的规定。既然快播案被告人的行为是不作为，定罪罪名是传播淫秽物品牟利罪，那么传播淫秽物品牟利罪为我们认识网络服务提供者构成不纯正不作为犯的情形提供了很好的切入点。

有论者认为传播淫秽物品牟利罪属于传统的作为犯，[2]本书并不认同这一观点。第一，从体系解释的角度出发，“传播”类犯罪未必都由作为实施。刑法中出现了多次“传播”，传播的对象包括虚假信息、[3]计算机病毒、[4]不应该公开的信息、[5]传染病、性病、[6]淫秽物品[7]。在这些与传播相关的条

---

〔1〕 18 U.S.C.A. § 2258A(a)(2).

〔2〕 参见高艳东：《不纯正不作为犯的中国命运：从快播案说起》，载《中外法学》2017年第1期。

〔3〕 《刑法》第181条编造并传播证券、期货交易虚假信息罪；诱骗投资者买卖证券、期货合约罪；第291条聚众扰乱公共场所秩序、交通秩序罪；投放虚假危险物质罪；编造、故意传播虚假恐怖信息罪；第291条之一编造、故意传播虚假信息罪。

〔4〕 《刑法》第286条破坏计算机信息系统罪。

〔5〕 《刑法》第308条之一泄露不应公开的案件信息罪；故意泄露国家秘密罪；披露、报道不应公开的案件信息罪。

〔6〕 《刑法》第330条妨害传染病防治罪；第332条妨害国境卫生检疫罪；第360条传播性病罪；第409条传染病防治失职罪。

〔7〕 《刑法》第363条制作、复制、出版、贩卖、传播淫秽物品牟利罪；为他人提供书号出版淫秽书刊罪；第364条传播淫秽物品罪；组织播放淫秽音像制品罪。

款中,传播性病罪最为特殊,主体是病毒携带者(患有梅毒、淋病等严重性病的人),必须通过肉体传播(行为方式为卖淫、嫖娼),该罪只能由作为构成。其他与传染病传播相关的罪名均是将负有传染病防治职责的人作为主体,主体违反传染病防治法或者国境卫生检疫的规定,未履行义务,造成了特定传染病传播的结果可能构成此罪,因此,这些犯罪完全可以由不作为构成。推而广之,其他与传播相关的犯罪,法律也并未限定主体是违法信息的所有者,主体拒不履行义务,客观上造成了违法信息广泛散播的,是以不作为的方式构成这些犯罪。第二,从文理解释的角度出发,传播有两个义项:其一,广泛散布,如传播消息;其二,在传播学中,指人与人之间通过符号传递信息、观念、态度、感情,以此实现信息共享和互换的过程。[1]可见"传播"指的是使信息扩散的行为,并未限定行为方式。刑法中传播淫秽物品牟利罪中的"传播"是立法者抽象提炼出的构成要件行为,并不是指具体的、单一的动作,并不限于"播放"或"帮助播放"。[2] 第三,相关司法解释已经将不履行阻止违法信息义务的行为认定为不作为。《淫秽电子信息解释(二)》第4条相当于刑法中的注意规定,是对以不作为方式构成传播淫秽物品牟利罪的情形列举,并不违背罪刑法定原则。

用传播淫秽物品牟利罪来处罚不作为的行为虽不存在法理障碍,但应尽量避免这种情形。传播淫秽物品牟利罪入罪不需要特定情节或结果,刑罚较严厉(法定最高刑是无期徒刑,并处罚金或者没收财产)。拒不履行信息网络安全管理义务罪入罪门槛较高,刑罚较轻缓(法定最高刑是三年有期徒刑)。行为人已构成拒不履行信息网络安全管理义务罪的情况下,如果还有牟利目的,极可能构成传播淫秽物品牟利罪,要适用更重的处罚。这并不合理,一方面会使拒不履行信息网络安全管理义务罪形同虚设,永无用武之

---

〔1〕 参见《辞海》(第6版),上海辞书出版社2016年版,第259页。

〔2〕 参见毛玲玲:《传播淫秽物品罪中"传播"行为的性质认定——"快播案"相关问题的刑事法理评析》,载《东方法学》2016年第2期。

地,另一方面会造成不纯正不作为犯的无限扩张,“导致刑罚权滥用、罪刑法定原则瓦解”。[1] 所以,在我国已经有了关于网络服务提供者纯正不作为犯罪的规定,对于网络服务提供者适用不纯正不作为犯罪的条款更应当慎之又慎。

(四)网络服务提供者的“持有”应认定为不作为

持有,指的是占有、携带、藏有、存放或者留存国家法律规定的特定物品的行为,以行为人对物的实力支配关系为内容。[2] 学界对持有的行为性质未达成共识。有论者认为持有属于作为,持有型犯罪的立法目的是禁止行为人取得特定物品,持有者违背禁止性规范,实施了作为行为;[3]有论者认为持有属于不作为,持有型犯罪意在命令持有人将特定物品上缴给有权管理该物品的部门,以消灭这种持有状态,持有者不遵守命令性规范,实施了不作为行为;[4]还有论者认为持有是独立于作为与不作为的第三种犯罪行为。[5] 美国《模范刑法典》将持有(possession)规定为作为,持有指的是持有者故意选取或者接收的持有物,或者意识到他在有能力终止持有行为的期限内对持有物保持控制。[6]

持有强调对于物品的控制,这里的物品并不限于有形物、有体物。网络服务提供者在提供缓存和存储服务时,对于缓存和存储的材料具有控制力,当这些材料中混入了违法内容时,网络服务提供者是否构成刑法意义上的“持有”? 自互联网普及以来,通过网络传播儿童色情材料的现象屡禁不绝,且呈愈演愈烈之势,引发各国关注。持有儿童色情材料通常是传播的前提条件和必然结果,对此有些国家利用刑法来制裁这种持有行为,CompuServe

---

〔1〕 参见高艳东:《不纯正不作为犯的中国命运:从快播案说起》,载《中外法学》2017 年第 1 期。
〔2〕 参见《辞海》(第 6 版),上海辞书出版社 2016 年版,第 237 页。
〔3〕 参见熊选国:《刑法中行为论》,人民法院出版社 1992 年版,第 125 页;张明楷:《刑法学》(第 6 版),法律出版社 2021 年版,第 208 页。
〔4〕 参见张智辉:《刑事责任通论》,警官教育出版社 1995 年版,第 124 页。
〔5〕 参见储槐植:《三论第三犯罪行为形式“持有”》,载《中外法学》1994 年第 5 期。
〔6〕 American Law Institute Model Penal Code § 2.01(4).

德国公司案就是其适例。可以说持有儿童色情材料与网络服务提供者的危害行为关系最为密切,对于罪与非罪的区分意义非常重大。

据笔者掌握的资料,未将持有儿童色情材料犯罪化的国家有:俄罗斯、墨西哥、瑞典、日本、匈牙利、中国。[1] 这些国家可能只是将制作、发布、传播儿童色情材料的行为规定为犯罪。我国刑法未对儿童色情材料和一般性的淫秽材料进行区分,并且对于淫秽物品的制裁限于制作、复制、出版、贩卖、传播,并没有将持有行为单列出来,持有多半被上述行为所吸收。将持有儿童色情材料犯罪化的国家有:美国、德国、澳大利亚、新西兰。下面介绍其具体规定。

《美国法典》第 18 篇第 110 章对儿童的性剥削及其他虐待中提到,制作、持有、接收、邮寄、销售、装运或运输儿童色情作品均是犯罪行为,并且如果因为这些行为被定罪的,再次触犯该章之下特定罪名的,应当加重处罚。[2] 1990 年美国最高法院通过 Osborne v. Ohio 案,为持有儿童色情材料行为的入罪铺平了道路。[3] 本案中,最高法院赞同俄亥俄州对于被告人私自持有儿童色情材料的行为定罪,理由在于对于儿童色情材料受害者的保护属于重大利益,并且持有属于传播行为必不可少的环节。[4]

《德国刑法典》第 184 条(散发淫秽文书)第 5 款规定,持有对儿童的性滥用为对象的淫秽文书,如果此等文书反映事实或接近事实真相的,处一年以下自由刑或罚金刑。又根据该法典第 11 条第 3 款的规定,文书指的是录音、录像、数据储存、图片和用于同样目的之类似物品。网上儿童色情材料明显属于淫秽文书的范围。

---

[1] Ari Staiman, *Shielding Internet Users From Undesirable Content: The Advantages of a Pics Based Rating System*, 20 Fordham International Law Journal 892(1997).

[2] 18 U. S. C. A. § 2251(e),18 U. S. C. A. § 2252(b),18 U. S. C. A. § 2252A(b).

[3] Osborne v. Ohio,495 U. S. 103(1990).

[4] Robert D. Richards & Clay Calvert, *Untangling Child Pornography from the Adult Entertainment Industry: An Inside Look at the Industry's Efforts to Protect Minors*,44 California Western Law Review(2008).

澳大利亚于1996年通过了《审查法》(Censorship Act),强调对于互联网内容的审查,该法将故意传输令人反感的材料,持有令人反感的材料,为令人反感的材料提供广告服务,以及要求传输令人反感的材料规定为犯罪。令人反感的材料的定义十分宽泛,包含了被标记为RC(拒绝评级,禁止在澳大利亚销售或放映)的材料、儿童色情材料、促进犯罪或者暴力的材料、描绘暴力性行为的材料等。违反该规定将被处以1.5万澳元的罚金,或者18个月的有期徒刑。如果是法人犯罪,则处以7.5万澳元的罚金。[1]

新西兰1993年《电影、视频以及出版物分类法》对于提供、传播、展示或持有令人反感的内容的人适用严格责任。即便是被告人不知道也没有合理理由知道指控中的出版物是令人反感的,也不能豁免责任。该法第131条规定了持有令人反感的出版物的犯罪,其中第1款规定,任何人持有一项令人反感的出版物,没有合法的授权或者理由,即违反本法构成犯罪;第4、5两款规定了享受责任豁免的主体,其中并不包括网络服务提供者。在网络服务提供者没有任何借口的情况下,如果存储了令人反感的材料,且此存储行为影响了对材料的传输,就可能构成犯罪。[2]

上述各国将持有儿童色情材料的规定融入刑法中,未明确指出网络服务提供者是否成为持有儿童色情材料的主体,但也未将网络服务提供者排除在外。本书认为,持有不宜作为网络服务提供者危害行为的基本表现形式之一。

第一,网络服务提供者未能充足“持有”的行为构成。根据持有的定义、学说以及判例,持有由不可或缺的两部分组成,其一,对于特定物品的实际

---

〔1〕 Meghan A. Wharton, *Pornography and the International Internet: Internet Content Regulation in Australia and the United States*, 23 Hastings Communication and Entertainment Law Journal 149 (2001).

〔2〕 Judit Bayer, *Liability of Internet Service Providers for Third Party Content*, 1 Victoria University Wellington Working Paper Series 26 (2008).

控制;其二,对于自己能够控制此种物品的意识。[1] 对于网络服务提供者而言,尤其是网络缓存提供者与网络存储提供者,其对于自己所缓存或者存储的材料是具有完全的控制力的,能够行使停止传输、阻止访问、删除材料的权能。然而,由于网络服务提供者并不负有对于内容的监督审查义务,所以对于自己服务器中的材料哪些属于违法内容未必存在认识。毕竟作为儿童色情材料或者淫秽物品的是单个的图片、视频、文章,而不是网络服务提供者的整个服务器,不能将网络服务提供者对于自身服务器的所有、占有、保管、维护视为对于服务器中具体文件内容存在认识。快播案中,即便是公安机关发现快播的服务器中淫秽视频占比高达70%,也没有将服务器本身视为淫秽物品,仍然是将其中存储的视频文件视为淫秽物品。所以,网络服务提供者缺乏自己能够控制此种物品的意识,根据行为与责任同在的原则,缺乏控制意识,仅有控制行为,难以构成持有。

第二,保存记录义务与"持有"之间的矛盾不可调和。保存记录分为两种,其一,作为工作常态的日志留存;其二,针对犯罪证据、侵权事实予以保存。在后一种情况下,网络服务提供者不仅有控制力,而且还对明知是违法的材料具有控制意识,这时完全可以成立持有。但是如果将网络服务提供者保存证据的行为等同于持有行为,等于为其履行义务设置了障碍,这明显不符合实际。

第三,"持有"完全可以转化为不作为。作为中介的网络服务提供者自己并不制作内容,而是传输、缓存、存储并检索用户上传的内容,法律之所以会关注网络服务提供者的责任,多半是因为其在能力范围内没有阻止其他用户获取违法材料,没有阻止违法材料的扩散,本质上是不履行信息网络安全管理义务的不作为行为。互联网具有无限复制性,网络服务提供者所占有的材料只是复制件,并没有侵犯原所有权人对于该物品的占有、使用、支

---

〔1〕 R v. Cox [1990] 2 NZLR 275,278 (CA) Hardie Boys J.

配权利,最多只是侵害了其收益权,尤其是在侵犯著作权的案例中。如果违法材料只是存在于网络服务提供者的服务器中,并没有被观看、下载、传播,如同毒品、枪支、假币等法律禁止持有的物品沉入了海底,不可能产生社会危害性。此时也不存在网络服务提供者的危害行为。如果这些违法材料被观看、下载、传播,网络服务提供者通过权利人、第三人的举报或者国家机关下达的通知知悉了这些违法材料的存在,及时采取阻止、删除措施,防止其扩散的,也不存在危害行为。只有当网络服务提供者经责令采取改正措施而拒不对违法内容采取停止传输、删除内容、阻止访问等措施的,才存在危害行为。此时无须通过持有来解释其行为性,直接适用不作为的相关规定即可,不作为行为的作为义务根据就在于网络服务提供者没有根据法律规范、行政命令阻止用户获取违法内容。

二、网络服务提供者危害行为在共同犯罪中的表现形式

网络空间是一个开放平台,网络服务提供者的服务对象难以计数,网络服务提供者的危害行为多半与用户的危害行为结合在一起,造成了法益侵害结果。共同犯罪指的是二人以上共同实施的犯罪,我国刑法将共同犯罪人分为主犯、从犯、胁从犯、教唆犯。通说认为我国采取了作用分类法,[1]也有学者认为我国实际上采取的是正犯与共犯的分工分类法,正犯体现于《刑法》第26条的主犯中,狭义共犯中的帮助犯体现于第27条的从犯及第28条的胁从犯中,狭义共犯中的教唆犯出现在第29条中,另外帮助犯、教唆犯从反面肯定了正犯。[2] 共同犯罪理论有利于认识网络服务提供者与用户的危害行为的结合样态,即究竟是共同的实行行为,还是帮助行为,抑或是教唆行为?

---

〔1〕 参见高铭暄、马克昌主编:《刑法学》(第7版),北京大学出版社、高等教育出版社2016年版,第172页。

〔2〕 参见张明楷:《刑法学》(第6版),法律出版社2021年版,第508页。

(一)网络服务提供者的实行行为

正犯即实行犯,直接支配构成要件的实现,是广义共犯的组成部分。[1] 刑法分则所规定的构成要件行为均是实行行为。根据实施实行行为主体的单复以及行为主体间是否存在犯罪的意思联络,可以将实行行为区分为单独的实行行为和共同的实行行为。单独的实行行为无需借助共同犯罪理论展开分析,也就无所谓正犯。因而正犯是实施了实行行为的人,但实施了实行行为的人未必都是正犯。

某一行为虽然在自然属性上或者在某一犯罪中属于犯罪的非实行行为,但是一旦被刑法分则条文规定进来,就属于另一具体犯罪的实行行为。[2] 帮助信息网络犯罪活动罪虽带有明显的帮助行为痕迹,但其可罚性依据在于实行行为。很多学者自然而然地将其认定为帮助行为正犯化(或共犯正犯化),这种定性是否合理?将帮助行为提升为实行行为,在行为表现上有何特点?

1. 帮助信息网络犯罪活动罪的性质争议与实行行为认定

(1)帮助信息网络犯罪活动罪的性质争议

对于帮助信息网络犯罪活动罪,学者几乎"一边倒"地认为这属于帮助行为正犯化的规定。[3] 也有极少数学者认为本罪仍旧是帮助犯,并没有被

---

[1] 参见张明楷:《外国刑法纲要》(第2版),清华大学出版社2007年版,第301页。

[2] 参见何荣功:《实行行为研究》,武汉大学出版社2007年版,第22、79页。

[3] 参见陈兴良:《刑法发展方向:以〈刑法修正案(九)〉为视角》,载 http://mp.weixin.qq.com/s?__biz=MzAxMjEyMjAyNg==&mid=403329732&idx=1&sn=02eaa5135380e0149b87717757762224&scene=5&srcid=0107b6MQpBU1fckeNfN1JuNS#rd,最后访问日期:2017年4月25日;刘宪权:《论信息网络技术滥用行为的刑事责任——〈刑法修正案(九)〉相关条款的理解与适用》,载《政法论坛》2015年第6期;刘宪权:《网络犯罪的刑法应对新理念》,载《政治与法律》2016年第9期;刘科:《帮助信息网络犯罪活动罪探析——以为网络知识产权犯罪活动提供帮助的犯罪行为为视角》,载《知识产权》2015年第12期;车浩:《刑事立法的法教教义学反思——基于〈刑法修正案(九)〉的分析》,载《法学》2015年第10期;车浩:《谁应为互联网时代的中立行为买单?》,载《中国法律评论》2015年第5期;刘艳红:《网络犯罪帮助行为正犯化之批判》,载《法商研究》2016年第3期;涂龙科:《网络服务提供者的刑事责任及其关系辨析》,载《政治与法律》2016年第4期。

提升为正犯,[1]刑法分则条文对其规定了独立的法定刑,属于帮助犯的量刑规则。[2]

帮助信息网络犯罪活动罪包含了帮助性质的实行行为,反映了帮助行为正犯化的现象。最高人民法院、最高人民检察院于2010年2月2日公布的《淫秽电子信息解释(二)》就规定了对帮助行为直接以正犯定罪处罚的两种情况:网站建立者、直接负责的管理者明知他人制作、复制、出版、贩卖、传播的是淫秽电子信息,允许或者放任他人在自己所有、管理的网站或者网页上发布的;电信业务经营者、互联网信息服务提供者明知是淫秽网站,为其提供互联网接入、服务器托管、网络存储空间、通讯传输通道、代收费等服务的。前一种情况可以理解为不作为的传播淫秽物品牟利罪,后一种情况则是典型的帮助行为,在多个司法解释中被明确作为共犯加以规定,这里突然被作为正犯的确有些"异乎寻常"。实行行为只能由刑法分则加以规定,这意味着对共犯行为进行正犯化也只能对刑法分则进行修改。该司法解释对共犯行为进行正犯化有突破罪刑法定的嫌疑。相比较而言,以刑法修正案的形式来实现共犯行为正犯化的路径更值得肯定。2009年2月28日通过的《刑法修正案(七)》增设了第285条第2款、第3款,分别是非法获取计算机信息系统数据、非法控制计算机信息系统罪和提供侵入、非法控制计算机信息系统程序、工具罪。后者将提供专门用于侵入、非法控制计算机信息系统的程序、工具或者明知他人实施侵入、非法控制计算机信息系统的违法犯罪行为而为其提供程序、工具的行为规定为犯罪,等于是将提供程序、工具的帮助行为提升为正犯行为了。该罪的犯罪构成可以归纳为明知他人利用信息网络实施违法犯罪行为而为其提供技术支持,实际上是帮助信息网络

[1] 参见孙道萃:《移动智能终端网络安全的刑法应对——从个案样本切入》,载《政治与法律》2015年第11期。

[2] 参见张明楷:《论帮助信息网络犯罪活动罪》,载《政治与法律》2016年第2期;黎宏:《电信诈骗中的若干难点问题解析》,载《法学》2017年第5期。

犯罪活动罪中帮助行为的一种表现,为帮助信息网络犯罪活动罪的引入埋下伏笔。2015 年通过的《刑法修正案(九)》增设了第 287 条之二帮助信息网络犯罪活动罪,立法者在总结与帮助行为相关的刑事司法解释的基础上,做了以下改进:首先,将被帮助的行为由与淫秽电子信息相关的犯罪行为扩大到一切犯罪行为;其次,将以往司法解释中均作为共同犯罪处理的支付结算帮助行为提升为正犯,正犯行为中还增设了广告推广的行为方式;最后,改变了之前按照所帮助的正犯罪名来定罪的做法,设立统一的罪名——帮助信息网络犯罪活动罪,并规定同时构成其他犯罪的,依照处罚较重的规定定罪处罚。我国台湾地区也为帮助行为设立独立构成要件,理论上称为实质帮助犯,这种犯罪有独立的定罪量刑规则,不适用于共犯从属性原则,其可罚性不取决于正犯的处罚,本身已经正犯化了。比如,我国台湾地区"刑法"第 275 条规定的加功自杀罪——教唆或帮助他人使之自杀,或受其嘱托或得其承诺而杀之者,处一年以上七年以下有期徒刑——就是典型的帮助行为正犯化的规定。[1]

(2)帮助信息网络犯罪活动罪的实行行为的展开

帮助信息网络犯罪活动罪的行为要件是,明知他人利用信息网络实施犯罪,为其犯罪提供互联网接入、服务器托管、网络存储、通信传输等技术支持,或者提供广告推广、支付结算等帮助,情节严重的。帮助信息网络犯罪活动罪的行为是先有他人犯罪,再行或者同时提供技术支持等帮助行为,具体实施犯罪的他人一般需要对犯罪实行行为作具体的谋划、运筹、组织等,网络的技术支持只是其整体犯罪的一个作用相对较小的帮助环节和媒介利用而已。[2] 本罪的实行行为方面有待明确的问题是:"明知"究竟属于行为组成部分,还是属于主观罪过?"他人利用信息网络实施犯罪"应当理解为

---

〔1〕 参见林钰雄:《帮助行为的因果关系及中性帮助问题》,载林维主编:《共犯论研究》,北京大学出版社 2014 年版,第 429 页。

〔2〕 参见广东省深圳市宝安区人民法院刑事判决书,(2016)粤 0306 刑初 350 号。

充足所有犯罪构成要件的犯罪还是仅充足不法层面的构成要件要素的犯罪?

其一,"明知"应当作为主观方面要素。"明知"是刑法中频繁出现又颇具争议的一个概念。刑法总则中的明知仅存在于故意犯罪中——"明知自己的行为会发生危害社会的结果,并且希望或者放任这种结果发生,因而构成犯罪的,是故意犯罪",这里的明知必然是责任要件或者说主观方面的一部分。然而对于刑法分则中的明知则没有定论。帮助信息网络犯罪活动罪中就有"明知"的表述,与《淫秽电子信息解释(二)》第4条中"明知"的表述有共通性。有学者认为,《淫秽电子信息解释(二)》中的"明知"属于"传播"行为的组成部分,而不是传播淫秽物品牟利罪的主观方面要件。"明知"是区分网络行业正常业务活动、经营活动与"传播"行为的重要依据,因而是行为的内容。该学者将此处的"明知"与故意犯罪中的"明知"进行了区分,其理由有二:第一,根据刑事责任主客观相一致的原则,作为主观要件的"明知故意"要与客观行为在时空上具有一致性,对于与客观行为在时空上不一致的情形,定性时采取客观论,该司法解释中的"明知"的对象是"淫秽网站",这是对事实情况的明知,不是对行为性质、后果的明知,是行为之前的明知,不是与行为时空一致的明知;第二,从"传播"行为入手,失去了"明知",仅仅提供技术支持和帮助的行为是不可罚的技术中立行为,根本无从惩处互联网信息服务提供者传播淫秽物品(牟利)的行为。[1]

这一观点的确让人眼前一亮,因为我国学界对于明知的争议集中在"明知即是故意"和"明知未必是故犯",对于明知归属于故意还是过失的讨论均未脱离明知属于罪过形式的语境。该学者跳脱出传统的讨论,在构成要件符合性中讨论明知,并将其作为行为的内容,虽独树一帜,且也得到其他学

---

〔1〕 参见毛玲玲:《传播淫秽物品罪中"传播"行为的性质认定——"快播案"相关问题的刑事法理评析》,载《东方法学》2016年第2期。

者的支持,[1]然本书并不赞同此种观点和理由。首先,就认识的对象而言,“明知”不仅可以是对过去已经发生的或者正在发生的事情的认识,也可以是对未来尚未发生的事情的认识。[2] 再者“淫秽网站”是犯罪行为的客观情境,直接关系到被帮助者是否实施犯罪行为,当然是对行为性质、后果的明知。该学者主张《淫秽电子信息解释(二)》中的明知不是行为时的明知,亦不是对行为性质、后果的明知,硬生生地将其与“明知故意”划清界限,这样并不妥当。其次,正是因为存在对于他人实施犯罪行为的明知,继续提供技术帮助的行为使行为丧失中立性,向刑法中的帮助行为倾斜,甚至构成帮助犯、正犯。“明知”对于犯罪的成立至关重要,明知与行为的组合才可能构成犯罪,但并不能由此认为明知包含于行为之中。因此,本书还是遵循传统观点,在主观罪过中讨论明知要素,并不将其作为行为构成要素。

其二,“他人利用信息网络实施犯罪”应当理解为充足不法层面的构成要件要素的犯罪。首先,根据“他人利用信息网络实施犯罪”无法确定实施了何种犯罪,在信息网络技术应用如此广泛的背景下,传统的现实生活中的犯罪行为几乎可以平移到网络空间,甚至会造成更大的危害。[3] 每个犯罪成立条件各不相同,网络服务提供者无法核实网络使用者可能触犯的罪名以及是否达到该罪的入罪标准。其次,网络服务提供者与网络使用者呈现“一对多”的模式,并且两者隔着网络这层无形的屏障,彼此无法知悉对方的身份、年龄与身体情况,网络使用者可能未达到刑事责任年龄,或者因为精神疾病缺乏刑事责任能力。然而这并不妨碍他们利用信息网络实施犯罪行为,如果一定要将“实施犯罪”限定于充足所有犯罪构成要件,对于不具备有责性的不法行为提供帮助的行为就不可罚,然而这种行为的社会危害性和

---

〔1〕 参见陈兴良:《快播案一审判决的刑法教义学评判》,载《中外法学》2017 年第 1 期。

〔2〕 参见邹兵建:《“明知”未必是“故犯”——论刑法“明知”的罪过形式》,载《中外法学》2015 年第 5 期。

〔3〕 参见单民、陈磊:《治理网络犯罪刑事政策论纲》,载张凌、袁林主编:《国家治理现代化与犯罪防控——中国犯罪学学会年会论文集(2014 年)》,中国检察出版社 2014 年版。

法益侵害性并不小于充足了不法与责任的犯罪行为。最后,我国《刑事诉讼法》第12条规定,未经人民法院依法判决,对任何人都不得确定有罪,即便是将"实施犯罪"限定于充足所有犯罪构成要件,是否实施了犯罪也只能由法院说了算,不能根据网络服务提供者的主观认识来决定。而真正等到法院宣告网络使用者实施了犯罪行为,他们也因为被判处刑罚而无法继续利用信息网络实施犯罪行为,此时也不存在网络服务提供者继续为其提供技术支持和帮助的情况了,那么帮助信息网络犯罪活动罪永远也没有用武之地了。显然客观情况并非如此。

2. 网络服务提供者的实行行为与具体犯罪的符合性探究

随着网络技术的发展,网络服务与日常生活结合日益紧密,网络服务提供者的危害行为有许多异于传统的呈现方式,网络的匿名性、扩散性使这种危害行为产生的结果并不小于传统犯罪行为。因此,探讨这些以新形式呈现的危害行为是否符合刑法分则具体罪名中的实行行为尤为重要。

(1)搜索引擎竞价排名虚假宣传行为与虚假广告罪的关系

竞价排名是搜索引擎一项营利性业务,以用户对同一关键词出价的高低来决定其结果出现在搜索引擎中的位置,也可以称为付费搜索结果。竞价排名究竟属于信息检索服务还是广告服务,长期以来争论不休,这关系到出现危害结果之后,搜索引擎提供者是享受责任豁免还是承担法律责任。

百度公司因竞价排名频频引发公众关注,甚至多次涉诉。[1] 近年来就有两起患者及其家属根据百度竞价排名选择医院,最后不幸身亡的案例。2014年4月,时年20岁的魏则西被诊断出滑膜肉瘤,使用百度搜索引擎检索相关医院,了解到排名领先的武警北京总队第二医院"与美国斯坦福大学合作,使用DC-CIK细胞生物免疫疗法,是国内首家专业性肿瘤生物治疗医院",前往治疗,最终人财两空。事后,美国斯坦福大学声明,根本没有与中

[1] 参见上海市第二中级人民法院民事判决书,(2007)沪二中民五(知)初字第147号;北京市第一中级人民法院民事判决书,(2013)一中民终字第9625号。

国医院就细胞治疗展开合作,并且生物免疫疗法在美国尚处于研究阶段,2015 年后已不再进行临床试验。[1] 武警北京总队第二医院虚构合作项目,使用武警部队名义,使用“国内首家”的极限用语,发布了虚假医药广告。[2] 张瑞是一名鼻炎患者,她通过百度搜索“乌鲁木齐鼻炎医院”等关键词寻找医疗信息,选择了位居检索结果第一位的乌鲁木齐爱德华医院治疗,接受手术后情绪异常,出现心理障碍,伴随精神病症状。2016 年 9 月 15 日,时年 27 岁的张瑞坠楼身亡。司法鉴定意见显示,医疗行为过错与患者的死亡结果之间存在间接因果关系。张瑞家属起诉爱德华医院以及为其提供竞价排名服务的百度公司。[3]

以魏则西事件为契机,2016 年 7 月 4 日国家工商行政管理总局发布了《互联网广告管理暂行办法》,其中规定推销商品或者服务的付费搜索广告属于互联网广告,互联网广告应当具有可识别性,显著标明“广告”,使消费者能够辨明其为广告。付费搜索广告应当与自然搜索结果明显区分。至此,竞价排名的广告性质已经明确,百度搜索引擎提供竞价排名服务时,百度公司是广告发布者。在这之后,百度公司也进行了整改,将付费搜索结果中的“推广”标识更改为“广告”,减少了每个搜索页面中付费搜索结果的比例。根据《广告法》第 55 条的规定,广告经营者、广告发布者明知或者应知广告虚假仍设计、制作、代理、发布的,属于违法行为,构成犯罪的,依法追究刑事责任。搜索引擎在提供竞价排名服务时,从服务对象预存的广告费中扣除单次点击费用,因而直接从广告中获利,与广告主构成利益共同体;对于广告内容负有审查义务,特别是对关系到公众的身体健康的医疗单位、药

---

〔1〕 参见马金凤、卫张宁:《斯坦福大学否认与中方医院合作:未涉“魏则西事件”》,载《京华时报》2016 年 5 月 4 日。

〔2〕 参见温薷等:《“魏则西事件”调查:六问生物细胞免疫疗法》,载新华网,http://news.xinhuanet.com/politics/2016-05/03/c_128950862.htm。

〔3〕 参见陈丽媛、卢义杰:《27 岁鼻炎患者术后坠亡 百度因医院竞价排名被诉》,载新华网,http://www.xinhuanet.com//legal/2017-04/04/c_1120749413.htm。

品、医疗器械广告,负有更审慎的审查义务。搜索引擎明知广告主请求发布虚假医疗广告,还为其提供竞价排名服务,符合虚假广告罪的犯罪构成——广告发布者违反国家规定,利用广告对商品或者服务作虚假宣传,情节严重的。与此同时,搜索引擎明知他人利用信息网络实施犯罪,为其犯罪提供广告推广帮助,即实施了帮助信息网络犯罪活动罪的实行行为。根据想象竞合从一重的原则,按照帮助信息网络犯罪活动罪定罪处罚。

(2)网络接入服务提供者流量劫持与破坏计算机信息系统罪的关系

财联社是由专业财经记者组成的信息发布中心,及时、准确地对中国证券市场动态进行分析、报道,旗下拥有"财联社 A 股电报快讯"APP。用户访问 APP 时会出现"红包"弹窗广告,点击"红包"之后跳转到转盘抽奖游戏,上海一联通用户的手机流量因此被使用了 6.2G。财联社向北京市西城区人民法院起诉中国联通,法院已经立案。实际上"红包"中含有用于劫持流量的插件。所谓流量劫持,通俗来说就是用户本想访问 A 网站,但是被强行带入 B 网站,使优质流量流入行为人指定的目标。流量劫持有两种:域名劫持与数据劫持,前者是将目标域名恶意地错误解析到其他 IP 地址,使用户无法正常使用服务,后者指的是在返回内容中强行插入弹窗或者嵌入式广告等其他内容,干扰用户正常使用。上海联通用户遭遇的是第二种流量劫持。移动互联网劫持流量的现象愈演愈烈,近来流量劫持的投诉占比从以前的 15% 一跃而至 50% 以上。流量劫持不仅无端消耗用户的流量,给用户造成经济损失,而且为劫持流量而安装的恶意软件以及强行植入的代码会导致计算机信息系统遭到破坏,用户账户、密码等重要信息遭到泄露。[1]

"中国首例流量劫持刑案"已经由上海市浦东法院作出判决,被告人付某、黄某因将"2345.com" 导航网站的访问流量强行转移到"5w.com"导航

---

〔1〕 参见孙麒翔、石飞月:《中国联通因流量劫持被起诉》,载 http://money.163.com/17/0108/19/CA9HECQL002580S6.html;杨博丞:《曝中国联通用户 APP 流量劫持,谁来管?》,载搜狐网,http://it.sohu.com/20161128/n474303248.shtml。

网站,被判破坏计算机信息系统罪。[1] 在这之后也出现过类似的案例,但是判决罪名并不相同,如吴某某等非法控制计算机信息系统、帮助信息网络犯罪活动案中,被告人吴某某租用控制端服务器后安装控制软件,通过暴力破解账号密码后植入木马程序的方式非法侵入并远程控制他人的计算机共计60余台,以每天100元/G的价格将流量出售给"阿布小组""8uc"等人,非法获利共计人民币20余万元。江苏省无锡市惠山区人民法院判决被告人构成非法控制计算机信息系统罪。[2]

我国三大电信网络运营商之一的中国联通属于网络接入服务提供者。中国联通利用手中的通道优势,在本拒绝与各种品牌广告合作的财联社的APP中强行植入广告劫持优质流量,与上述自然人非法控制、破坏计算机信息系统的行为并无二致。虽然此次中国联通涉诉案件只是一个民事案件,但是已经有自然人实施同样行为而承担刑事责任的案例,可以说中国联通的流量劫持行为构成破坏计算机信息系统罪、非法控制计算机信息系统罪中的实行行为。

(二)网络服务提供者的帮助行为

1. 帮助犯的体系地位、法规规定及司法案例

这一部分在帮助犯的语境下对网络服务提供者的帮助行为进行探讨,帮助犯是帮助正犯的人,"帮助犯=帮助行为+帮助故意",帮助故意属于主观罪过的内容,留待第五章详述,依照共犯从属性的学说,帮助犯的成立以被帮助者实施了犯罪行为为前提。[3] 帮助犯一般作为共犯在刑法总则中加以规定。《德国刑法典》第27条规定,对他人故意实施的违法行为故意予以帮助的,是帮助犯。《日本刑法典》第62条规定,帮助正犯的,是从犯。教唆

〔1〕 参见李姝徵、王治国:《上海浦东法院判决中国首例流量劫持刑案》,载中国新闻网,http://www.chinanews.com/sh/2015/11-10/7615761.shtml。

〔2〕 参见江苏省无锡市惠山区人民法院刑事判决书,(2016)苏0206刑初578号。

〔3〕 参见张明楷:《刑法学》(第6版),法律出版社2021年版,第564页。

从犯的，判处从犯的刑罚。《美国法典》第 18 篇第 2 条规定，任何人实施了有损于美国的犯罪行为，或者帮助（aids）、教唆（abets）、劝告、命令、引诱、收买他人实施该犯罪行为，应当作为主犯惩罚。[1] 美国《模范刑法典》第 2.06 条第（3）（a）（ii）款规定，任何人怀有促进犯罪或者使犯罪更加容易实施的目的帮助、同意帮助、试图帮助他人预备或者实行犯罪行为的，构成帮助犯。有些特别法还专门规定了网络服务提供者的共犯责任，如德国《远程媒体法》第8～10条规定网络服务提供者的责任豁免时，将网络服务提供者与服务接收者共同犯罪的情形排除在豁免之外。具体规定如下，网络接入提供者和网络缓存提供者故意地与服务接收者共同实施违法行为的，或者服务接收者在网络存储提供者的授权或者控制之下实施行为的，则这些网络服务提供者无法享受责任豁免。[2] 英国 2013 年《诽谤法》第 5 条第（11）款规定，如果原告能够证明网络服务提供者故意参与涉诉的诽谤陈述的发布，则根据该法所主张的抗辩失效。[3] 我国《刑法》总则没有帮助犯的概念，与之相关的是《刑法》第 27 条从犯的规定，"在共同犯罪中起次要或者辅助作用的，是从犯"。虽然也有学者将从犯解释为帮助犯，[4] 然而根据作用大小划分的从犯并不能与帮助犯画等号，因为帮助犯并非均起次要或者辅助作用，有时其重要性并不逊色于正犯，特别是在网络犯罪的环境下，帮助犯与正犯呈"一对多"的格局，帮助犯的社会危害性往往大于正犯。帮助犯在刑法条文中的缺位推动了我国立法者将特定帮助行为正犯化，以恰当评价帮助行为的社会危害性。

各国司法实践中存在大量以帮助犯为依据来追究网络服务提供者的刑事责任的案例。如 U. S. v. Dotcom et al. 案中，被告人 Dotcom 被指控共谋

---

〔1〕 18 U. S. C. A. § 2.

〔2〕 Telemedia Act § 8 – 10.

〔3〕 Defamation Act 2013 § 5(11).

〔4〕 参见张明楷：《刑法学》（第 6 版），法律出版社 2021 年版，第 508 页。

侵犯著作权罪、帮助和教唆侵犯著作权罪；日本文件分享软件 Winny 开发者金子勇一审被判处侵犯著作权罪的帮助犯；CompuServe 德国公司主管 Felix Somm 传输了 CompuServe 美国公司服务器中的儿童色情和极端暴力材料，被慕尼黑上诉法院认定为帮助犯；瑞典的 Pirate Bay（海盗湾）案中被告人被法院认定为共谋违反著作权法；[1] 阿根廷的 Taringa！案中被告人被法院认定为帮助侵犯著作权罪。[2]

2. 中立行为与帮助犯中帮助行为的界限划分

当网络服务提供者面临法律制裁风险时，"技术中立""技术无罪""技术并不可耻"的主张总会格外响亮。上述案例中的 Megaupload、Pirate Bay、Taringa！网站、Winny 软件、CompuServe 公司以及我国的快播播放器、我国台湾地区的 Kuro 网站均不是只能或者通常用于实施犯罪行为的工具，而是具有广泛的正当性用途的，提供这些网站和软件的行为是外表无害的"中立"行为。正如台北地方法院法官在 Kuro 案件判决中指出，"Kuro 软件是中性之科技，该科技之本身并无合法与否之问题，端视行为人如何运用之"。[3] 提供网站和软件的行为使正犯的犯罪行为更容易实施、危害更大，或助长了正犯的犯罪决意，在客观上帮助了正犯，"中立"行为的实施者是否可以成立帮助犯？

德国较早提到日常行为理论，实际上就是中立帮助行为理论。日常行为或中立帮助行为在何种情况下可罚，如何限定其处罚范围，防止日常业务行为遭遇过多的刑事法律风险是德国学者孜孜以求的目标。有论者从日常

---

〔1〕 STOCKHOLM DISTRICT COURT Division 5 Unit 52 Case no B 13301 - 06. 17 April 2009. pirate bay verdict, p. 15.

〔2〕 Claudio Ruiz Gallardo & J. Carlos Lara Gálvez, *Liability of Internet Service Providers (ISPs) and the exercise of freedom of expression in Latin America*, http://www.palermo.edu/cele/pdf/english/Internet-Free-of-Censorship/02, p. 24. *Taringa! Legal issues*, https://en.wikipedia.org/wiki/Taringa! #Legal_issues.

〔3〕 参见台北地方法院 2003 年度第 2146 号判决。转引自陈洪兵：《中立行为的帮助》，法律出版社 2010 年版，第 241 页。

行为者介入正犯行为的时间节点来讨论；另有论者从日常行为者对于正犯行为的认识程度来讨论。日本对于中立帮助行为的入罪也持限制态度，在技术路线因循了德国的做法，如刑法学者曲田统肯定了德国学者罗克辛对故意和不确定故意相区分的主张。除了这种折中说之外，对于中立帮助行为入罪的限制采取客观说，特别是源自德国的客观归责理论是日本的通说观点。

对于中立行为，从客观层面需考察中立行为与正犯行为之间的物理、心理因果关系，从主观层面需考察中立行为者对于正犯的犯罪决意是否存在确定的认识。即应当通过综合考虑正犯行为的紧迫性、行为人（帮助者）对法益的保护义务、行为对法益侵害所起的作用大小以及行为人对正犯行为与结果的确实性的认识等要素，决定“中立”行为（日常生活行为）是否构成帮助犯。[1]

在快播案中，一审法官否定了被告人“技术中立”的抗辩，理由在于，技术中立原则下的法律责任豁免仅适用于技术提供者，不适用于技术使用者。快播公司建构 P2P 网络平台并提供缓存加速服务，已然成为技术的使用者，并且是网络视频信息服务的提供者。[2] 快播公司为用户免费提供 QVOD 资源服务器程序和 QVOD 播放器程序，用户利用快播资源服务器程序将想要发布的视频文件生成特征码（hash 值），导出包含 hash 值等信息的链接，把该链接发布到网站上，并通过快播公司中心调度服务器与其他用户分享此视频文件，其他用户可以通过快播播放器程序对该链接进行解码，观看、下载、分享该视频文件。直到这里，快播提供软件程序的行为还是具有中立行为性的，因为网络播放器程序具有实质性非侵权用途，既可以用于播放合法视频，也可以用来播放违法视频，快播公司本身对于用户所播放的内容无法进行控制。但是，快播公司经监管部门、权利人多次告知自己的网站上流

---

〔1〕 参见张明楷：《刑法学》（第 6 版），法律出版社 2021 年版，第 570 页。

〔2〕 参见北京市海淀区人民法院刑事判决书，（2015）海刑初字第 512 号。

传着淫秽视频的情况下,对于淫秽视频的传播不管不问,已经丧失了行为的中立性,滑向可罚性的行为。并且,快播公司设置缓存服务器、构建缓存调度平台以及缓存服务器“抓取”“存储”视频文件的行为使用户的违法犯罪行为具有紧迫性。快播公司的先行行为产生了法益保护义务,且快播公司位于保护法益的有利地位,快播公司在配备缓存服务器、开发文件碎片化存储方法的同时对于用户利用软件程序造成法益侵害结果是有确定性的认识的。因而,快播公司及其主管跨越了中立行为与犯罪行为的边界,不适用于“技术中立”的责任豁免,应当按照犯罪论处。

有学者指出,“与传统中立帮助行为不同,网络中立帮助行为可以存在于没有正犯的案件之中”。“网络中立帮助行为的案件可以被分为两类情形:一类是存在正犯的情形,另一类则是不存在正犯的情形。”[1]不存在正犯的情形,指的是由于帮助行为的多发性、普遍性、严重性,立法者将其提升为正犯,为其设置单独的罪名、罪状、法定刑,进而在犯罪构成上与帮助犯区分开来。帮助信息网络犯罪活动罪即是其适例。这是网络服务提供者的实行行为所关注的对象。而这里讨论的网络服务提供者的帮助行为,必然以存在正犯为前提,这是共犯从属性的题中应有之义。如美国 Megaupload 被起诉实施帮助和教唆侵犯著作权犯罪时,检察官须确切地证明其所帮助的具体行为,且该行为也构成犯罪。具体而言,检察官须证明至少有一个用户故意地且出于商业目的实施了侵犯著作权的行为,只要证明犯罪行为发生过即可,无须先行宣告直接侵权的行为人构成犯罪。[2] 持共犯限制从属性说的学者认为,被帮助者仅有符合构成要件的违法行为,没有犯罪的故意,帮助者也可以构成犯罪。[3] “因特网犯罪绝不会强行要求将已经经受时间考

---

〔1〕 刘艳红:《网络中立帮助行为可罚性的流变及批判——以德日的理论和实务为比较基准》,载《法学评论》2016 年第 5 期。

〔2〕 Benton Martin & Jeremiah Newhall, *Criminal Copyright Enforcement Against Filesharing Services*, 15 North Carolina Journal of Law and Technology 120(2013).

〔3〕 参见张明楷:《刑法学》(第 6 版),法律出版社 2021 年版,第 564 页。

验的教义学工具弃置一旁,完全相反,新的课题应当在被证明过的受法治国家保障的方法框架之内加以解决。”[1]因此,在研究网络服务提供者的行为时,我们应当对传统意义上的帮助行为给予更多的关注,这才是司法实践中的常态。

(三)网络服务提供者的教唆行为

教唆犯是故意唆使并引起他人实施符合构成要件的违法行为。教唆犯与帮助犯的区别在于,前者是唆使他人产生犯罪决意,后者是在他人已经有犯罪决意的基础上,帮助其将犯意转化为危害行为,或者强化他人的犯意。在大陆法系国家,教唆犯和帮助犯一道构成狭义共犯,在英美法系国家,教唆犯(solicitor)作为一种独立的未完成罪(inchoate offenses),区别于作为共同犯罪的帮助犯(aider and abettor),不过美国也有少数州将教唆犯作为共同犯罪处理。[2] 在美国,帮助犯中也有教唆行为(abetting),这与教唆犯中的教唆(solicitation)有何区别?

Metro-Goldwyn-Mayer Studios Inc. v. Grokster 案中,美国最高法院判决 Grokster 构成诱导侵权(inducement of infringement),理由是被告以侵犯版权的目的促进软件的使用。这种目的通过明确的表示或者其他促进侵权的确定性的措施表现出来,在这种情况下,被告需要为第三方的侵权结果承担责任,即便软件有合法用途。[3] 在 U. S. v. Dotcom et al. 案和 Pirate Bay(海盗湾)案中,被告人在构成侵犯著作权罪的帮助犯的同时均有教唆、诱导的行为。比如面对著作权人请求移除侵权的种子文件时,海盗湾网站管理者非但拒绝此请求,而且在网上公开权利人的信件,并用非常粗俗的语言羞

---

〔1〕[德]埃里克·希尔根多夫:《德国刑法学:从传统到现代》,江溯、黄笑岩译,北京大学出版社 2015 年版,第 421 页。

〔2〕参见储槐植:《美国刑法》(第 3 版),北京大学出版社 2006 年版,第 111 页。

〔3〕Metro-Goldwyn-Mayer Studios Inc. v. Grokster 125 S. Ct. 2764 (2005), p. 2767, 2775.

辱权利人。[1] 海盗湾明确表现了对于著作权人及其著作权的蔑视态度,这等于在告知用户,在此网站上非法传播著作权受保护的作品是允许的,甚至是被鼓励的。诱导是教唆行为的体现,诱导侵权又是间接责任(secondary liability)的体现,民法中的间接责任在刑法中对应的就是帮助和教唆犯罪。无怪乎有学者认为,U. S. v. Dotcom et al. 案中的被告人因为用户上传侵权材料的行为而遭遇刑事诉讼,不过是对美国最高法院在米高梅公司诉 Grokster 案所采用的间接侵权原则的过度延伸。[2] 由此可见,帮助犯中的"教唆"指的是通过明确的表示或者确定性的措施来强化正犯的犯罪决意,实际上是对正犯起到心理性帮助的帮助犯,与教唆犯具有根本的区别。

在 Web2. 0 的背景下,网站一改信息灌输者的形象,成为人们交流观点、看法的平台,由主观意见的发表者日渐成为客观意见的展示者,进而渐渐保持中立。然而有些网站在提供技术架构的同时,还发起话题,诱导人们实施违法犯罪行为,如 www. rottenneighbor. com(糟糕的邻居)、http://dontdatehimgirl. com(姑娘们,不要和这个男孩约会)、www. hollabacknyc. com[提防(真实或臆想的)令人讨厌的人]。从这些网站的域名中可以看出,这些网站具有明显的导向性,鼓励人们甚至是奖励人们发表对他人不好的看法。在匿名的状态下、在戏谑的氛围中、在吐槽的快感中发表看法很可能因为哗众取宠、引发关注、营造话题而揭露他人隐私,使他人人格遭到贬损,构成侮辱行为,或者无中生有,虚构对他人不利的情形,构成诽谤行为。网站运营者虽然没有参与内容生成,但是其诱导用户发表侮辱、诽谤信息是否构成教唆行为?

---

[1] Michael Bogdan, *Cyberspace Pirates Walk the Plank Some Comments on the Swedish Judgement in the Pirate Bay Case*, 4 Masaryk University Journal of Law and Technology 115(2010).

[2] Benton Martin & Jeremiah Newhall, *Criminal Copyright Enforcement Against Filesharing Services*, 15 North Carolina Journal of Law and Technology 120(2013).

有学者认为，这类网站使用户可能触犯《德国刑法典》第185条及以下数条犯罪（主要指的是《德国刑法典》第14章侮辱之下的数个罪名），甚至推动了这些犯罪行为的实施。然而，这种招致或推动他人犯罪倾向原则上不可罚，原因在于缺乏充分的具体故意，如果网络服务提供者明知自己推动了一个特定犯罪，这自然就是可罚的。[1] 该论者回到教唆犯的定义，认为教唆犯是故意使特定的没有犯意的人产生犯意，而这种向不特定多数人提供可能用来实施犯罪工具的行为不能作为教唆犯处罚。诚然，面对网络服务提供行为，我们通常假定其为日常行为、中立行为。但如果此项网络服务只能或者通常用于实施犯罪行为，那么就丧失了行为的日常性、中立性，对于网络服务提供者可以帮助犯论处。比如日本有家公司出售一种设备，该设备安装在汽车前部时，即使夜间超速行驶，道路上的超速监控装置也无法对其进行摄影监控。日本大阪高等裁判所认为，公司董事的行为使他人实施超速驾驶变得容易，成立道路交通法上的超速驾驶犯罪的帮助犯。[2]

可以肯定的是，网络服务提供者存在教唆行为，《最高人民法院关于审理侵害信息网络传播权民事纠纷案件适用法律若干问题的规定》第7条第2款规定了网络服务提供者的教唆侵权行为。教唆侵权与帮助侵权均需承担间接侵权责任。然而，网络服务提供者虽有教唆行为，但缺乏教唆故意，故几乎不能构成教唆犯，当其提供的服务主要用于实施犯罪行为时，其可以构成帮助犯。

---

〔1〕 参见［德］埃里克·希尔根多夫：《德国刑法学：从传统到现代》，江溯、黄笑岩等译，北京大学出版社2015年版，第454页。

〔2〕 大阪高等裁判所2000年6月30日判决，日本《高等裁判所刑事判例集》第53卷第2号，第103页。转引自张明楷：《刑法学》（第6版），法律出版社2021年版，第570页。

第二节　网络服务提供者的危害结果

一、网络服务提供者危害结果的体现

根据刑法中的帝王条款——罪刑法定原则，罪与刑都由刑法确定，即定罪量刑受刑法分则各条犯罪构成的限制，网络服务提供者的刑事责任条款中既有《刑法修正案（九）》增设的新型信息网络犯罪，包括拒不履行信息网络安全管理义务罪、非法利用信息网络罪、帮助信息网络犯罪活动罪，又有对传统犯罪的扩张化解释适用，如传播淫秽物品牟利罪。[1] 这些犯罪的共同之处在于规定了特定的结果和情节，刑法中存在很多情节犯和情节加重犯的规定，这些情节是危害结果的体现，对于定罪量刑有重要意义，[2]因而上述网络服务提供者刑事责任条款中的特定结果和情节都属于危害结果。

具体而言，拒不履行信息网络安全管理义务罪的成立须具备特定危害后果，包括：致使违法信息大量传播的；致使用户信息泄露，造成严重后果的；致使刑事案件证据灭失，情节严重的；有其他严重情节的。这个规定有如下几个特征。其一，种类多，危害后果涉及面较广，包括了信息传播、信息泄露、证据灭失，换言之是不该传播的信息传播了，该保密的信息没有保密，该保存的信息没有保存，这些危害结果与信息密切相关，但信息的流动方向显然不同。其二，形式多，这里面既有情节的规定，如“情节严重”“其他严重情节”，又有结果的规定，如“造成严重后果”，然而归根结底都是危害结果。其三，严重性，危害结果中既有量的规定性又有质的规定性，前者如“违法信

---

〔1〕 参见杨彩霞：《多元化网络共犯行为的刑法规制路径体系之重构》，载《法学家》2019 年第 2 期。

〔2〕 参见王荆平、刘方：《我国刑法中的危害结果问题探讨》，载《武汉大学学报（哲学社会科学版）》1995 年第 3 期。

息大量传播”，后者如“用户信息泄露造成严重后果”“刑事案件证据灭失情节严重”“其他严重情节”，不管从量还是质的规定上来说，均指向严重的后果，联系到本罪的法定刑——三年以下有期徒刑、拘役或者管制，并处或者单处罚金——可知，本罪为轻罪，甚至有论者认为是轻微罪，[1]而本罪的法定危害结果却如此严重，根据本罪的行为表现——两次不履行义务，特别是经监管部门责令采取改正措施而拒不改正——可以推断出行为人对于危害行为和危害后果具有明知，进而可以推断出故意。然而本罪危害结果严重性与法定刑的轻微性倒挂现象使学者们质疑这一结论，由此产生了对于本罪主观罪过的众多争议理论——故意说、[2]直接故意说、[3]过失说、[4]模糊罪过说、[5]复合罪过说。这说明本罪的危害结果并不是独立存在的，作为犯罪构成要件要素，它与其他要素相互作用。对于危害结果的理解关系到本罪主观罪过的认定这一问题，本书第五章网络服务提供者刑事责任的主观要件部分将会深入探讨。其四，兜底性，本罪的危害结果中包含了“有其他严重情节的”兜底条款，兜底条款与罪刑法定原则存在一定的紧张关系，对该条款应当作何解释？“其他严重情节”又包含哪些情形？这些都是有待解决的问题。

非法利用信息网络罪、帮助信息网络犯罪活动罪均以“情节严重”作为犯罪成立条件。传播淫秽物品牟利罪中，“情节严重”和“情节特别严重”分

---

〔1〕 参见郑丽萍：《轻罪重罪之法定界分》，载《中国法学》2013年第2期。

〔2〕 参见赵秉志、詹奇玮：《论拒不履行信息网络安全管理义务的罪过形式》，载《贵州社会科学》2019年第12期。

〔3〕 参见谢望原：《论拒不履行信息网络安全管理义务罪》，载《中国法学》2017年第2期。

〔4〕 参见李本灿：《拒不履行信息网络安全管理义务罪的两面性解读》，载《法学论坛》2017年第3期；葛立刚：《网络服务商不作为刑事责任的边界》，载《西南政法大学学报》2016年第6期；陆旭：《网络服务提供者的刑事责任及展开：兼评〈刑法修正案（九）〉的相关规定》，载《法治研究》2015年第6期；陆旭、王文萍：《网络涉罪行为刑法规制论要——兼评〈刑法修正案（九）〉相关规定》，载《北华大学学报（社会科学版）》2016年第1期；杨勖：《论互联网服务提供者的刑事责任位阶——从“快播案”说起》，载《北京政法职业学院学报》2016年第3期。

〔5〕 参见陈洪兵：《论拒不履行信息网络安全管理义务罪的适用空间》，载《政治与法律》2017年第12期。

别对应着两档法定刑的升格条件。本罪基本法定刑是三年以下有期徒刑、拘役或者管制,并处罚金;升格法定刑是三年以上有期徒刑,并处罚金。从快播案的生效判决来看,4 名被告人分别被判处三年至三年六个月不等的有期徒刑,20 万元至 100 万元不等的罚金刑,[1]可见这是在升格法定刑项下作出的判决。

综上可知,作为《刑法修正案(九)》增设的新型信息网络犯罪,法定危害结果是入罪的条件,而适用于网络服务提供者的传统犯罪中,法定危害结果是法定刑升格的条件,基本犯无须具备,只有加重犯才须具备。这样一比较可以看出前者对于网络服务提供者刑事责任的承担设置了更高的门槛,对于其入罪设定了更严格的要求,有了这种门槛和要求,网络服务提供者构成犯罪的概率更小。由此可知,在《刑法修正案(九)》大量增设信息网络犯罪的背景下,一方面凸显了对于信息网络犯罪依法从严治理的态势,另一方面体现了对于网络服务提供者的犯罪行为适当从宽的取向。因而网络服务提供者危害结果的刑法规定再一次印证了本书第一章提出的“对网络服务提供者刑事责任的刑事政策是适当从宽”的判断。

二、网络服务提供者危害结果的认定

网络服务提供者刑事责任条款关于危害结果的表述中既有定性的表达,也有定量的表达,纵观以上案例,仍然存在诸多待解问题。其一,拒不履行信息网络安全管理义务案判决提到了行为人获利的情况,动辄十万甚至几十万。胡某、朱某提供互联网非法接入,何某某、李某某提供网上赌博平台,行为人从违法行为中获利是违法所得。“违法所得数额较大”无法被解释进本罪罪状中违法信息大量传播、用户信息泄露、刑事案件证据灭失这三种情形。《信息网络解释》第 6 条对本罪中“有其他严重情节”进行解释,采

[1] 参见北京市海淀区人民法院刑事判决书,(2015)海刑初字第 512 号。

用明确列举加兜底条款的方式,前六项明确列举了拒不履行信息网络安全管理义务造成的严重情节,第七项以"其他严重违反信息网络安全管理义务的情形"来概括未尽事宜,这属于对本罪"有其他严重情节的"兜底条款的再兜底。"违法所得数额较大"并不属于《信息网络解释》第6条明文列举的任何一种情形,能否被解释进本条"其他严重违反信息网络安全管理义务的情形"?此外,违法所得数额较大中"数额较大"的定量标准为何?违法所得的数额又该从何时累计计算?其二,快播采取了碎片化存储的技术手段,其服务器中存储的是碎片文件而不是完整的视频文件,在这种情况下视频文件指的是碎片文件还是完整文件,这两者在数量上如何折抵?淫秽视频文件的数量达到多少才算得上"大量"?归根结底在于作为违法信息载体的淫秽"视频文件"应当如何认定?其三,"传播"既表示传播的动作、行为,又表示广为人知的状态、结果,作为结果要件的传播应如何认定?为网络用户非法提供境外互联网访问是否等同于传播违法信息?

(一)"违法所得数额较大"的认定

1. "违法所得数额较大"的法律定位

(1)网络服务提供者获得违法所得具有普遍性

"法律不理会琐碎之事",[1]只有当特定情形的发生具有普遍性和较大危害性才可能纳入兜底条款之中。网络服务提供者钻市场经济和法律制度的漏洞,实施违法犯罪行为,非法牟利的情况不少见。这既扰乱了市场经济秩序,又妨害了法律秩序,对其他诚信经营的市场主体不公平。

(2)网络服务提供者获得违法所得具有侵害性

犯罪的本质是法益侵害性,"在增设新罪时,必须坚持法益保护主义"。[2] 网络服务提供者获得违法所得明显损害网络空间的运行安全、信息安全,严重冲击"政府—网络服务提供者"二元制的信息网络安全管理体制,

---

[1] 张明楷:《刑法格言的展开》(第3版),北京大学出版社2013年版,第166页。

[2] 张明楷:《网络时代的刑事立法》,载《法律科学》2017年第3期。

侵害了本罪保护的法益。

(3)网络服务提供者获得违法所得具有相当性

网络服务提供者获得违法所得须与本罪明文列举的三种特定情形具有“质”和“量”的相当性才可归入本罪的兜底条款。绕过防火墙查阅有害信息俗称“翻墙”,该行为本身被行政法规禁止,[1]违法提供国际信道供他人“翻墙”查阅信息亦是违法的。胡某、朱某为用户提供 VPN 供其访问国内 IP 不能访问的境外互联网网站并收取一定费用,使用户接触到通过合法渠道无法接触到的信息,这些信息是通过人工筛选因存在违法性而被阻隔在“防火墙”之外,属于违法信息,因而胡某、朱某的行为可以解释为传播违法信息,因为“传播”并不仅仅指将信息发送到接收者那里,还包括向用户开放通道,供其获取信息。网络服务提供者为他人非法提供访问通道牟利的行为充足了“特定情形”质的相当性。

上述案件中,总共有 2000 余名用户使用其服务访问国外网站,胡某违法所得数额人民币 236, 167 元,粗略估计每个用户为使用胡某的服务支付了 118 元。朱某为 478 个人提供非法接入收入人民币 40, 350 元,粗略估计每个用户为使用朱某的服务支付了 84. 4 元。根据“理性经济人”假设,在商品交易的过程中,消费者觉得物有所值甚至物超所值才会支付对价,随着全面提速降费的 5G 时代的到来,网络用户愿意花 100 元左右借用网络服务提供者搭建的信道访问特定内容,不难想见,其访问的内容具有很强的吸引力,且通过正常渠道无法访问。花费巨大经济代价获取通过正常渠道无法获取的信息使网络服务提供者和用户共同铤而走险。另外,从使用人次来看,动辄几百上千的访问数量和使用人次量,达到《信息网络解释》第 3 条第 4 项对于数量的要求,向 2000 个以上用户账号传播违法信息的属于违法信息大量传播的情形,胡某显然符合这一情形。最后,从获利金额来看,这些案件

[1] 《计算机信息网络国际联网安全保护管理办法》第 5 条第 6 项。

当中,被告人获利均不菲,从几万元到几十万元不等,单个用户为其支付的金额也不是小数目。网络服务提供者为他人非法提供访问通道牟利的行为充足了“特定情形”量的相当性。综上,违法所得数额较大可以被包含在“其他严重情节”当中。

2.“违法所得数额较大”的起算标准

《信息网络解释》在阐释帮助信息网络犯罪活动罪“情节严重”标准时给出了违法所得的数额标准,包括支付结算金额 20 万元以上、违法所得 1 万元以上的均在此列。另外非法利用信息网络罪中“违法所得一万元以上”亦属于情节严重。同为新型信息网络犯罪,且刑法均未以牟利作为犯罪条件,本罪可比照非法利用信息网络罪、帮助信息网络犯罪活动罪,将违法所得 1 万元以上作为 “有其他严重情节”的情况。

3.“违法所得数额较大”的起算时间

被告人对于行政主管部门的责令改正通知不闻不问才凸显了其漠视甚至是藐视法律规范的行为与意志,因此,点击量、违法所得数额认定的起算点应当是监管部门责令其采取改正措施拒不改正。这包含两方面内容:其一,监管部门责令其采取改正措施拒不改正后新增的点击量和违法所得数额;其二,监管部门责令其采取改正措施以前就存在因为拒不改正而继续存在的点击量和违法所得数额。

(二)关于“视频文件”的认定

首先,碎片文件是否可以认定为文件?本书认为,原文件、种子文件、碎片文件都是技术层面的区分,而下载者观看的是完整的文件,碎片文件并不能作为规避处罚的借口。其次,碎片文件与文件在“量”上如何折抵?作为法益侵害结果的违法内容的“量”的认定应当以文件个数为准,而不是碎片文件的数量。只要经由特殊的解码程序,碎片文件就可以还原为完整文件。

一部时长为2小时20分钟的电影大小为1.6GB,[1]而根据快播公司的设定,一个碎片文件大小约为32MB,一个完整文件可以分割为51.2个碎片文件,大概51个碎片文件可以折抵一个完整文件。根据《信息网络解释》的数额规定,快播公司服务器中存在的21,251个淫秽视频文件已经远远超过成立传播淫秽物品牟利罪、传播淫秽物品罪、拒不履行信息网络安全管理义务罪的数额标准,暂且不论被告人是否有牟利目的,单凭其存放的淫秽视频数量而言,足以构成违法的初步证明。但是,问题又来了,如何证明快播服务器中的淫秽视频文件被"传播"?

(三)关于"传播"的认定

"快播案并没有获取调度服务器(包括中心调度服务器和缓存调度服务器)中的关键数据。""用户从缓存服务器下载淫秽视频的数量,特别是用户下载淫秽视频文件时由快播公司缓存服务器提供支持(加速服务)的比例亦无从知晓。"[2]但被存储在缓存服务器中的视频文件是经过机器"筛选"的,被抓取、存储的阈值是由快播公司事先设定并可以进行调整的。用户利用其资源服务器上传、下载、播放淫秽视频文件,快播公司"能阻止而不予阻止的",造成了淫秽视频大量传播的结果,已经充足了不作为犯罪的客观方面,在这之外提供缓存调度服务器的行为只是使其负有更大的注意义务,缺乏缓存调度服务器具体造成的损害结果的证据,并不会影响案件的审判。

为网络用户非法提供境外互联网访问是否等同于传播违法信息的问题亦有赖于对于"传播"的理解。《辞海》对"传播"的文理解释有两个义项,其一,广泛散布,如传播消息;其二,在传播学中,指人与人之间通过符号传递信息、观念、态度、感情,以此实现信息共享和互换的过程。[3]可见"传播"指

---

[1] 以电影《血战钢锯岭》为例,时长2小时19分钟,大小1.57GB。

[2] 范君:《快播案犯罪构成及相关审判问题——从技术判断行为的进路》,载《中外法学》2017年第1期。

[3] 参见《辞海》(第6版),上海辞书出版社2016年版,第259页。

的是使信息扩散的行为，也可以泛指信息广泛流传的状态，至于传播的行为方式和传播过程中信息的流向未做限定。快播案中，有论者认为其是以“陈列”方式传播淫秽物品。[1] 网络服务提供者为网络用户非法提供境外互联网访问，在违法信息和网络用户之间充当媒介，将网络用户引向违法信息，使网络用户本不该获取这些信息而获取了，这种方式与积极主动向其提供违法信息并无二致。因此，为网络用户非法提供境外互联网访问等同于传播违法信息。

第三节　网络服务提供者的结果归责

承接前两节，本节针对网络服务提供者不作为行为的结果归责和帮助行为的结果归责展开分析。总体上我国近年来的因果关系论并未采取单一学说，而是以“条件说”或“相当因果关系说”为基础，吸收“客观归责论”等学说的合理内容，兼容并蓄、独树一帜。[2]

一、网络服务提供者不作为行为的结果归责

“不作为犯原本就没有任何自然意义上、物理上的原因力，不作为行为和结果之间的因果关系原本就是和作为犯不同的，二者的等价性并不体现在对结果的因果关系和自然原因力上，而是体现在归责理由的实质相同上。”[3]“作为犯与不纯正不作为犯的构造完全不同，前者设定了由行为产生的向法益方向发展的因果关系，并支配、操纵这一因果关系来侵害法益，后者是不阻止已经产生的向侵害法益方向发展的因果关系，以放任这一不

---

[1] 参见张明楷：《快播案定罪量刑的简要分析》，载《人民法院报》2016年9月14日，第3版。

[2] 参见黎宏：《刑法学总论》（第2版），法律出版社2016年版，第91页。

[3] 周光权：《犯罪支配还是义务违反——快播案定罪理由之探究》，载《中外法学》2017年第1期。

作为来实现侵害法益。从自然主义角度来看,不作为没有原因力。为了使不纯正不作为犯在构成要件方面价值相等,不作为行为人在实施该不作为以前,必须存在自己设定向侵害法益方向发展的因果关系的情形。"〔1〕作为和不作为的区分向来是一个难点问题,德国刑法学界提出了"能量投入说"的观点来尝试辨析两者,即考察主动的能量投入行为是否与结果之间存在客观归责的关系来判断是否属于作为行为。〔2〕

由此,客观归责是判断不作为行为和危害结果之间是否存在直接的刑法上的因果关系的有力理论工具。下文以客观归责理论来判断快播案被告人的行为与危害结果之间的关系。

第一,快播公司未履行信息网络安全管理义务的行为提高了法律所不允许的风险。快播公司及其主管人员属于网络服务提供者,向网络用户提供互联网访问通道和缓存空间的服务时,处于保证人地位,具有保证人义务,应当在合理注意义务范围内保证自己所传输、缓存、存储的信息合法。如果快播公司履行了信息网络安全监管义务,那么淫秽视频文件得以传播的事实十有八九不会发生。〔3〕"用户点播(快播帮助链接)达到一定次数即可能被拉拽存储,存储的视频可能在下一次点播时被指令直接提供,如此不断交替,融为一体。从这个意义上说,快播在'不作为'以前,就已经通过技术手段设定了向侵害法益方向发展的因果关系。"〔4〕"不作为人在实施该不作为以前,必须存在自己设定向侵害法益方向发展的因果关系的情形。"快播公司所采取的技术手段与帮助淫秽视频传播的实际效果的确是交织在一

〔1〕 参见[日]日高义博:《不作为犯的理论》,王树平译,中国人民公安大学出版社 1992 年版,第 77~112 页。

〔2〕 参见王华伟:《网络服务提供者刑事责任的认定路径——兼评快播案的相关争议》,载《国家检察官学院学报》2017 年第 5 期。

〔3〕 参见周光权:《犯罪支配还是义务违反——快播案定罪理由之探究》,载《中外法学》2017 年第 1 期。

〔4〕 范君:《快播案犯罪构成及相关审判问题——从技术判断行为的进路》,载《中外法学》2017 年第 1 期。

起的。这些观点再次凸显了快播公司未履行信息网络安全管理义务所造成的风险增高的后果。

第二,快播公司实现了法律所不允许的风险。传播淫秽物品数量较大的行为是被法律禁止的,轻则触犯《治安管理处罚法》,严重的可能触犯《刑法》,因而造成淫秽视频大量传播显然是实现了法律所不允许的风险。与此同时,快播公司非法营利数额巨大,2013 年,快播公司的销售额为 3 亿元,其中与淫秽视频和侵权盗版相关的销售额就占到了 1.8 亿元。[1] 快播案一审判决书指出,“快播公司明知其网络上淫秽视频传播和公司盈收增长之间的因果关系,仍放任其网络系统被继续用于传播淫秽视频,应当认定为具有非法牟利目的”。

第三,快播公司实现的风险位于构成要件范围内。快播公司及其主管人员提供资源服务器和播放器且未恰当履行信息网络安全管理义务,造成淫秽视频大量传播,并从中牟取巨额非法利益,其行为完全符合传播淫秽物品牟利罪的犯罪构成,此外还多出了拒不履行信息网络安全管理义务的要件要素。同理,行为人的行为符合拒不履行信息网络安全管理义务罪的犯罪构成,此外还多出了牟利的要件要素。因而本案中,行为人的行为不仅符合特定犯罪的构成要件,还有超出该犯罪的构成要件的部分,出现了想象竞合的情形,只是因为快播公司及其主管人员的行为产生在拒不履行信息网络安全管理义务罪的罪刑规范生效之前,基于法不溯及既往的原理,适用传播淫秽物品牟利罪。很显然,快播案中被告人实现的风险位于构成要件范围内。

在快播案这一网络服务提供者典型刑事案例中,客观归责理论展现了危害行为与危害结果之间的因果关系流程。既然快播案被告人承担刑事责任的行为依据很大程度上表现为拒不履行信息网络安全管理义务,客观归

---

〔1〕 参见袁国礼、顾梦琳:《快播被查服务器藏数万淫秽视频 年销售 1.8 亿元》,载央广网,http://news.cnr.cn/native/news/20140925/t20140925_516501234.shtml。

责论同样可以证成拒不履行信息网络安全管理义务罪当中危害行为与危害结果之间的因果关系。拒不履行信息网络安全管理义务罪是典型的网络服务提供者犯罪,亦是典型的真正不作为犯罪,这里面创设或升高法律所不允许风险的体现就在于屡次不履行信息网络安全管理义务,不履行特定主体的保证人义务,实现法律所不允许的风险体现在造成了违法信息大量传播、用户信息泄露、刑事案件证据灭失等危害后果。这些风险都是在构成要件框架内实现的。信息网络安全管理义务、危害结果、危害行为均由《刑法》明文规定,因而,由客观归责论得出网络服务提供者不作为行为与危害结果之间存在因果关系是不言而喻的。

二、网络服务提供者帮助行为的结果归责

网络用户直接实施危害行为,网络服务提供者并未直接实施危害行为,只是未尽到监管义务而造成了危害结果的扩大化,实际上仅实施了帮助行为。即便《刑法修正案(九)》增设了帮助信息网络犯罪活动罪,将网络服务提供者的行为提升为正犯行为加以处罚,还是不可否定其具有帮助行为性质。实际上,拒不履行信息网络安全管理义务的行为客观上起到帮助的作用,也具有帮助行为的性质,基于刑事政策的考量,通过立法途径将其作为正犯处罚,体现为平台责任。

帮助犯与不作为犯之间颇有渊源。"正犯行为与结果发生直接的因果关系,具有强烈的原因力,因此,'不得侵害法益'的刑法规范是第一次性地向作为者发出的;正犯背后的不作为者狭义的排他性支配由此被排除,其对结果的发生仅有间接的因果关系,原因力较弱,不作为者因为没有遵守规范、未制止他人的作为而第二次性地、补充性地承担法益保护的任务,对其以帮助犯论处就是合适的。"[1]在帮助犯与不作为犯中,帮助行为与不作为

[1] 周光权:《犯罪支配还是义务违反——快播案定罪理由之探究》,载《中外法学》2017年第1期。

行为和危害结果之间的因果关系均属于间接因果关系。法谚有云,原因的原因是结果的原因,间接原因作为结果的发生原因具有充分的刑法根据。[1]

对于网络服务提供者实施帮助行为的情况,应当如何认定其与危害结果之间的关系?"促进的因果关系说"提出了解决方案,该说对条件说做出了修正,认为帮助行为与正犯结果之间不需要具备完全的条件关系,只需要"促进或使其变得容易"即可。[2] 该说的提出是由帮助犯特殊性决定的。在共犯处罚依据的问题上,主要有三种学说:其一,责任共犯说,由于共犯者将正犯者引诱至责任与刑罚中,所以共犯者应当受处罚;其二,不法共犯说,由于共犯者诱使正犯者实施了符合构成要件的不法行为,或者以某种援助行为促进了不法的正犯行为,所以共犯者应当受处罚;其三,因果共犯论,共犯介入正犯的行为引起了法益侵害结果。[3] 前两种理论因诸多缺陷饱受批判而日渐式微,当前共犯处罚依据的主流学说是因果共犯论。解决了帮助犯的处罚依据之后,就该讨论对帮助犯所适用的因果关系学说了。既然帮助犯的可罚性在于通过正犯者间接地侵害了法益,那么可以说帮助行为促进了正犯结果的实现,这正是"促进的因果关系说"的核心内容。采取该说应当注意的是:第一,帮助行为直接作用于正犯的实行行为,通过加工正犯行为使结果更容易实现,然而因果关系始终存在于帮助行为与正犯结果之间,而不是存在于帮助行为与正犯行为之间;第二,当正犯犯罪未遂,帮助行为的影响虽未能及于犯罪结果的实现,但还是使正犯的实行行为更容易实施,根据"促进的因果关系说",应当肯定未遂的帮助犯的可罚性。[4]

一般而言,帮助犯对于正犯结果的促进体现在两个方面,物理上的帮助

---

〔1〕 参见张明楷:《刑法格言的展开》(第3版),北京大学出版社2013年版,第257~260页。

〔2〕 参见陈家林:《论帮助犯的因果关系》,载林维主编:《共犯论研究》,北京大学出版社2014年版,第402页。

〔3〕 参见张明楷:《刑法学》(第6版),法律出版社2021年版,第549页。

〔4〕 参见张婷:《中德网络帮助犯规制体系之评介反思》,载《重庆邮电大学学报(社会科学版)》2017年第1期。

(有形的、具体的帮助)以及心理上的帮助(无形的、抽象的帮助)。心理上的帮助体现为正犯意识到他人对于自己犯罪的心理支持,进而更有底气地实施犯罪行为。在片面帮助犯的场合,帮助者自愿实施帮助行为,未与正犯形成意思联络,正犯对于有人暗中给予帮助的行为浑然不知,这时不认为存在心理上的帮助。网络服务提供者的帮助行为多半属于这种情况。在移动互联网时代,网络已经与日常生活融为一体,上网就像呼吸一样自然。正犯在利用信息网络实施犯罪行为时,或许根本就没有意识到网络服务提供者的存在,更别提意识到网络服务提供者为自己实施犯罪行为提供了便利。就网络服务提供者这一方而言,当其明知他人正在利用信息网络实施犯罪行为时,还为其提供技术支持和帮助的,就可能构成片面的帮助犯。因而网络服务提供者的帮助行为主要体现为物理上的帮助。从技术功能上划分,网络服务提供者可以分为网络接入提供者、网络缓存提供者、网络存储提供者、搜索引擎提供者,网络用户可以利用这些服务实施诽谤、诈骗、传播淫秽物品、发布虚假广告等犯罪行为。

网络服务提供者的行为特殊性集中体现于中立帮助性,各国对于中立帮助行为的处罚持限制态度。中立帮助行为较之于帮助犯的帮助行为,具有日常性、中立性、反复实施性的特点,而不是针对特定对象,以一次或几次为足,因而两者在因果关系判断上是存在差异的。基于此,有学者提出了从因果关系出发来限定中立帮助行为成立帮助犯的范围的思路。

第一个进路是假定的代替条件考虑理论。该理论由日本学者岛田聪一郎提出,具体方法是将现实化的可能性较高的假定事实作为判断要素,考量帮助行为是不是使正犯行为发生具体结果的盖然性提高的唯一可能。如果得出肯定结论,则该帮助行为可以作为帮助犯处罚;反之,不得作为帮助犯处罚。[1]

---

〔1〕 参见刘艳红:《网络中立帮助行为可罚性的流变及批判——以德日的理论和实务为比较基准》,载《法学评论》2016年第5期。

该理论在我国也不乏响应者。[1] 我们可以设想一下网络服务提供者的行为过程中的可替代条件：其一，网络服务以外的方式替代了网络服务，如行为人既可以将网络存储提供者的服务器作为淫秽视频文件的中转站，往里面放置淫秽视频文件，并向他人提供，也可以弃用网络传播这一条途径，转而投向出版者，发行淫秽书刊并在街头分发；其二，不同的网络服务之间相互替换，如行为人之前是百度云盘的忠实粉丝，将自己手头上的“枪版”电影都放到百度云盘里面与他人分享，之后听朋友说快播软件的使用体验很好，便转而利用快播资源服务器软件上传“枪版”电影。在第一种情况下，利用传统媒介传播和利用互联网传播的速率是不可同日而语的，正如步行赶不上开车，两者根本没有竞争的可能性，因而也不存在替代可能性。第二种情况下，不管用户选择哪家网络服务提供者的服务，结果的产生均可以溯源到网络服务提供者的危害行为，最终承担责任的主体依然是网络服务提供者，这种假设的替代没有任何意义。综合考量，在网络服务提供者危害行为与结果之间的因果关系中，可替代的充分条件并没有太大意义。该论者试图以网络服务提供者的服务可以被替代，进而认为特定类型的信息网络技术被利用于犯罪活动属于社会固有风险，最终否定网络服务提供者的帮助行为与正犯结果之间的因果关系，这个论证思路并不可取。

第二个进路是客观归责论。这是一种限定因果性理论，以客观归属论来判断帮助行为是否存在物理因果性，从心理或精神上是否促进了正犯行为及结果的发生来判断帮助行为是否存在心理因果性。客观归责理论指的是因果关系可以客观归责于行为人的行为。对于存在事实上因果关系的情况（如符合条件说），但是行为人的行为没有引起法律所不容许的风险，因而不能将结果归责于行为人。[2] 可见，客观归责理论被用于限缩构成要件因

---

〔1〕 参见刘宪权：《论信息网络技术滥用行为的刑事责任——〈刑法修正案（九）〉相关条款的理解与适用》，载《政法论坛》2015 年第 6 期。

〔2〕 参见郑逸哲：《“一句到位”之“微刑法”》，载微信公众号“刑事法前沿推介”（ID：xsfqytj）。

果关系要素成立范围，将其引入中立帮助行为的判断，的确能起到限制处罚范围的作用。该学者强调以客观方面，特别是帮助行为与正犯结果之间的物理、心理因果关系的限定来限制中立帮助行为的可罚范围，至于主观方面要素，特别是故意只能揭示主观恶性程度，不能影响定罪，只影响量刑。[1]同时，存在与之针锋相对的观点认为，在中立的帮助行为是否构成帮助犯的案例中，帮助行为均促进了正犯结果的发生。所以，中立帮助行为是否构成帮助犯不在于因果关系，而在于如何认定帮助行为与帮助故意。[2] 这两种对立观点不外乎是对于中立帮助行为限制处罚的客观说和主观说的交锋。

从因果关系的角度来限制中立帮助行为处罚范围的思路本身是值得肯定的。笔者认同利用客观归责论来限制中立帮助行为的处罚范围的观点，只有当中立行为制造了法律所不允许的危险，而不是必须被容忍的社会风险，并且行为人在构成要件范围内实现了此种危险，才可以将危害结果归责于行为人。然而在判断网络服务提供者是否制造了法律所不允许的危险时，应当慎用可替代的充分条件。一是尊重因果事实的客观历程，应当就帮助行为是否实际地促进了正犯行为及结果作出判断，不得添加假定的要素；[3]二是基于现实情况，就网络服务的特征而言，实在难以找到与之效果相匹配的替代因素。

诚然，基于帮助犯和不作为犯的亲缘关系，网络服务提供者帮助行为和危害结果之间的因果关系可以参照本节第一部分内容，即利用客观归责论展开分析。首先应判断行为是否造成了法律所不允许的风险。然而按照罗克辛的观点，帮助犯的客观归责第一步应当调整为使被害人的风险升高，并

---

〔1〕 参见孙万怀、郑梦凌：《中立的帮助行为》，载《法学》2016年第1期。

〔2〕 参见陈家林：《论帮助犯的因果关系》，载林维主编：《共犯论研究》，北京大学出版社2014年版，第417页。

〔3〕 参见陈家林：《论帮助犯的因果关系》，载林维主编：《共犯论研究》，北京大学出版社2014年版，第410页。

相应使正犯提升实现结果的机会。[1]“使正犯提升实现结果的机会”是帮助犯行为之于结果的因果关系中多出来的部分，亦是区分于不作为犯的特征，就网络服务提供者的帮助行为而言，因其服务内容的独特性，这种帮助行为带有中立帮助的色彩，或者称为“日常的行为”。“对于区分‘日常的行为’可罚还是不可罚，关键点在于，日常行为如何促进、保障犯罪或者使犯罪可能。相应的帮助对于主行为的因果影响只是一种‘任意’的影响，还是一种有助于正犯的、(特别是)正犯所需要用来达成主行为的犯罪目标的手段。”[2]因此，帮助行为是否有使正犯提升实现结果的机会、这种提升是一种任意的影响还是必要的手段，是网络服务提供者的行为是否可罚、可罚的危害行为与危害结果之间是否存在因果关系的关键问题。这些问题是在网络服务提供者的帮助行为的结果归责中使用客观归责论时需要特别注意的。

就客观归责论的基础——“制造或者升高法律不允许的风险”——在中立帮助行为中如何体现，有两种不同的观点，第一种主张对“技术风险”进行类型化，第二种主张综合判断。前者认为，只有当中立帮助行为客观上帮助了“侵犯国家安全、国防利益、军事职责、公共安全和暴力侵犯公民人身法益”的犯罪行为，那么行为具备过当性、丧失中立性、符合可罚性。[3] 然而，只有造成这些严重后果的帮助行为才属于制造或升高法律不允许的风险吗？法律不允许的风险远不限于此，危害性也未尝有如此严重。这些列举虽然详尽，但难免挂一漏万，而且量定何种风险或侵害属于法律不允许的风险，这本身就难以类型化，需要通过刑事政策的考量来实现。在对网络服务提供者刑事责任适用的具体刑事政策坚持“适度从宽、以严济宽”的取向的背景下，应当纳入考量范围的帮助行为远不止于此，还有传播恐怖活动材料

---

[1] 参见符天祺:《帮助犯的结果归责》，载《刑事法评论》2017 年第 2 期。

[2] [德]乌尔斯·金德霍伊泽尔:《刑法总论教科书》，蔡桂生译，北京大学出版社 2015 年版，第 455 页。

[3] 参见熊亚文、黄雅珠:《帮助信息网络犯罪活动罪的司法适用》，载《人民司法(应用)》2016 年第 31 期。

和传播儿童色情材料的犯罪行为。因而,这种类型化和充分列举的做法并不是特别可取。[1] 后者认为,从客观上判断中立帮助行为是否制造了法所不允许的危险,则应综合考虑正犯行为的紧迫性,帮助者对法益的保护义务,行为对法益侵害所起的作用大小以及行为人对正犯行为与结果的确实性的认识等要素,妥当地得出结论。[2] 这种综合考察的观点与"高度盖然性规则"不谋而合。"高度盖然性规则"是由日本最高裁判所在审理 Winny 软件开发者金子勇涉嫌帮助侵犯著作权案时开发出来的认定帮助犯成立的规则:其一,当一个人认识并容认使用软件程序所带来的侵犯著作权的具体的、紧迫的风险时,还发布并提供软件程序,并且此种侵犯著作权的行为已经实际发生;其二,根据软件程序的性质、软件程序的客观使用情形,以及提供软件的方法,在那些获取软件程序的人之间,很多人极有可能使用软件来侵犯著作权,这种可能性高到不能作为例外被容忍,提供者在认识并容认此种高度盖然性时仍发布并提供软件。[3] 从这套规则当中不难看出,正犯行为侵害法益具有具体的、紧迫的风险;帮助者因处于保证人地位而负有一定的法益保护义务;帮助行为对于促进法益侵害所起的作用较大;帮助者对于正犯利用其帮助所实施的行为以及所造成的结果具有确实性认识。

"高度盖然性规则"实际上回答了这一部分提出的问题,即符合高度盖然性规则的中立帮助行为事实上提升了正犯实现结果的机会,并且这种提升是正犯实现危害结果的必要的手段而非任意的影响。因此"高度盖然性规则"是解锁客观归责论适用于网络服务提供者帮助行为结果归责的钥匙。这一套规则是否可以为我国所借鉴?我国已有学者将该规则引入并冠名为"全面考察说",当然要深入细致区分的话,该论者在介绍日本三级法院对于

---

[1] 参见敬力嘉:《网络参与行为刑事归责的"风险犯"模式及其反思》,载《政治与法律》2018 年第 6 期。

[2] 参见张明楷:《刑法学》(第 6 版),法律出版社 2021 年版,第 570 页。

[3] 最高裁判所 2011 年 12 月 19 日判决,最高裁判所刑集 65 卷 9 号 1380 页,案号:2009(A)1900,载 http://www.courts.go.jp/app/hanrei_en/detail? id = 1131。

Winny 案判决所开发的规则时，将大阪高等裁判所以及日本最高裁判所开发的规则分别概括为“全面性考察”标准和“新全面性考察”标准。根据该论者引入这套理论并本土化的结果，“新全面性考察”标准指的是“对于网络中立帮助行为的所有受助者如何使用该帮助行为进行全面性的评价，进而得出该中立帮助行为是否构成相应的犯罪”。[1] “新全面性考察”是否在我国司法实践中得以应用？提出该理论的学者认为没有，笔者不敢苟同。就快播案而言，北京市公安局从快播服务器中提取了 29，841 个视频文件，经过鉴定，其中 21，251 个均是淫秽视频，淫秽视频的比例占到了总体视频的 70%，淫秽视频数量之大、占比之高，已经证实在获取软件程序的人之间，很多人极有可能使用软件来实施违法犯罪行为，这种可能性高到不能作为例外被容忍。

第三个进路是主观归责论。客观归责理论采用理智的第三人视角判断帮助犯的风险升高，但对于行为人的特定认知未予以充分考量，而且悄然运用假设因果关系，这些都是难以克服的弊端。有论者因而主张对帮助犯采用主观归责的方法。主观归责与客观归责的区别在于，对于制造或者升高法律所不允许的风险的认识并非采用客观第三人的标准，而是以行为人所认识到的客观事实为依据，即行为人认识到的客观事实如果与法律不允许的风险相关，且该风险在侵害结果中得以实现，侵害结果能归责于行为人。[2] 这一观点不无道理。犯罪是主客观要素的统一，可罚的帮助行为亦是如此，帮助者客观上对于正犯行为起到加功和帮助的作用，主观上需要对于自己制造或者升高不被法律允许的风险存在认识。认识是因人而异的，会随着一个人的成长经历、教育水平、人生阅历、生活习惯有所不同。“一刀

[1] 刘艳红：《网络中立帮助行为可罚性的流变及批判——以德日的理论和实务为比较基准》，载《法学评论》2016 年第 5 期。

[2] 参见周漾沂：《从客观转向主观：对于刑法上结果归责理论的反省与重构》，载《台大法学论丛》2014 年第 43 卷第 4 期。转引自符天祺：《帮助犯的结果归责》，载《刑事法评论》2017 年第 2 期。

切”地采用客观第三人标准,甚至假设在行为时有一个袖手旁观的虚拟观察者,以其能否认识到危险来决定行为人是否对于危险存在认识,这实际上并没有考虑到行为人真实的认知能力和认识水平,欠缺对于主观方面的考虑,不符合主客观相一致的基本要求。这一点对于中立帮助行为的结果归责判断尤为重要,具备合法外观的中立帮助行为在何种情况下可罚,这取决于行为人对于风险关联事实的认知程度,即特定行为人认识到自己的帮助行为在多大程度上会与正犯的行为一道造成危害结果的实现。具体而言,帮助者明悉犯罪者的行动意图而提供帮助,且对于正犯的危害行为和危害结果持希望或者放任态度,此时帮助者丧失了中立性,应当处罚。[1]

---

〔1〕 参见张伟:《中立帮助行为探微》,载《中国刑事法杂志》2010 年第 5 期。

第五章

网络服务提供者刑事责任的主观要件

网络服务提供者刑事责任的主观要件，也即主观方面、罪过、有责性、罪责，是对网络服务提供者违反刑事义务应受谴责性的刑事归责，以行为人的心理状态为内容。刑法中应受谴责的心理状态具有定型性，无非是故意、过失两种罪过形式，还有目的、动机等心理因素。网络服务提供者的刑事归责在其刑事责任中起到承上启下的作用。首先，网络服务提供者的刑事归责是针对网络服务提供者实施了违反刑事义务的行为而进行的，如果网络服务提供者不负有特定的刑事义务，或者虽然负有特定刑事义务但未违反刑事义务，就不存在刑事归责的问题了。其次，网络服务提供者的刑事归责决定了其刑事负担的程度，当网络服务提供者具有他行为可能性时依然决意实施违反刑事义务的行为，体现出了主观恶性和危害社会的意图，这些均会影响其所承担的刑事负担的轻重。我们所探讨的网络服务提供者刑事责任并未局限于一个或几个特定罪名，因而在探析其主观要件时需要解决的问题是，网络服务提供者刑事责任是否存在犯罪故意的罪过形式？是否存在犯罪过失的罪过形式？认定网络服务提供者罪过过程中有哪些难题，又该如何化解？

第一节 网络服务提供者刑事责任的犯罪故意探讨

一、网络服务提供者犯罪故意中认识因素的认定

（一）网络服务提供者"明知"与类似概念的含义及关系

1. 网络服务提供者"明知""知道""应知"之厘清

从文义解释出发，"明知"指的是明明知道，如明知故犯、明知故问。"知道"指的是晓得、认识到。"应知"中的"应"有两层含义：其一，该当、应当、应该；其二，允许，如应允。[1] 显然，这里的"应"取第一个义项，那么"应知"也就顺理成章地被理解为"应当知道""应该知道"。

在与网络服务提供者相关的法律、法规、司法解释规定中，"明知"出现的频率最高，[2]"明知或者应知"出现的频率次之，[3]"知道或者有合理理由知道"出现的频率又次之，[4]"知道"只出现在一处，[5]"知道或者应当知道"也只出现在一处。[6] 上述规定中以下现象值得注意。

其一，"明知"和"知道"往往在同一个法律文件中交叉使用，如《网络安全法》第27条和第48条的规定，《信息网络传播权保护条例》第5条、第18

[1] 参见《辞海》（第6版），上海辞书出版社2016年版，第1316、2280、2440页。

[2] 使用"明知"表述的有：《刑法》第287条之二；《网络安全法》第27条；《互联网著作权行政保护办法》第11条；《最高人民法院、最高人民检察院关于办理利用互联网、移动通讯终端、声讯台制作、复制、出版、贩卖、传播淫秽电子信息刑事案件具体应用法律若干问题的解释》第7条；《最高人民法院、最高人民检察院关于办理利用互联网、移动通讯终端、声讯台制作、复制、出版、贩卖、传播淫秽电子信息刑事案件具体应用法律若干问题的解释（二）》第5条、第8条；《最高人民法院关于审理侵害信息网络传播权民事纠纷案件适用法律若干问题的规定》第13条；《最高人民法院、最高人民检察院、公安部关于办理电信网络诈骗等刑事案件适用法律若干问题的意见》第4条第3款。

[3] 使用"明知或者应知"表述的有：《信息网络传播权保护条例》第5条、第18条、第23条；《互联网广告管理暂行办法》第17条、第27条；《最高人民法院关于审理侵害信息网络传播权民事纠纷案件适用法律若干问题的规定》第7条、第8条。

[4] 使用"知道或者有合理理由知道"表述的有：《北京市高级人民法院关于网络著作权纠纷案件若干问题的指导意见（一）（试行）》（京高发[2010]166号）第16点、第18点。

[5] 使用"知道"表述的有：《网络安全法》第48条。

[6] 使用"知道或应当知道"表述的有：《民法典》第1197条。

条、第22条、第23条的规定。规范性法律文件追求用语的规范性和准确性，而“明知”和“知道”用在同一个法律文件中，相互调换也不显突兀，说明这两个用语相似而非互斥。

其二，《北京市高级人民法院关于审理涉及网络环境下著作权纠纷案件若干问题的指导意见（一）（试行）》对网络服务提供者“知道”和“有合理理由知道”作出了详细解释，前者指网络服务提供者实际知道侵权行为存在，后者指因存在明显侵权行为的事实或者情况，网络服务提供者从中应当意识到侵权行为的存在。由此，完全可以把前者理解为“明知”，把后者理解为“应当知道”。

其三，“明知”与“知道”的差别在于多了“明明”。“明明”是一个副词，修饰“知道”，指的是“显然如此”，[1]属于对“知道”的事实与语气的强调。法律讲求理性、冷静、客观，必然会将情绪、感情、心情过滤掉，因而在法律中，“明明知道”与“知道”含义相同，进而“明知”等同于“知道”。

既然“明知”与“知道”含义相同，为何不将用语统一？可能是为了照顾用语的习惯性。其一，不同部门法对于用语有不同的偏好，民法惯用“知道”，刑法惯用“明知”。从法律规定来说，《民法典》中“知道”频频出现，而“明知”却寥寥无几，《刑法》中大量使用“明知”，没有出现过“知道”。从行为模式来说，民法中的侵权行为需具备过错，刑法中的犯罪行为需具备主观罪过，过错在学理上也被解读为故意和过失，与刑法中的主观罪过的构成无异。由此可知，民法中的过错若是基于故意，那也需具备明知要素，这再次证明“知道”与“明知”同义。其二，具体条文基于语句结构对于用语有不同的选择，“有合理理由（应当）知道”的表述符合表达习惯，如果替换成“有合理理由（应当）明知”就不符合表达习惯。

---

〔1〕 参见中国社会科学院语言研究所词典编辑室编：《现代汉语词典》，商务印书馆2005年版，第957～958页；《新华汉语词典》编委会编：《新华汉语词典》，商务印书馆国际有限公司2013年版，第692页。

2. 网络服务提供者"应知"内涵之重塑

从文义解释出发,"应知"很容易被理解为"应当知道"。从应然角度出发,"应当知道"指向过失犯罪中的"应当预见",应当预见而疏于预见充足了行为人主观上的可归责性。[1] 由此,"应当知道"暗含了注意义务的要求。在与网络服务提供者相关的法律规范中,"明知或者应知"的内容是链接的作品、表演、录音录像制品侵权,网络用户利用网络服务发布违法广告、侵害信息网络传播权,互联网广告活动违法。这意味着注意义务的履行必须与服务提供期间等长,即网络服务提供者应实时跟进、密切关注网络用户发布、上传、链接的内容,以免因为"应知"而未对侵权或犯罪行为采取及时、必要措施而难辞其咎。然而,要求网络服务提供者承担对于网络用户上传信息的审查、监控义务在法律上无依据、在政策上不可取、在技术上不可行。

其一,从法律规定来看,美国《数字千年版权法》第 512 条"与网上材料相关的责任限制"及《美国法典》第 18 篇第 2258A 条"电子通信服务提供者及远程计算机服务提供者的报告要求"、[2]德国《远程媒体法》第 7 条第(2)款、[3]欧盟电子商务指令第 15 条均规定,[4]网络服务提供者不负有监控、审查网络用户发布内容的义务。我国司法实践也肯定了此种做法。[5]

其二,从政策取向来看,发展是最大的安全。互联网是发展的动力、引擎、助推器,网络服务提供者又是互联网的推广者、普及者,从科技发展、社会进步、人权保护的角度而言,对于网络服务提供者的处罚宜宽不宜严。法

---

〔1〕 参见杨明:《〈侵权责任法〉第 36 条释义及其展开》,载《华东政法大学学报》2010 年第 3 期。

〔2〕 17 U. S. C. A. § 512(m)(1),18 U. S. C. A. § 2258A(f).

〔3〕 Telemedia Act §7(2).

〔4〕 Directive 2000/31/EC of the European Parliament and of the Council of 8 June 2000 On Certain Legal Aspects of Information Society Services, in Particular Electronic Commerce, in the Internal Market (Directive on electronic commerce), §15(1).

〔5〕《最高人民法院关于审理侵害信息网络传播权民事纠纷案件适用法律若干问题的规定》(法释〔2012〕20 号)第 8 条;《北京市高级人民法院关于审理涉及网络环境下著作权纠纷案件若干问题的指导意见(一)(试行)》(京高法发〔2010〕166 号)第 17 点。

律是政策的外观,政策是法律的内核。上述各国的法律不仅明文排除了网络服务提供者对于内容的审查义务,而且随处体现了限制网络服务提供者责任的政策。第一,在立法技术上采取了“负面清单”的规定模式,[1]即网络服务提供者符合一定条件无须承担责任,[2]这些条款往往被称为“网络服务提供者的安全港(避风港)”。第二,这些法律根据距离用户信息的远近以及控力能力的大小对网络服务提供者进行精细化的区分,设定了宽严不同的免责条件,为的是预防“一刀切”可能造成的追责范围的扩大。第三,例如美国于1996年通过的《通信规范法》第230条“对于自愿阻止和审查违法材料的责任豁免”开宗明义地指出,鼓励技术发展,促进互联网和其他交互式计算机服务以及其他交互式媒体的持续发展,使其免受联邦或者州法规的束缚,使用户对信息的控制最大化,是美国的政策。[3]

其三,从技术功能来看,当前上网实名制尚未得到全面推行,网络用户在一定程度上保持匿名性。要求网络服务提供者实时监控网络空间中的海量数据,必然会牺牲网络服务的质量,甚至导致网络服务无以为继。[4] 由云技术支撑的云计算和云存储或许使对于数据的实时监控、收集、整理、分析成为可能,然而这会极大增加网络服务提供者的人力成本和经济负担,继而导致网络服务提供者无以为继,甚至导致网络服务的萎缩和社会交往的瘫痪。[5]

既然不能要求网络服务提供者承担对于网络用户所上传信息的审查义务,那么网络服务提供者的注意义务便是过分的负担,网络服务提供者“应当知道”服务对象的行为违法而继续提供服务应承担责任的做法既不合法,也不合理。立法者和解释者在创制网络服务提供者“明知或者应知”的条文规定时必定已经对此有所察觉,为何还频频使用“明知或应知”的表述?这

〔1〕 参见王华伟:《网络服务提供者的刑法责任比较研究》,载《环球法律评论》2016年第4期。
〔2〕 17 U.S.C.A. § 512(a)-(d),Telemedia Act §7-10,Directive on electronic commerce §12-14.
〔3〕 Communications Decency Act of 1996 (CDA) §230.
〔4〕 参见皮勇:《网络服务提供者的刑事责任问题》,载《光明日报》2005年6月28日,B4版。
〔5〕 参见陈洪兵:《论中立帮助行为的处罚边界》,载《中国法学》2017年第1期。

恐怕是务实、无奈且通用的选择。司法机关要证实行为人“明知”的心理状态实在是困难,在没有直接证据证明网络服务提供者明知网络用户利用信息网络实施违法犯罪行为的情况下,为了保护权利人利益或者防止轻纵犯罪,允许通过间接证据加以推定来完成“明知”的证明。[1] 美国《数字千年版权法》第512条将明知分为实际明知(actual knowledge)和对于侵权活动的事实或环境的明显认识(be aware of facts or circumstances from which infringing activity is apparent)。[2]“明知作为被告人的主观心态,对其证明要达到排除合理怀疑的程度并不容易。明知既可以通过直接证据证明,如被告人的口供,又可以通过间接证据(circumstance evidence)证明。法庭也可以用间接证据来推定明知的存在。”[3] 由此,“实际明知”和“对于侵权活动的事实或环境的明显认识”正好对应我国法律及司法解释中的“明知”和“应知”,前者是明知的实际证明,后者是明知的客观推定。

3. 网络服务提供者“明知”与“通谋”的关系

由于我国《刑法》第25条将共同犯罪定义为二人以上共同故意犯罪,所以刑法学界的主流观点认为共同的犯罪故意是成立共同犯罪的前提,共同犯罪人之间必须存在意思联络(或者意思疏通),即共同犯罪人各方对于犯罪意思相互沟通,这便是通谋。[4] 通谋的情况下肯定是存在明知的,然而明知的状况却未必经过了通谋,完全可以是帮助者单方面的意思,即片面的帮助故意,因而通谋与明知的差别显而易见。

刑法以单独实行犯作为立法根基,分则中对于共犯的明文规定少之又

---

[1] 参见张明楷:《如何理解和认定窝赃、销赃罪中的“明知”》,载《法学评论》1997年第2期;王新:《我国刑法中“明知”的含义和认定——基于刑事立法和司法解释的分析》,载《法制与社会发展》2013年第1期;徐伟:《网络服务提供者“知道”认定新诠——兼驳网络服务提供者“应知”论》,载《法律科学》2014年第2期。

[2] 17 U. S. C. A. § 512(c)(1)(A)(i)(ii),(d)(1)(A)(B).

[3] Richard J. Grunawalt, *Constructive Knowledge Revisited*, 24 JAG Journal 1(1970).

[4] 参见高铭暄、马克昌主编:《刑法学》(第7版),北京大学出版社、高等教育出版社2016年版,第169页。

少,在《刑法》分则仅有的五个提及共犯规定的条款中,[1]第350条非法生产、买卖、运输制毒物品、走私制毒物品罪第2款较为特殊,是刑法条文中唯一一个明知他人实施犯罪行为而提供帮助即以共犯论处的。当刑法同时规定了通谋与明知可以作为共犯成立的主观要件要素,这两者对于共犯的成立有何影响?车浩副教授对比了《刑法》第156条关于走私罪共犯的规定与第350条关于制造毒品罪的共犯规定后指出,前者所提供的帮助是"现代社会生活中非常普遍的、大量存在的日常行为",提供帮助者须事先与他人通谋,后者所提供的帮助"并不是一种日常性的行为",提供帮助者只需要明知就足以入罪。所以,性质不同的帮助行为在入罪时对于行为人的主观方面要求也宽严不同。[2] 然而本书认为这两处对"通谋"和"明知"区分的根据并不在于日常性帮助行为和非日常性帮助行为。首先,被帮助的对象不同,走私罪共犯中被帮助的对象是走私罪犯,即实施了《刑法》第三章第二节走私罪并被法院依法判决确定为有罪的人;制造毒品罪共犯中被帮助的对象是制造毒品的人。其次,帮助行为不同,走私罪共犯的帮助行为有贷款、资金、账号等,的确具有日常性、中立性、业务性、反复实施性;制造毒品罪共犯条款中的帮助行为是生产、买卖、运输醋酸酐、乙醚、三氯甲烷或者其他用于制造毒品的原料、配剂,帮助者单独实施这些行为,这绝非日常行为。再次,帮助者的认识内容不同,走私罪共犯条款中帮助者必须认识到自己所帮助的对象是已经被法院宣告为构成走私罪的人;而制造毒品罪共犯条款中帮助者只需要认识到自己所帮助的对象在实施制造毒品的行为。最后,刑罚不同,走私罪法定刑最低为三年有期徒刑,最高为无期徒刑;制造毒品罪是重罪,其刑罚为十五年有期徒刑、无期徒刑或者死刑,并处没收财产。对于共犯的处罚视其在共

---

〔1〕 这五个条款分别是第156条"走私共犯"的规定;第198条"保险诈骗罪"第4款的规定;第349条"包庇毒品犯罪分子罪;窝藏、转移、隐瞒毒品、毒赃罪"第3款的规定;第350条"非法生产、买卖、运输制毒物品、走私制毒物品罪"第2款的规定;第382条"贪污罪"第3款的规定。

〔2〕 参见车浩:《谁应为互联网时代的中立行为买单》,载《中国法律评论》2015年第3期;车浩:《刑事立法的法教义学反思——基于〈刑法修正案(九)〉的分析》,载《法学》2015年第10期。

同犯罪中所起的作用来量定,如果是从犯的话,应当在法定刑基础上从轻、减轻、免除处罚。因此,走私罪与制造毒品罪在罪质轻重上存在显著差异,走私行为与制造毒品行为的社会危害性不可同日而语。根据共犯从属性的观点,共犯的危害性与可罚性是附属于正犯的,走私罪共犯在罪质与社会危害性上也要轻于制造毒品罪共犯,走私罪共犯成立条件略高于制造毒品罪共犯完全说得通。可见,从社会危害性角度便可以解释《刑法》对这两处共犯规定分别使用"通谋"和"明知"的用意所在,与中立行为丝毫无涉。

那么通谋与明知对于网络服务提供者刑事责任有何影响?网络服务提供者与服务接收者在事前或者事中通谋,为他人实施犯罪行为提供信息网络技术支持和帮助的,依然可以按照共同犯罪进行处罚。如果网络服务提供者仅仅明知他人利用信息网络实施犯罪活动依然为其提供服务的,则按照帮助信息网络犯罪活动罪处罚。[1] 帮助信息网络犯罪活动罪的法定刑是三年以下有期徒刑或者拘役,单处或者并处罚金,其法定刑较轻,而按照其他犯罪的共犯来处罚的话,刑罚很可能比帮助信息网络犯罪活动罪要重。对仅有明知的行为适用较轻刑罚,对存在通谋的行为适用较重刑罚,符合罪责刑相适应的原则。

综上所述,"知道"等于"明知","有合理理由知道"等于"应知"。在理解"应知"时不能落入"应当知道"的窠臼,而是在缺乏直接证据情况下通过间接证据来推定明知,即明知的推定或明知的间接证明。"通谋"和"明知"会影响网络服务提供者刑事责任的模式,即承担共犯责任还是正犯责任,但不会造成刑事责任有无的根本性区别。

(二)网络服务提供者明知判断标准之确立

1. 网络服务提供者明知的概括性认识与具体性认识二分法

《数字千年版权法》第 512 条中的明知究竟是对侵权活动概括的、广泛

[1] 参见涂龙科:《网络服务提供者的刑事责任模式及其关系辨析》,载《政治与法律》2016 年第 4 期。

的、一般的认识,还是对于侵犯特定对象的具体的、可识别的行为的认识尚无定论。[1] 简言之,网络服务提供者的明知是概括性的认识还是具体性的认识?

瑞典 Pirate Bay(海盗湾)案中,文件分享网站海盗湾的运营者辩称对于起诉书中指控的通过海盗湾传播的特定的著作权作品并不知情,进而缺乏犯罪故意。法院认为,被告人的故意并不需要涵盖通过其网站传播的具体的、特定的著作权作品,只要被告人导致了著作权作品存在于网站上即可。质言之,被告人故意导致构成帮助和教唆的实际环境就充足了主观罪过。[2] 类似的判决理由见于 Metro-Goldwyn-Mayer Studios Inc. v. Grokster, Ltd. 案(以下简称 Grokster 案)。Grokster 是美国一款分布式存储的 P2P 文件分享软件,被大量用于传播侵权作品。美国最高法院法官认为即便没有证据证明被告知道具体的、特定的侵权视频,依然可以判定被告承担间接侵权责任,因为被告促进侵权的故意已经显露无遗。[3] 法官在本案中创制了“诱导侵权”原则(inducement infringement),即怀有促进侵犯著作权目的的设备提供者,通过明确的表达或者其他积极措施来促进侵权行为,要为第三方使用设备实施的侵权行为承担责任。[4] 两个判例的共同点在于,法官认为被告(人)无须认识通过其软件(网站)传播的具体的、特定的、个别的著作权作品及侵权行为,即网络服务提供者的明知以概括性认识为主。

在 Viacom International, Inc. v. YouTube, Inc. 案中,被告 YouTube 是谷歌公司旗下的视频分享网站,允许用户免费上传视频文件,因用户上传的视频文件侵犯著作权而被起诉。经历了初审、二审、发回重审,法官最终认定被告缺乏对于具体侵权行为的明知,也不存在对于侵权行为的故意无视,因

---

〔1〕 Viacom Int'l, Inc. v. YouTube, Inc., 718 F. Supp. 2d 518 (S. D. N. Y. 2010).

〔2〕 [Stockholm District Court] 2009-04-17. B13301-06., p. 52.

〔3〕 Metro-Goldwyn-Mayer Studios Inc. v. Grokster, Ltd., 545 U. S. 913 (2005), p. 932-934.

〔4〕 Metro-Goldwyn-Mayer Studios Inc. v. Grokster 125 S. Ct. 2764 (2005), p. 2767, 2775.

而不承担责任。本案中网络服务提供者的明知限于具体性认识，理由有三。其一，从法益保护角度出发，著作权设立的目的在于保护单个作品的作者的人身权和财产权，而非保护由单个作品整合而成的“图书馆”，每一个侵权作品都应当区别对待。其二，从“通知—移除”制度出发，网络服务提供者获悉侵权行为之后需“迅速移除或者阻止访问材料”才能享受责任豁免，只有当网络服务提供者具体地知道侵权行为才能准确而迅速地移除侵权材料。其三，从审查义务角度出发，如果将明知理解为认识到侵权活动大体上盛行、特定行业中侵权活动普遍存在、用户有发布侵权内容的倾向，等于为网络服务提供者附加了审查其用户发布的内容是否侵权的义务，这与前述网络服务提供者不负有审查义务的立场相违背。[1] UMG Recordings, Inc. v. Shelter Capital Partners LLC 案，[2] Capitol Record, Inc. v. MP3tunes, LLC 案，[3] UMG Recordings, Inc. v. Veoh Networks, Inc. 案[4]等中，法官对于文件分享服务提供者的明知认定均秉持具体化认识。在 Corbis 公司诉亚马逊网站侵犯著作权案、[5]蒂芙尼公司诉易趣网侵犯商标权案[6]等以电商平台为被告的案件中，只有当被告知道特定的店家正在出售特定的侵权商品才可能承担共同侵权责任。上述判例中，法官认为网络服务提供者的明知必须是具体性的认识，概括性的认识不具有可责性。

为何法官给出了两套完全对立的标准？Pirate Bay 案、Grokster 案的显著特征在于网络服务提供者怀有促进侵犯著作权的目的，这种目的产生于开发网站、软件之时，贯穿于提供网站、软件服务的过程中；这种目的既体现

---

〔1〕 Viacom Intern., Inc. v. YouTube, Inc., 718 F. Supp. 2d 514 (2010), 676 F. 3d 19 (2012), 940 F. Supp. 2d 110 (2013).

〔2〕 UMG Recordings, Inc. v. Shelter Capital Partners LLC, 667 F. 3d 1022 (9th Cir. 2011)

〔3〕 Capitol Record, Inc. v. MP3tunes, LLC, 821 F. Supp. 2d 627, 635, 2011 WL 5104616, at *14 (S. D. N. Y. Oct. 25, 2011).

〔4〕 UMG Recordings, Inc. v. Veoh Networks, Inc. 665 F. Supp. 2d 1099, 1108 (C. D. Cal. 2009).

〔5〕 Corbis Corp. v. Amazon. com, Inc., 351 F. Supp. 2d 1090, 1108 (W. D. Wash. 2004).

〔6〕 Tiffany (NJ) Inc. v. eBay Inc., 600 F. 3d 93 (2d Cir. April 1, 2010).

于言辞，如公然拒绝著作权人关于删除侵权文件的请求并羞辱著作权人，[1]也体现于促进侵权行为的积极措施，如提供榜单搜索功能诱导用户下载很有可能侵权的文件。[2] 网络服务提供者在诱导侵权或教唆侵权主观意志的支配下，必然认识到有人会利用其网络服务实施不法行为，即自己的行为会造成危害社会的结果，缺乏对正犯者及其行为所作用的具体的对象的明知并不妨碍主观罪过的证成。相反，其他网络服务提供者保持客观中立的态度，其所提供的网络服务具有"实质性非侵权用途"，[3]只有当网络服务提供者明知具体不法行为人和不法行为后不及时采取措施，才可能承担责任。

2. 网络服务提供者的明知是高度盖然性的认识而非一般可能性的认识

主观认识状态无非是三种：肯定知道、可能知道、不可能知道。这三种状态对应的百分比分别是 100%、0% ~100%、0。[4]"100% 的知道"是应然的理想状态，只存在于行为人的内心世界，难以通过客观的方式证明或推定，"0% 的不可能知道"不在本书探讨范围之内。作为实然状态存在的知道则是介于 0% 和 100% 之间的"可能知道"，本书将其分为高度盖然性和一般可能性，这两者的界限何在？网络服务提供者的明知需达到何种程度？

日本 Winny 案中，Winny 软件开发者金子勇被起诉著作权违反罪的帮助犯，历经三次审判，三审在肯定一审盖然性认识及否定二审"推荐侵权用途"的基础上提出了高度盖然性认识规则。由此可知，网络服务提供者的明

---

〔1〕 Michael Bogdan, *Cyberspace Pirates Walk the Plank Some Comments on the Swedish Judgement in the Pirate Bay Case*, 4 Masaryk University Journal of Law and Technology 115(2010).

〔2〕 MGM Studios, Inc., 545 U. S. 948 – 49, Rebecca Giblin, *Physical World Assumptions and Software World Realities (and Why There Are More P2P Software Providers than Ever Before)*, 35 Columbia Journal of Law and the Arts 105(2012).

〔3〕 Sony Corporation of America, et al., v. Universal City Studios, Inc., etc., et al. 464 U. S. 417, 78 L. Ed. 2d 574.

〔4〕 参见王新：《我国刑法中"明知"的含义和认定——基于刑事立法和司法解释的分析》，载《法制与社会发展》2013 年第 1 期。

知是高度盖然性的认识,而不是一般可能性的认识。高度盖然性区别于一般可能性和盖然性,指的是依据日常经验可以达到的近似确然性的可能。[1]本书所说的高度盖然性认识是接近于确实知道、肯定知道的状态,是从实体法上对于明知程度的把握,区别于诉讼法中作为证明程度的高度盖然性标准。高度盖然性认识与一般可能性认识并不以50%为分界线,明知的程度本难以从"质"上把握,何况是一步到位地从"量"上把握。那么如何认定"高度盖然性"?三审将其分为两个阶段来判断。其一,对于软件本身侵权用途的认识要达到高度盖然性,这一阶段的关键词是"具体的""紧迫的",即使用该软件是否会给著作权造成现实的而非臆想的、具体的而非抽象的、紧迫的而非无关紧要的危险。Winny 软件具有数据文件交换的高效性、通信的秘密性、获取的便捷性,这些特征很容易让其满足第一个阶段的条件。其二,对于软件实际被用作侵权的认识也要达到高度盖然性,这一阶段的关键词是"不能作为例外被容忍",这实际上是对于网络服务被用作侵权的整体性认识,说明侵权行为已经不再是零零星星,而是呈现成片的态势。软件实际被用作侵权的比例已经不能作为例外被容忍,被告人对此存在认识,还继续提供 Winny 软件足以证明其存在明知。

3. 网络服务提供者明知的内容是犯罪行为而非行政违法行为

主观罪过包含认识因素和意志因素,认识因素是意志因素的先导,在"知、情、意"三位一体的主观心理构造中,作为认识因素的"知"永远是火车头、排头兵。只有在认识到特定对象、行为、主体、状态受到法律否定评价的基础上,希望、放任或者疏于防范危害结果才可能构成可罚性的行为。因而认识的内容能够区分过错与罪过的性质及其程度。网络服务提供者承担民事责任或行政责任时,其明知的内容是行政违法行为,而在网络服务提供者刑事责任的语境下,明知的内容必须是犯罪行为。有论者指出,Pirate Bay 案

---

[1] 参见毕玉谦:《试论民事诉讼证明上的盖然性规则》,载《法学评论》2000年第4期。

中的正犯是数以百万计使用网站分享文件的人，其人数太多了，而每个人所犯的罪行以及每个人本身都太微不足道，不足以起诉，因而只能对 Pirate Bay 的四名主管以促进他人侵犯版权罪的共犯论处。[1] 笔者认为不能因为正犯行为的危害较小难以构成犯罪，而把这些危害叠加起来全部算到提供片面帮助的网络服务提供者头上。网络服务提供者构成犯罪需以明知他人实施犯罪，并且他人也实际上实施了犯罪行为为前提。Pirate Bay 案庭审阶段，控方还是需要证实至少有些海盗湾的用户实施了正犯行为，只是无须证明其具体正犯的身份罢了。[2]

4. 网络服务提供者明知推定的事实基础

"应知"即明知的推定。推定指的是"依照法律规定或者经验法则，基于某一已知、确定的事实（基础事实），而推知、确定另一不明的、无直接证据予以证明的事实（推定事实）的存在"。[3] 推定并不能恣意而为，正如犯罪成立需要具备法定的构成要件一样，推定也需要特定的事实基础。下文从一正一反两个维度来阐述网络服务提供者明知推定的事实基础。

（1）网络服务提供者明知推定的充足条件

1）有效通知

美国《数字千年版权法》第 512 条规定，网络服务提供者要享受责任豁免，必须在获悉侵权通知后立即采取措施移除违法内容。[4] 该制度被称为"通知—取下"（notice and take down）规则，并在世界范围内广泛推行。[5] 对于网络服务提供者而言，通知的主体不限，可以由行政主管机关发出责令

---

[1] Michael Bogdan, *Cyberspace Pirates Walk the Plank Some Comments on the Swedish Judgement in the Pirate Bay Case*, 4 Masaryk University Journal of Law and Technology 124 (2010).

[2] Brenard A. Mantel, *The Google Police: How the Indictment of the Pirate Bay Presents a New Solution to Internet Piracy*, 22 University of Miami Business Law Review 88 (2012).

[3] 王新：《我国刑法中"明知"的含义和认定——基于刑事立法和司法解释的分析》，载《法制与社会发展》2013 年第 1 期。

[4] 17 U.S.C.A. § 512(c)(1)(C).

[5] Nicolo Zingales, *Internet Intermediary Liability: Identifying Best Practices for Africa*, 2013.

整改通知,可以由权利人告知侵权行为,还可以由第三人举报违法犯罪行为。有效通知必须具体、明确、有针对性、着眼于已经发生的行为,[1]通知须包含被侵权作品的名称、网址链接、具体违法犯罪行为表现及网络截图、通知发出人的有效联系方式。模棱两可、含糊其辞的通知视为自始未发出。除了行政主管机关发出责令整改通知必须以纸质形式发出,其他通知完全可以通过电子形式发出,通过网络服务提供者自己公布的,或者可靠的第三方公布的网络服务提供者的联系方式发送通知,包括电子邮箱、站内信的形式。口头通知无论如何都不属于有效通知。

2)红旗明知

美国《数字千年版权法》第 512 条中"对于侵权活动的事实或环境的明显认识"被称为"红旗明知"、"推定明知"(constructive knowledge),[2]即在不需要调查侵权事实的情况下,侵权事实和环境已如红旗招展、显而易见,则推定服务提供者已经认识到侵权事实。[3] "红旗"的判断标准是"随意一瞥(a brief and casual viewing) 便能发现"。供用户下载、传播盗版文件的网站通常在网址及标题栏中使用如"盗版"(pirate)、"非法录制的音像制品"(bootleg)、"盗版城市"(thepiratecity. org)[4]的表述,这些网站的非法意图显露无遗,网络服务提供者还为这些网站提供链接及向导目录服务,推定其具备明知。如果网络服务提供者仅知道为某名人开设的网站上有几张此名人广为人知的照片,不足以构成"红旗"。这是因为网络服务提供者随意一瞥网站目录时,不能决定该照片是依然受著作权保护还是进入公共流通领域:如果该照片依然受著作权保护,那么对于照片的使用是否已经注册;如

---

[1] 参见涂龙科:《网络内容管理义务与网络服务提供者的刑事责任》,载《法学评论》2016 年第 3 期。

[2] Emily Zarins, *Notice Versus Knowledge Under the Digital Millennium Copyright Act's Safe Harbors*,92 California Law Review 261(2004).

[3] The Digital Millennium Copyright Act of 1998. Report Together with Additional Views. Senate Report. No. 105 – 190,p. 44.

[4] United States V. Dotcom,No. 1:12CR3 (E. D. Va. Jan. 5,2012).

果对于照片的使用未经注册，那么它是否可根据合理使用原则被允许。由此可知，"红旗明知"绝非为网络服务提供者附加审查义务，"红旗"必须是"鲜红色"，"深红色"还不够；必须是具体的，不是概括的，且要在网络服务提供者面前"招展"。[1]

3）故意无视

然而立法者、司法者、学者均难以给出"红旗"的具体标准。从实用性的角度出发，法院日益接受"故意无视（willful blindness）规则"，即当其他证据不足以证明实际明知或者"红旗明知"时，根据被告人对于红旗环境视而不见的证据来推定明知。[2] 被告人基本知悉关键事实，仍故意采取措施避免确认不法行为的高度盖然性，构成故意无视。[3] 适用故意无视规则的关键在于"故意采取措施避免认识"。一个案例中，被告提供 Aimster——一款文件分享软件，在软件安装包中植入加密程序避免自己对用户通过其系统非法复制歌曲的认识。法庭认为，网络服务提供者使用加密技术本身并不违法，但是借加密技术避免实际明知"像鸵鸟一样，把头深深地埋在沙子里"，属于故意无视。[4] 另一个案例中，被告 Gunter 开设 myVidster. com 网站——一家网上社会书签服务提供者，这是一种允许用户增加、补充、编辑、分享网络文件的书签的集中式的网络服务。[5] 被告本应移除用户上传侵权内容的链接，却告知权利人对抗侵权的最佳方式是与存储侵权内容的网站协商，防止该内容出现在 myVidster. com 网站上。法庭认为被告着眼于避免

---

〔1〕 Liliana Chang, *Red Flag Test for Apparent Knowledge under the DMCA Sec.* 512(*C*) *Safe Harbor*, 28 Cardozo Arts & Entertainment Law Journal 219(2010).

〔2〕 Methaya Sirichit, *Catching the Conscience an Analysis of the Knowledge Theory Under* 512 *c Safe Harbor and the Role of Willful Blindness in the Finding of Red Flag*, 23 Albany Law Journal of Science & Technology 133(2012).

〔3〕 Global-Tech Appliances, 131 S. Ct. 2060, 2069 – 2070 (2011).

〔4〕 In Re Aimster Copyright Litigation 334 F. 3d 643, 650 (7th Cir. 2003).

〔5〕 *Social Bookmarking*, Wikipedia, https://en. wikipedia. org/wiki/Social_bookmarking, Visiting Time: 07 – 21 – 2017.

用户上传的侵权内容被公众获取,而对于侵权行为本身不管不问,与 Aimster 的运营者一样属于故意无视。〔1〕

4)编辑选择

美国《数字千年版权法》、德国《远程媒体法》以及欧盟电子商务指令在划定网络服务提供者责任豁免的安全港时,均设定了一个前提——网络服务提供者没有对材料以及材料的接受者进行选择。如果网络服务提供者对于材料进行编辑、选择,便由中立性的服务者变为内容的共同提供者,需对内容负责任。在 Playboy Enterprises, Inc. v. Russ Hardenburgh, Inc. 案中,法院认为被告在 BBS 上刊登照片之前从事了整理、选取工作,已能够证明被告明知该照片的著作权属于原告而予以刊登。〔2〕

(2)网络服务提供者明知推定的排除条件

明知推定的充足条件意在考察在行为人当时的情境下理性第三人是否存在认识。人的认识能力有所不同,同一个人在不同的时期的认识水平也可能会波动,单纯对明知进行正面的推定难以达到刑事诉讼证明标准之排除合理怀疑的程度,应当为被告人保留申辩的权利。当权利人和第三人证明向网络服务提供者发过有效的电子通知,网络服务提供者可以提交服务器中原始数据的资料,证明自始未接收到特定信息。当网站上存在非常明显的违法内容,如某歌星刚发布的单曲或者明显是侮辱、诽谤的言论,网络服务提供者可以主张用户发布的这些内容并没有直接呈现在主页上,而是隐藏在子栏目中,并不能构成"红旗"。当为淫秽、侵权等违法网站提供服务时收取的费用明显高于市场价格时,网络服务提供者可以证明自己的服务水平和服务质量要高于市场上同类网络服务提供者,并且向这些网站收取

〔1〕 Methaya Sirichit, *Catching the Conscience an Analysis of the Knowledge Theory under 512 c Safe Harbor and the Role of Willful Blindness in the Finding of Red Flag*, 23 Albany Law Journal of Science & Technology 147(2012).

〔2〕 Playboy Enterprises Inc. v. Russ HardenBurgh Inc., 982 F. Supp. 503(N. D. Ohio 1997). 转引自宋哲:《网络服务商注意义务研究》,北京大学出版社 2014 年版,第 92 页。

的服务费和其他服务对象一视同仁。

(三)网络服务提供者明知判断标准之本土检视

1. 我国网络服务提供者明知判断标准之理论应用

(1)概括故意理论能够区分概括性认识与具体性认识

概括性认识和具体性认识的分水岭在于诱导侵权的故意。我国立法、司法并未采纳“诱导侵权”的用语,网络服务提供者诱导、鼓励侵权的可能承担教唆侵权责任。[1] 然而教唆针对的是特定的对象,而诱导无须针对特定对象,两者含义大不相同。引入概括故意的理论有助于我们理解概括性认识和具体性认识的区分。概括故意是我国刑法理论中不确定故意的一种,指的是行为人仅仅明知其行为必然会发生危害社会的结果,但是对于行为的对象、范围等具体内容并不明确,而希望或者放任危害结果发生的心理态度。[2] 概括故意之“概括”在于认识因素的不明确,而不是意志因素的不明确。[3] 正因为有这种希望或放任危害结果发生的意志因素存在,概括故意才符合犯罪故意的基本要求,被作为犯罪故意的一种形式。网络服务提供者明知自己的软件、网站等服务本身具有实质性侵权用途而予以提供,或者具有诱导侵权的积极行为,既满足诱导侵权故意,又具备希望或者放任危害结果发生的主观意志。此时即便网络服务提供者对于用户所实施的违法犯罪行为仅具有概括性认识,也不能否认其存在犯罪故意,当然也不能否认其存在明知。

(2)全面性考察标准未能包含高度盖然性认识标准

高度盖然性认识标准源于 Winny 案,有论者将 Winny 案二审提出的——“当提供者推荐他人专门或主要以参与非法活动的目的使用软件时才可认定帮助犯的存在”——概括为“全面性考察”标准,将三审中的高度盖然性认识标准概括为“新全面性考察”标准。“‘全面性考察’是对网络中立

[1] 参见石岩:《“避风港”并非绝对安全》,载《人民政协报》2013 年 4 月 22 日,B04 版。
[2] 参见赵远:《论概括故意的构造与司法运用》,载《法学评论》2015 年第 3 期。
[3] 参见张永红:《概括故意研究》,载《法律科学》2008 年第 1 期。

帮助行为的所有受助者如何使用该帮助行为进行全面性的评价，进而得出该中立帮助行为是否构成相应的犯罪。”[1]高度盖然性与一般可能性的区分是相对的，根据违法犯罪行为占到整体行为的比例进行判断，因而是一种整体性的判断和全面性的考察。然而该论者所概括的全面性考察标准仅涵盖了高度盖然性标准的一方面，即对于用户使用网络服务情况的认识，但却未涉及对于网络服务本身可能被用于实施违法犯罪行为的认识。

(3)“犯罪”“违法”的不同规定不会冲击明知的认识内容

我国《刑法》中帮助信息网络犯罪活动罪的成立需具备“明知他人利用信息网络实施犯罪”，拒不履行信息网络安全管理义务罪的构成要件之一是“致使违法信息大量传播的”，这里的“犯罪”与“违法”应当作何理解？两者的关系如何？先探讨“犯罪”的内涵。其一，“犯罪”是指不法意义上的犯罪行为，无须充足犯罪构成。《刑法》和司法解释在规定网络服务提供者因提供技术支持而构成犯罪时，“明知”的对象有“他人利用信息网络实施(电信网络诈骗、诽谤、寻衅滋事、敲诈勒索、非法经营等)犯罪”“他人实施制作、复制、出版、贩卖、传播淫秽电子信息犯罪”。这里只指明了犯罪行为，未确定具体的罪名，既然网络服务提供者不需要知道被帮助者所实施的具体犯罪，又怎能要求其认识到他人充足了犯罪构成？且从认识可能性来说，网络服务提供者无法获悉被帮助者的身份、年龄、精神状况，只有被帮助者显露出的行为性质及危害性才能成为明知的内容。其二，“犯罪”排除了“情节显著轻微危害不大”的情况。我国的犯罪概念是形式要件和实质要件的有机统一，在满足了传统的平面四要件犯罪构成的情况下，还可以根据《刑法》第13条“情节显著轻微危害不大的，不认为是犯罪”的规定予以出罪。在阶层犯罪论体系中，“情节严重”属于整体的评价要素，在不法阶层加以判断，即不法意义上的“犯罪”是满足“情节严重”“情节恶劣”“数额较大”的行为，须达

[1] 刘艳红：《网络中立帮助行为可罚性的流变及批判——以德日的理论和实务为比较基准》，载《法学评论》2016年第5期。

到科处刑罚的程度。[1]不能期待以营利为目的的网络服务提供者具有专业的法律水平。就生活常识而言，网络服务提供者只需要认识到“他人所做的事是不好的，可能要坐牢”，便明知他人实施了犯罪行为。再来探讨立法者对“犯罪”与“违法”进行区分的依据。第一，从犯罪构成和处罚依据角度而言，拒不履行信息网络安全管理义务罪的刑事可罚性在于不履行法定义务并且不遵守行政主管部门的行政命令，其刑事责任具有直接性、独立性、平台性，因而不要求他人实施犯罪行为。而帮助信息网络犯罪活动罪无论是理解为帮助行为的正犯化，还是帮助犯的量刑规则，都不可否认其脱胎于帮助犯，对于正犯行为具有依附性。第二，从明知内容的角度而言，拒不履行信息网络安全管理义务罪会造成法律、法规、行政命令得不到遵守的直接结果以及违法信息大量传播等间接结果，而刑法对其配置的法定刑较低，此时可以将间接危害结果作为客观的超过要素，不要求行为人认识到这些危害结果，只需具备预见可能性即可。而帮助信息网络犯罪活动罪中“他人实施犯罪”是法定的明知的内容。总之，法律使用“犯罪”和“违法”的不同表述并不会冲击“网络服务提供者明知的内容是犯罪行为”的判断标准。

(4)“可反驳的客观推定”之确立与理解

我国司法实践已经尝试着归纳网络服务提供者明知推定的事实基础，并在列举充足条件之余，以“有证据证明(被告人)确实不知道的”否定其明知，[2]形成“可反驳的客观推定”。[3] 有效通知当然包含在充足条件范围内，然而对于网络服务提供者的明知推定是以通知发出为准，还是以通知收

---

〔1〕 参见张明楷：《刑法学》(第6版)，法律出版社2021年版，第160页。

〔2〕 参见《最高人民法院、最高人民检察院关于办理利用互联网、移动通讯终端、声讯台制作、复制、出版、贩卖、传播淫秽电子信息刑事案件具体应用法律若干问题的解释(二)》第8条；《最高人民法院关于审理侵害信息网络传播权民事纠纷案件适用法律若干问题的规定》第9～13条；《最高人民法院、最高人民检察院、公安部关于办理电信网络诈骗等刑事案件适用法律若干问题的意见》第4点第3款。

〔3〕 王新：《我国刑法中“明知”的含义和认定——基于刑事立法和司法解释的分析》，载《法制与社会发展》2013年第1期。

到为准,法律规定、司法实践并未达成一致。采“通知发出说”的有《互联网著作权行政保护办法》第5条之规定、乐动卓越公司诉阿里云公司侵犯著作权案、张某诉中华网侵犯名誉权案、蔡继明诉百度公司侵犯名誉权案。采“通知收到说”的有《民法典》第1195条第2款。本书采纳“通知发出说”,首先,从“通知”的含义出发,通知并不意味着被通知人切切实实地知悉所通知的事项,通知发出是一种客观行为,而通知收到或者没收到是其可能的结果,作为明知推定事实基础的通知应当是一种确定的而不是两可状态。其次,从证明的角度出发,网络服务提供者往往是被诉的一方,因而举证责任由原告或者公诉人承担,原告作为通知的发出者要证明自己曾经发出过通知较为容易,而要证明网络服务提供者收到通知则困难重重。我国司法实践已将“存在着明显侵权行为的事实或情况”作为推定网络服务提供者明知的事实基础。北京市高级人民法院发布的《关于审理涉及网络环境下著作权纠纷案件若干问题的指导意见(一)(试行)》将网络服务提供者的主观认识划分为“知道”和“有合理理由知道”,并将后者解释为因存在明显侵权行为的事实或者情况,网络服务提供者从中应当意识到侵权行为的存在。这与美国《数字千年版权法》“红旗明知”标准极为相似,但未见对于故意无视规则的运用。网络服务提供者对用户上传的文件资料进行排名、推介、分类,设置榜单、目录、索引,对内容进行选择、编辑、整理的,此时可以推定其对于自己网站上的违法内容存在明知。“有证据证明(被告人)确实不知道的”应作如下理解。其一,否定明知的主张一定要有证据支撑;其二,结合相关证据,从客观角度及被告人的认知水平和实际情况来看,被告人确实不知道;其三,“确实不知道”的证明责任依然由控方来承担,只是该抗辩对被告人有利,被告人可以积极提出并协助控方收集、展示该证据。

2. 我国网络服务提供者明知判断标准之实务应用

国家版权局打击侵权盗版“剑网行动”2013年十大案件中,快播公司、百度公司侵犯影视作品著作权案名列榜首,两家公司分别被处罚人民币 25 万元。[1] 自此,快播公司为规避版权和淫秽视频等法律风险,使用技术手段实现了缓存服务器的碎片化存储以及多台服务器同时进行片段下载,百度公司旗下的百度影音全面转型、下架盗版内容、打造原创正版内容。[2] 至今,快播公司及其四名主管人员已被定罪,百度公司尚未越过法律的红线。这两个案例能为我们分析网络服务提供者的明知提供参照。

先来看快播案。首先,被告人主观上具有概括故意,因而无须对于他人实施违法犯罪行为的具体性认识。快播公司 2013 年年底的"技术转型",一方面极大便利了违法文件的传播,并加强正犯的匿名性,另一方面使自己可以堂而皇之地搬出对于具体文件内容不知情的抗辩,属于故意无视,且明知该行为会造成危害社会的后果还希望或放任该结果的发生,具备此种意志因素时即便对于行为对象只有概括性认识也不妨碍被告人充足犯罪故意。其次,被告人的明知是高度盖然性认识。快播播放器及缓存服务器很容易成为违法犯罪行为的"帮凶",碎片化存储使 P2P 传输如虎添翼。从快播公司的介绍("5 秒加速,快速观影;我为人人,人人为我;全能播放,无所不播")可知,快播公司认识到自己的服务可能被用来实施违法犯罪行为的高度盖然性。案发后,北京市公安局从快播服务器中提取了 29,841 个视频文件,经过鉴定,其中 21,251 个是淫秽视频,淫秽视频的比例占到了总体视频的 70%,淫秽视频数量之大、占比之高,已经证实在获取软件程序的人之间,很多人极有可能使用软件来实施违法犯罪行为,这种可能性高到不能作为例外被容忍。被告人对于播放器软件实际被用于实施违法犯罪行为的高度盖然性也是存在明知的。有论者认为快播案并没有享受司法机关"全面性

---

[1] 国家版权局版权管理司:《国家版权局 2013 年度打击侵权盗版十大案件评析》,载《中国出版》2014 年第 10 期。

[2] 参见罗松:《百度影音全面下架盗版内容 转型娱乐平台》,载腾讯网,http://tech.qq.com/a/20131230/002912.htm。

考察”的待遇,没有考量软件的全体利用状况,[1]对此观点本书不敢苟同。再次,被告人明知的内容是犯罪行为。快播公司的违法行为早已引起监管部门的注意,深圳网监以及南山区广电局多次向快播公司作出行政处罚决定,明确指出其“提供的视听节目含有诱导未成年人违法犯罪和渲染暴力、色情、赌博、恐怖活动的内容”。[2] 虽然这只是行政处罚,但从快播公司提供的内容的性质来看,再进一步就到了刑法的规制地界了。被告人认识到用户利用自己的服务大量传播淫秽视频就等于明知他人实施犯罪行为。最后,推定被告人明知的事实基础包含行政机关、权利人、第三人等各渠道的通知;[3]被告人自己对内容进行编辑、选择;[4]为淫秽网站提供服务时收取服务费明显高于市场价格;向淫秽网站投放广告;广告点击率明显异常。

再来看百度公司。百度影音转型后,法律风险已消除,而百度云盘又涉嫌传播淫秽物品。用户先把盗版、淫秽视频上传到百度云盘中,再通过发布链接的方式传播,或者在网上商店售卖自己百度云盘的账号和密码,使他人登陆后获取,造成了违法内容大量传播。百度网盘采用了基于 MD5 Hash (哈希值)的文件特征判断技术。文件的哈希值好比人的 DNA,是文件彼此区分的特征码,哈希值一样的情况下,即便改变文件名称和后缀,也无法骗过检测系统,而对文件内容进行细微的改动也会使哈希值发生变化。采用这种技术之后能够自动屏蔽违法内容,当用户试图绕过哈希值审核的关卡上传违法内容时,百度网盘对于他人实施的犯罪行为充其量只有概括性认

[1] 参见刘艳红:《网络中立帮助行为可罚性的流变及批判——以德日的理论和实务为比较基准》,载《法学评论》2016 年第 5 期。

[2] 参见范君:《快播案犯罪构成及相关审判问题——从技术判断行为的进路》,载《中外法学》2017 年第 1 期。

[3] 参见范传贵:《“流氓快播”野蛮发展史:盗版色情是两宗原罪》,载《法制日报》2014 年 9 月 9 日;汪小汉、谢睿:《外逃 110 天后,快播老总归案》,载《南方都市报》2014 年 8 月 16 日,第 2 版。

[4] 参见袁国礼、顾梦琳:《快播被查服务器藏数万淫秽视频 年销售 1.8 亿元》,载《京华时报》2014 年 9 月 25 日,第 2 版。

识,无法达到具体性认识,且不具备希望或者放任危害结果发生的意志。百度网盘的技术措施针对绝大多数人有效,只有极少数人才能“翻越”技术的围墙。而百度网盘本身主要是用于实施合法行为,因而其对于他人实施的不法行为不可能有高度盖然性认识,最多只是一般性可能性的认识。既然百度网盘对于他人实施行为的认识既不具体,又流于一般,根本就谈不上对于行政违法行为还是犯罪行为的认识。和美国同款软件 Megaupload. com(互联星空)不同,百度网盘并没有给同一个文件分配多个网址链接,导致违法内容屡删不绝,和 P2P 文件分享软件 Aimster 也不同,百度网盘也没有通过加密程序来避免具体性认识,而是通过用户名和密码信息来保护用户隐私、方便其提取文档内容。由此,百度网盘并不存在故意无视,也不存在其他可供推定明知的事实基础。综上,百度网盘对于他人利用服务实施的违法犯罪行为并不存在明知,保持了网络服务的中立性,不承担法律责任。

二、网络服务提供者犯罪故意中意志因素的认定

当网络服务提供者积极追求危害社会结果的实现,为此与网络用户合谋并为其提供技术支持,此时刑事归责的判断一目了然。实践中普遍存在的情况是,网络服务提供者渴求流量和人气带来的广告、会员费等不菲的商业利益而对违法内容的传播不管不问、听之任之,实为追求一个非犯罪目的(营利目的)而放任危害结果的发生(违法内容大量传播)。因而在网络服务提供者实施危害行为时,其意志因素更多地表现为放任,而不是希望。

(一)“放任”含义之展开

从文义解释出发,“放任”指的是“听其自然,不加约束”[1]“不加干涉”。[2]“放任”一词的常见组合有:放任自流、放任不管、放任主义、自由放任等,“放任”也常与纵容、漠视、默许、默认、许可、接受等词语交叉等同使

---

〔1〕 参见《辞海》(第6版),上海辞书出版社2016年版,第482页。

〔2〕 参见《现代汉语词典》,商务印书馆1996年版,第359、1067页。

用。“放任”作为一种主观心态的体现,却未曾出现于心理学研究中。在刑法以外的其他法学学科以及相关法律规定中,“放任”也很少单独作为法学术语出现。[1] 我们还是得在刑法主观罪过的语境中讨论放任。当行为人放任危害结果发生时,危害结果并没有实际发生并不会使其懊恼,危害结果实际发生也没有超出其意料范围。总之在放任心态的支配下,行为人不会想方设法排除障碍,积极追求或者努力阻止特定危害结果的发生。[2] “当一个人不希望他的行为产生某种结果时,尽管他明显地认识到这种结果必将发生,也比他寻求达到这种结果要少受责备。”[3] 这说明放任危害结果发生的可归责性要低于希望危害结果发生。

(二)网络服务提供者犯罪故意中“放任”含义泛化危机

当前“放任”含义日渐泛化,流于一般化、生活化,脱离了刑法主观罪过中作为间接故意的意志因素的语境。这种转变首先体现于《淫秽电子信息解释(二)》。该解释第4条和第5条分别规定了出于牟利目的和不出于牟利目的的情况下,网站建立者、直接负责的管理者明知他人制作、复制、出版、贩卖、传播的是淫秽电子信息,允许或者放任他人在自己所有、管理的网站或者网页上发布,具备特定情形的,分别构成传播淫秽物品牟利罪和传播淫秽物品罪。同年最高人民法院主办的《人民司法》在“司法解释解读”专栏中刊登了最高人民法院法官关于《淫秽电子信息解释(二)》理解与适用的文章,文章指出《淫秽电子信息解释(二)》第8条第1项——行政主管机关书面告知后仍然实施上述行为的构成明知——指的是,“公安机关等行政主管机关,告知网站建立者、直接负责的管理者,他人在其所有、管理的网站或者

[1] 参见尹东华:《刑法中的放任论研究》,中国人民公安大学出版社2013年版,第2页;李兰英:《探问“意欲”为何——对故意概念中希望和放任的新诠释》,载《法律科学》2005年第5期。

[2] 参见高铭暄、马克昌主编:《刑法学》(第7版),北京大学出版社、高等教育出版社2016年版,第112页。

[3] 参见[英]鲁珀特·克罗斯、菲利普·A.琼斯:《英国刑法导论》,赵秉志等译,中国人民大学出版社1991年版,第31~32页。

网页上发布淫秽电子信息后,其仍然实施允许或者放任行为的,应当认定为明知"。[1]

继《淫秽电子信息解释(二)》出台后,学者们在评述快播案以及网络服务提供者危害行为的刑法规制时,频频使用"放任行为"的表述。"快播公司明知其快播软件和快播网络平台被用于传播淫秽视频而不予监管,反而用缓存服务器加速传播,这一放任行为在客观上对淫秽视频在网络上传播起到了推波助澜的作用,快播播放器软件借此得到推广,快播公司因此获利。"[2]"有些支持入罪的观点尝试以'构成不作为犯罪'来论证'快播'的犯罪性,该主张认为,快播作为便利播放淫秽视频的技术提供者,没有清除或阻止他人观看淫秽视频,因而是一种放任和纵容淫秽视频传播的行为,是以不作为的方式来传播淫秽视频。笔者认为,以不作为犯罪理论来支持控罪将陷入'不作为义务来源'的理论泥淖。"[3]另有论者对前论者反对以不作为犯罪来指控快播案被告人的观点进行了批判,认为其"明显表露出为了刑事归责,证明作为义务是障碍,因此直接将快播公司的放任行为论证为作为,而将实行行为的功能直接赋予了构成要件行为的意图,试图以构成要件的抽象框架来模糊作为与不作为的区分"。[4]"网络服务提供者出于招徕用户或者提高点击率等目的不履行法定义务而放任该违法内容的存在,那么如果该违法信息的制作、传播等行为已构成犯罪的话,从刑法理论而言该网络服务提供者的放任行为也已构成共同犯罪。"[5]"互联网的即时性与匿

---

〔1〕 喻海松:《〈关于办理利用互联网、移动通讯终端、声讯台制作、复制、出版、贩卖、传播淫秽电子信息刑事案件具体应用法律若干问题的解释(二)〉的理解与适用》,载《人民司法》2010年第5期。

〔2〕 范君:《快播案犯罪构成及相关审判问题——从技术判断行为的进路》,载《中外法学》2017年第1期。

〔3〕 毛玲玲:《传播淫秽物品罪中"传播"行为的性质认定——"快播案"相关问题的刑事法理评析》,载《东方法学》2016年第2期。

〔4〕 敬力嘉:《论拒不履行网络安全管理义务罪——以网络中介服务者的刑事责任为中心展开》,载《政治与法律》2017年第1期。

〔5〕 孙昌军:《网络安全法》,湖南大学出版社2002年版,第53页。

名性已经引起了我国立法者的重视,《刑法修正案(九)》增设了拒不履行信息网络安全管理义务罪、非法利用信息网络罪、帮助信息网络犯罪活动罪,扩大了犯罪圈,通过立法部分地解决了互联网共同犯罪中意思联络问题。然而这些规定只有辅助性功能,如果被放任、被帮助的网络犯罪远重于这些新增犯罪,就只能将放任、帮助等行为纳入共同犯罪的框架定罪处罚才能罚当其罪。"[1]"网络运营商和服务提供商明知负有网络安全管理义务、仍积极提供网络帮助或放任不管且造成法律所不允许的风险时,具有实质的可罚性。"[2]

上述论述存在以下几点不妥之处。首先,"放任行为"的表述不合理。其一,从放任所作用的对象来说,放任的主观心态作用于危害社会的结果。根据我国《刑法》第14条,间接故意的意志因素是放任危害社会结果的发生,若行为人没有对于危害结果的希望或者放任,便未设定对法益侵害的因果流,其主观罪过充其量只能是过失,绝不是故意。其二,从主客观构成要件要素相区分来说,不论采取哪一种犯罪论体系,主观构成要件要素与客观构成要件要素均有非常清晰的界分。"放任"属于刑法中间接故意的意志因素,是主观构成要件要素,不可能就这样"潜伏"到客观构成要件的"阵营"中,成为行为的一部分。其三,从行为人对于行为的态度来说,在间接故意主观罪过支配下实施了犯罪行为,行为人对于行为本身还是积极促成的。即便我们把"放任"一词按照其日常本意——"放任自流,不加干涉"——来理解,当行为人决意实施预定行为,那么对行为的实施就不是"放任"。

其次,"放任行为"不等于"不作为行为"。"放任"作为间接故意的意志因素,既可以表现为消极不履行义务的不作为,也可以表现为积极违反法律的作为,对于危害结果发生的不管不问、不积极回避阻止绝不代表行为人实

---

〔1〕 吕翰岳:《互联网共同犯罪中的意思联络》,载《法学评论》2017年第2期。
〔2〕 孙道萃:《网络片面共同犯罪的制裁边界:兼议"快播"案》,载《浙江工商大学学报》2016年第4期。

施了不作为的行为。

最后,“放任和帮助”的表述不合理。上述论证中有的学者没有直接采用“放任行为”的表述,但使用了“放任、帮助网络犯罪”“积极提供网络帮助或放任不管”的表述。显然,论者是将帮助视为作为行为,将放任视为不作为行为,而“作为行为、不作为行为”与“实行行为、帮助行为、教唆行为”是根据不同分类标准划分的行为类别。由此,帮助行为既可以以作为的方式实施,也可以以不作为的方式实施,绝不是仅指作为行为。在放任心态支配下实施的行为既可以是作为,也可以是不作为。将“放任”这种主观构成要件要素与“帮助”这种共犯形态中的行为方式并列规定,形成“二选一”的局面,是一种“混搭”。

(三)网络服务提供者犯罪故意中“放任”含义之回归

这些不科学、不严谨的论述对深化网络服务提供者犯罪故意的探讨设置了不小的障碍。究其源头,《淫秽电子信息解释(二)》中“允许或者放任”是始作俑者。从“允许或者放任”的表述来看,“或者”作为连词,前后所接的词具有相同性质但含义不同。“允许”指的是同意、答应、许可、允诺,[1]明显是一个动词,放任在这里也具有等同性质,表明网站建立者、直接负责的管理者对于淫秽电子信息拒不履行监管义务的不作为行为。用刑法中意志因素的专业术语“放任”来表明默认或者不闻不问的不作为行为,显然是用词不当,很容易引起误解。[2] 最高人民法院法官在对《淫秽电子信息解释(二)》进行解释时,没有指出“允许或者放任”的不妥当之处,反而将本解释中本来未规定“允许或者放任”的第 8 条中的“实施上述行为”理解为“实施允许或者放任行为”,将司法解释中还比较含蓄的错误一下子明显化了,强化了“放任”行为化的印象。

刑事司法解释在我国具有准法律的性质,既被司法人员奉若圭臬,又经

---

[1] 参见《辞海》(第 6 版),上海辞书出版社 2016 年版,第 2360 页。

[2] 参见陈兴良:《快播案一审判决的刑法教义学评判》,载《中外法学》2017 年第 1 期。

常被刑法学者作为展开讨论的大前提,因而对于司法解释的理解非常重要,其重要性并不亚于司法解释本身。面对《淫秽电子信息解释(二)》第4条和第5条两处提到"允许或者放任他人在自己所有、管理的网站或者网页上发布(淫秽电子信息)"的表述,具备刑法学专业知识的人会轻而易举地识别"放任"这一法言法语,进而会不自觉地联想到主观罪过中间接故意中的意志因素——放任,而不是首先从一般性、生活化的角度来理解"放任"。显然该司法解释将"放任"与"允许"并列,且作为一个动词,表示默认他人发布淫秽电子信息的行为,这显然突破了作为刑法术语的"放任",趋向于"放任"的本意——不闻不问、不加约束、不加干涉,并且带有纵容、放纵、默许的意味。当出现这种情况时,如果能修改司法解释当然更好,将此处的"放任"替换成"默许",如果不能修改司法解释,也应当进行补正解释,有意识地将此处的"放任"区别于作为间接故意意志因素的"放任",揭示出前者具有一定的动作性。刑法学者不应被个别解释中对于刑法术语的误用带偏,进而在论述中以讹传讹,使本来不甚明显的"放任行为"的错误随着对于网络服务提供者危害行为的主观罪过的探讨而变得不容忽视。刑法条文离不开语言文字,同时刑法条文也是规范性、经验性的总结,将日常生活用语抽象为规范,看似普通的词汇被赋予了特定的含义,以"放任"一词而言,我们应当使其回归间接故意的意志因素,面对超出这个含义范围来使用"放任"的情况,我们应当将其还原于日常生活用语,这样才能尽可能避免误解,保持讨论语境的一致性。

第二节 网络服务提供者刑事责任的犯罪过失之否定

"过失一词表示并且只能用于表示值得谴责的粗心大意。"[1]犯罪过失

[1] [英]塞西尔·特纳:《肯尼刑法原理》,王国庆等译,华夏出版社1989年版,第42页。转引自周光权:《注意义务研究》,中国政法大学出版社1998年版,第11页。

的本质是粗心大意,而犯罪故意无论在认识程度还是主观意志上都远远超过犯罪过失,体现出更强的应受谴责性。所以,《刑法》对故意和过失的刑事责任作了明确区分——故意犯罪,应当负刑事责任;过失犯罪,法律有规定的才负刑事责任。对于"法律有规定"有以下几种理解:法律有明文规定、法律有实质规定、法律有文理规定。[1] 与网络服务提供者直接相关的罪名——拒不履行信息网络安全管理义务罪、帮助信息网络犯罪活动罪、非法利用信息网络罪,以及网络服务提供者可能构成的虚假广告罪、破坏计算机信息系统罪,其主观罪过显然体现为故意,我们从中无法发现能够提示过失的明文规定、文理规定。然而上述罪名无法穷尽网络服务提供者的刑事责任规定,我们应从实质角度出发探求网络服务提供者是否存在犯罪过失。

一、网络服务提供者结果预见义务之探究

犯罪过失和过失犯罪性质不同,前者是罪过形式,后者是充足犯罪构成的行为,但是对于犯罪过失的探讨离不开过失犯(罪)的框架和理论。过失犯理论经历了旧过失论、新过失论、新新过失论三个发展阶段,这三种学说的争论至今尚未停息。

旧过失论产生于古典刑法时代,从意志自由论角度出发,认为过失与故意的区别在于行为人的道义非难可能性。犯罪过失的核心要素是违反注意义务,主要是结果预见义务,行为人应当预见、能够预见,竟然因为缺乏意识的紧张和努力(不注意)而没有预见。若行为人具有高度的或者应有的责任心,持有应有的或者足够的慎重态度,就不会发生危害结果。这种结果预见义务是具体的,而不是抽象的。由于旧过失论不考虑行为人是否履行了结果避免义务,容易扩大过失犯的处罚范围。修正的旧过失论将具备发生构

---

〔1〕 参见张明楷:《刑法学》(第6版),法律出版社2021年版,第369页。

成要件结果的一定程度的实质危险行为作为过失犯的构成要件要素，用以限定过失犯的成立，此时结果预见可能性完全被归为责任要素。

新过失论产生于科技高速发展时代，从规范责任论出发，认为过失责任由两重规范要素组成——违反注意义务，即结果预见义务；违反意思决定义务，即结果避免义务。新过失论以结果预见义务为基础，以结果回避义务为核心，行为人如果履行了结果回避义务，即便是对结果有预见义务也不构成过失犯。

新新过失论产生于高危行业剧增、公害犯罪频发的时代，是对新过失论的修正，认为新过失论中的结果预见义务不必是具体的，只要行为人对危害结果发生的可能性以及自己行为与危害结果之间的因果过程有笼统的“危惧感”“不安感”即可。新新过失论结果预见义务和预见可能性脱离了具体性的要求，与只要实施危害行为造成了危害结果就应负刑事责任的严格责任或绝对责任几乎没有区别，危惧感、不安感这些含糊而抽象的概念极易扩大过失犯的边界。[1]

不管采取哪种过失犯理论，结果预见义务始终是过失犯成立不可或缺的要素，并且作为责任要素加以探讨，可以说结果预见义务就是犯罪过失的内容。只要没有结果预见义务，就不存在犯罪过失，更不存在过失犯。如果能够证明网络服务提供者没有结果预见义务，那么就能否认网络服务提供者的犯罪过失。

这里所讨论的“网络服务提供者结果预见义务”问题，一定是采用旧过失论和新过失论中结果预见义务的含义，而不是新新过失论中结果预见义务的含义，也即结果预见义务是具体的，而不是抽象的。原因在于，其一，就网络服务的性质而言，网络服务虽然可能造成一定的危害，但绝非危险行业。所谓危险行业是指对社会生活必不可少但又可能造成人身伤害的业务

---

〔1〕 参见周光权：《注意义务研究》，中国政法大学出版社1998年版，第22～30页。

活动,如交通运输业、建筑企业、化学工业。新新过失论产生的社会背景就是此类危险行业大幅兴起,为解决危险行业中危害行为的归责问题才将具体的结果预见义务修正为抽象的结果预见义务。新新过失论一经提出就招致广泛的批评。即便是提倡新新过失论,网络服务提供者的刑事责任也不属于新新过失论适用的领地。其二,就网络技术发展而言,任何新技术的开发者对于可能有人滥用该技术实施违法犯罪行为均有不安感、危惧感。事实上任何新技术也可能被滥用来实施违法犯罪行为,网络服务作为第三次科技革命的代表性成果也不例外。如果以抽象的结果预见义务作为网络服务提供者可能承担的过失责任的基础,那么没有人敢提供网络服务了,技术发展将会受到极大限制。其三,网络服务提供者刑事责任依据的刑事政策是"适当从宽,以严济宽",这意味着在法律的限度内,网络服务提供者能不承担刑事责任就不承担刑事责任,能承担较轻的刑事责任就不承担较重的刑事责任,当然网络服务提供者实施了特定的对于社会公共利益和公民身心健康有重大损害的行为应当从严惩处。如果要在具体的和抽象的结果预见义务之间选择,当然是适度抬高过失犯成立标准的具体的结果预见义务更符合网络服务提供者刑事责任的刑事政策取向。

具体的结果预见义务并不要求预见到具体到是谁以何种方式实施了危害社会的行为,只需要在构成要件层面上加以把握,简而言之就是行为、结果、因果关系。所谓预见,指的是根据事物的发展规律预先料到将来。[1] 因而预见具有前瞻性,是针对尚未发生的事情做出的预判,当然其预判不是臆想的,而是根据发展规律推断而来的。当网络服务提供者推荐他人专门或者主要以参与非法活动的目的使用软件时,必然对于严重的社会危害后果具有预见可能性,但此时可以根据诱导侵权直接认定网络服务提供者存在故意,无须再考虑其过失责任。对于非以促进违法活动为目的的网络服务

---

〔1〕 参见《辞海》(第6版),上海辞书出版社2016年版,第2332页。

提供者而言，要求其承担对于网络用户上传信息的审查、监控义务在法律上无依据、在政策上不可取、在技术上不可行。这说明网络服务提供者对于网络服务实际被用于违法犯罪活动的认识不需要与违法犯罪活动的发生同步。网络服务提供者主观可归责性的基础是针对已经存在的违法犯罪活动积极促进或者不闻不问。对于尚未出现的违法犯罪活动，网络服务提供者在应然层面上不负有预见义务和预见可能性。

从一般意义上来说，网络服务提供者没有结果预见义务，不成立犯罪过失。有学者认为网络服务提供者与用户之间存在类似于监督者与被监督者的关系，有监督过失适用的余地。也有学者认为网络空间日益成为生活平台，网络服务提供者需承担相对独立的平台责任，平台责任在一定程度上引入了过失责任。这两种观点如果能够成立，那么依然可以说明网络服务提供者存在犯罪过失。

二、网络服务提供者监督过失之否定

“如果网络服务提供者在对危害结果具有预见可能性和回避可能性的情况下，实施了不作为的监督过失行为，该行为与危害结果之间具有因果关系，那么网络服务提供者就应当承担刑事责任。”即便被监督者实施了故意犯罪，监督者也不因信赖原则免于承担过失责任。[1] “互联网服务提供者，对其平台上的信息要进行定期检查，对服务用户的行为要进行督促、提醒，对有害信息、违法行为要进行纠正、处置，互联网用户处于被监督者的位置，互联网服务提供者处于监督者的位置，应承担监督责任。”[2]

工业化推进带来的前所未有的社会风险诱发了刑法学界对于责任承担主体的再思考。根据“罪责自负”的原则以及因果关系的直观性，承担刑事

---

〔1〕 陆旭：《网络服务提供者的刑事责任及展开——兼评〈刑法修正案（九）〉的相关规定》，载《法治研究》2015年第6期。

〔2〕 杨勖：《论互联网服务提供者的刑事责任位阶》，载《北京政法职业学院学报》2016年第3期。

责任的往往是直接的行为实施人,然而这些人只不过是在执行领导者、监督管理者的指令,而离犯罪现场较远,与危害结果发生的因果关系呈间接性、非直观性的指挥、领导行为无法受到刑法评价。这种"地位越高,离现场越远,越没有责任"的现象不仅有失公平,而且不利于防患事故类过失犯罪。由此,德国、日本刑法学者从 20 世纪 60 年代开始讨论监督过失犯罪的理论。〔1〕监督过失有两种形式,狭义的监督过失指的是对被监督者的行为缺乏监督,管理过失指的是未确立安全管理体制。〔2〕

狭义的监督过失有三个要点:其一,监督与被监督关系的存在,比如医生与护士,领导与职工;其二,监督者有义务监督被监督者的行为;其三,监督者与被监督者对于危害结果的发生均持过失心态。可能产生监督过失的场域存在于网络服务提供者与网络用户之间。从市场经济的角度来看,网络服务提供者与网络用户分别属于服务提供方和服务接受方,两者是平等的市场主体,不存在上下级关系。从网络用户权利保障而言,网络用户享有与现实空间没有区别的言论自由权,要求网络服务提供者成为网络用户进行网上活动的监督者,无异于赋予了网络服务提供者"网络警察"的身份。在网络服务提供者与网络用户力量对比悬殊的情况下,网络用户的自由会大幅受到限制。很多国家通过法律明文排除了网络服务提供者对于用户发布内容的一般性的监控、审查义务,因此,网络服务提供者没有义务监督网络用户的行为,网络服务提供者与网络用户之间不存在监督与被监督的关系。网络用户利用信息网络实施具体危害行为的主观罪过一般为故意,比如利用信息网络传播淫秽物品、实施诈骗行为、诽谤行为,行为人对于危害结果的发生持追求或者放任的心态,这正是其主动利用信息网络这一有力的传播途径来实施这些行为的原因。虽然网络服务提供者的主观罪过是待证事实,但是在网络用户出于故意实施了犯罪行为的情况下,我们至少可以

---

〔1〕 参见易益典:《监督过失犯罪论》,华东政法大学 2012 年博士学位论文,第 6 页。

〔2〕 参见张明楷:《刑法学》(第 6 版),法律出版社 2021 年版,第 390 页。

确证网络服务提供者与网络用户之间不存在过失的竞合。由上观之,网络服务提供者成立狭义监督过失的可能性被全面封堵。

网络服务提供者承担的信息网络管理义务包括了确立安全管理体制。如《网络安全法》第 21 条第 1 项规定,网络运营者应当制定内部安全管理制度;第 59 条规定,网络运营者不履行此项义务的,由有关主管部门责令改正,给予警告,拒不改正或者导致危害网络安全等后果的,处 1 万元以上 10 万元以下罚款,对直接负责的主管人员处 5000 元以上 5 万元以下罚款。国务院发布的《互联网信息服务管理办法》第 6 条第 2 项规定,从事经营性互联网信息服务应当有健全的网络与信息安全保障措施,包括网站安全保障措施、信息安全保密管理制度、用户信息安全管理制度。可见,行为人未确立安全管理体制可能构成行政违法行为,并因此受到行政处罚。行为人承担行政责任以具备主观过错作为前提,主观过错同样包括故意和过失,可以说,行为人未确立安全管理体制承担行政责任时是出于管理过失。网络服务提供者因未确立安全管理体制而承担刑事责任的情况只存在于网络服务提供者经监管部门责令采取改正措施而拒不改正。"拒不改正"体现了网络服务提供者无视、轻视监管部门行政命令的决意,完全是一种故意心态,远非管理过失能够涵盖。因此网络服务提供者刑事责任的主观方面也不可能是管理过失。

三、网络服务提供者平台责任中过失责任之否定

"网络服务具有公共服务属性,网络平台是当今网络社会的枢纽。网络服务提供者是网络平台的缔造者和管理者,其行为对于确保网络社会安全有序影响重大。网络帮助行为'一对多'的特征在网络服务提供者的行为中更加明显。"因而在对网络服务提供者帮助行为的制裁体系中,在共犯责任和正犯责任之外,又多出了较为独立的平台责任,具体体现为拒不履行信息网络安全管理义务罪。成立本罪无需以他人实施犯罪行为为前

提,仅仅因为网络服务提供者没有做好自己的本职工作——经监管部门责令采取改正措施后拒不改正,造成特定情形或者结果——而具有刑事可罚性。“拒不履行信息网络安全管理义务罪的增设,实际上是立法者对平台责任的强化,有条件地引入了‘过失责任’。”该论点的论据有两个。其一,拒不履行信息网络安全管理义务罪的客观构成要件是:不履行义务的行为、不改正的行为、特定危害结果的发生。行为人不履行义务可能是出于故意,也可能出于过失;行为人不改正当然是出于故意;行为人对于自己拒不履行义务可能造成的危害结果持有间接故意与过于自信的过失的复合心理。由此,拒不履行信息网络安全管理义务罪存在犯罪过失的可能性。其二,帮助信息网络犯罪活动罪是与拒不履行信息网络安全管理义务罪分别代表正犯责任和平台责任的评价模式。前者脱胎于帮助犯,依然以明知他人实施犯罪行为为前提,同时由“明知”的规定可知本罪的罪过形态是故意。后者相较于前者显然更具有独立性。两者的法定刑几乎一样。为了充分体现两个法条的独特价值,应当认为后者有条件引入了“过失责任”。

本书对“平台责任”这一创新性术语本身不予置评,但本书认为平台责任并不能推导出过失责任,强化平台责任并不意味着要设置过失责任。其一,主观罪过是对危害行为、危害结果和因果关系的整体性认识及意志,不能以偏概全地将对于个别构成要件要素的认识作为主观罪过的内容。拒不履行信息网络安全管理义务罪的危害行为表现为复合行为,即对义务的两次违反:第一次是违反法律、行政法规规定的义务,第二次是未遵照监管部门指令立即整改。本罪的危害结果既包含直接结果、实质结果——法律、法规、行政命令得不到遵守、公共秩序受到损害,又包含间接结果、形式结果——违法信息大量传播、用户信息泄露、刑事案件证据灭失。“行为人明显故意实施犯罪行为,刑法又要求发生某种危害结果才成立犯罪,而该结果往往相当严重,但刑法规定的法定刑较低,如果认为其对该严重结果必须出于故意,则既不能区分此罪与彼罪,也不能做到罪刑相适应。”此时对于存在双重危害结果的故意犯罪,将部分危害结果作为客观的超过要素,行为人对于这部分危害结果不必有认识和意志,只需具备预见可能性即可。[1] 由此可知,拒不履行信息网络安全管理义务罪中明文规定的危害结果属于典型的客观的超过要素,而行为人对于复合行为及其造成公共秩序受损害的结果显然出于犯罪故意,因而本罪的主观罪过是故意。其二,帮助信息网络犯罪活动罪与拒不履行信息网络安全管理义务罪同时被引入刑法,均是对网络犯罪的回应,具体而言是对网络服务提供者刑事责任的规定。这两个罪有不同的犯罪构成,适用于不同的情形,这便是两个罪区分的意义。上述论者的逻辑是,这两个罪本来应该是不同的,但两者的法定刑基本相同,如果两者的罪过形式都一样,就丧失了独立的价值,所以应当在罪过形式上进行区分。很显然,这个推论太僵化了。其三,在“有条件引入过失责任”的基础上进一步提出“间接故意与过于自信过失的复合罪过”不可取。过失犯罪以法律规定为限,包含犯罪过失的复合罪过也应当以法律规定为限。我国《刑法》中故意与过失并存的犯罪只有一个——食品监管渎职罪。食品监管渎职罪包含了滥用职权和玩忽职守两种行为方式。《刑法》第 397 条规定了滥用职权罪与玩忽职守罪,前者的主观罪过是故意,后者的主观罪过是过失。[2] 食品监管渎职罪本来也该划分为食品监管滥用职权罪和食品监管玩忽职守罪,但是最高人民法院和最高人民检察院于 2011 年发布的《关于执行〈中华人民共和国刑法〉确定罪名的补充规定(五)》只确定了食品监管渎职罪这一个罪名,因而便出现了“一个罪名承载两种主观罪过”的现象。对于拒不履行信息网络安全管理义务罪,不能在法律没有规定的情况下创设复合罪过。

故意与过失在主观罪过上存在高低度的位阶关系。在故意的主观罪过

---

[1] 参见张明楷:《刑法分则的解释原理》(第 2 版),中国人民大学出版社 2011 年版,第 483 页。
[2] 参见张明楷:《刑法学》(第 6 版),法律出版社 2021 年版,第 1636、1639 页。

支配下实施了犯罪行为,出于过失实施同样行为未必能构成犯罪;而在过失的主观罪过支配下实施的行为构成犯罪,出于故意实施同样行为必然能够构成犯罪。从这个角度而言,网络服务提供者刑事责任的主观罪过只能是故意,不能是过失,这并不违背常理。

第六章

网络服务提供者刑事责任的承担方式

在我国传统刑法理论中,刑事责任是指刑事法律规定的,因实施犯罪行为而产生的,由司法机关强制犯罪者承受的刑事惩罚或单纯否定性法律评价的负担。[1] 这是从狭义上理解刑事责任,将其作为行为人有责地违反了刑事义务后应当承受的不利后果,实际上是将刑事责任等同于刑事负担。[2] 本书在广义上理解刑事责任,将其作为统摄刑法理论全局的主线,包含了刑事义务、刑事归责和刑事负担等内容。不包括刑事负担的刑事责任在法律上是没有意义的,只有通过刑事负担才能实现刑事责任,前文论述的刑事政策、刑事义务、客观方面、主观方面最终都要落脚到刑事负担上面。刑事负担就是让有责的行为人感到痛苦的不利后果。具体的承担方式包括刑罚、非刑罚处罚措施及保安处分,就"罪—刑"关系来说是定罪判刑、定罪免刑、保安处分。定罪判刑、定罪免刑中的"刑"均指刑罚,而不是指刑事责任,不管是否被判处刑罚,只要被定罪,都免不了要承担刑事责任。定罪判刑和定罪免刑是两种完全不同的情况,前者需要判处刑罚,后者不需要判处刑罚,而保安处分可以分别与这两者叠加适用。下文分别探讨这三种刑事责任承担方式如何适用于网络服务提供者。

---

〔1〕 参见高铭暄、马克昌主编:《刑法学》(第7版),北京大学出版社、高等教育出版社2016年版,第201页。

〔2〕 参见冯军:《刑事责任论》,法律出版社1996年版,第19页。

第一节　网络服务提供者的刑罚

一、适用于网络服务提供者的刑罚种类及特征

我国刑法中与网络服务提供者密切相关的罪名有：拒不履行信息网络安全管理义务罪、非法利用信息网络罪、帮助信息网络犯罪活动罪。其法定刑分别是3年以下有期徒刑、拘役或者管制，并处或者单处罚金；3年以下有期徒刑或者拘役，并处或者单处罚金；3年以下有期徒刑或者拘役，并处或者单处罚金。这三个罪名的刑罚规定具有诸多共性。其一，从整体上来看，就刑质而言，属于轻刑；从对犯人权益性质的剥夺而言，既有自由刑又有财产刑；就刑罚的体系地位而言，既有主刑又有附加刑。其二，刑罚种类包含管制、拘役、有期徒刑、罚金。其三，罚金刑占据重要地位。这些犯罪既可由自然人实施，又可由单位实施，罚金刑既是遏制自然人贪利犯罪的有力后果，又是犯罪单位唯一的刑罚后果。其四，只有一档法定刑，且法定刑较轻，具有鲜明的法定犯特征。其五，均规定了"同时构成其他犯罪的，依照处罚较重的规定定罪处罚"，这意味着构成上述犯罪的行为完全可能适用其他犯罪的刑罚。

在司法实践中已经被用于或者可能被用于制裁网络服务提供者危害行为的罪名有传播淫秽物品罪、传播淫秽物品牟利罪、破坏计算机信息系统罪、侵犯著作权罪、虚假广告罪等。这些罪名的共性是：其一，在贪利型犯罪中规定了罚金刑，即传播淫秽物品牟利罪、侵犯著作权罪、虚假广告罪中均包含罚金刑；其二，基本法定刑都在3年有期徒刑以下，只有破坏计算机信息系统罪是例外；其三，刑罚种类包括管制、拘役、有期徒刑、无期徒刑、罚金。

在网络先行国家，罚金刑是网络服务提供者刑事责任的主要承担方式。《美国法典》第18篇第110章"对于儿童的性剥削及其他虐待"第2258A条规定，电子通信服务提供者及远程计算机服务提供者明知自己保管或控制

范围内的信息中存在涉及儿童色情的事实或情况，需要尽快向国家失踪和被虐待儿童中心报告。[1] 一开始就知道并且故意不报告的，处15万美元以下的罚金，第二次或其后知道并且故意不报告的，处30万美元以下的罚金。[2]《德国刑法典》第184条"散发淫秽文书"第5款规定，持有对儿童的性滥用为对象的淫秽文书（包括淫秽电子信息），如果此等文书反映事实或接近事实真相的，处1年以下自由刑或罚金刑。另外，德国于2007年通过的《远程媒体法》最后一条规定，实施了违反本法规定的行政违法行为，将被处以5000欧元以下的罚款。[3] 这是该法规定的唯一的法律后果，虽然只是行政罚款，并不是罚金刑，但凸显了经济性处罚在制止违法犯罪行为方面的重要性。澳大利亚于1996年通过的审查法将故意传输令人反感的材料、持有令人反感的材料、为令人反感的材料提供广告服务、要求传输令人反感的材料规定为犯罪，实施这些行为将被处以1.5万澳元的罚金，或者18个月的有期徒刑，法人实施此犯罪行为，将被处以7.5万澳元的罚金。[4] 在瑞典海盗湾网站运营者帮助侵犯著作权案中，被告人Fredrik Neij、Peter Sunde和Carl Lundström共同承担4600万瑞典克朗的罚金，被告人Gottfrid Svartholm被判处750万瑞典克朗罚金。[5] 日本Winny软件开发者帮助侵犯著作权案中，被告人金子勇被京都地方裁判所判处150万日元罚金。[6] 阿根廷Taringa！网站运营者帮助侵犯著作权案中，被告人Hernán Botbol和Matías Botbol被

---

[1] 18 U. S. C. A. § 2258A(a)(2).

[2] 18 U. S. C. A. § 2258A(e).

[3] Telemedia Act § 16(3).

[4] Meghan A. Wharton, *Pornography and the International Internet: Internet Content Regulation in Australia and the United States*, 23 Hastings Communication and Entertainment Law Journal 149 (2001).

[5] Ernesto, *Jail Sentence for Pirate Bay Co-founder Made Final*, https://torrentfreak.com/jail-sentence-for-pirate-bay-co-founder-made-final-111014/.

[6] 最高裁判所2011年12月19日判决，最高裁判所刑集65卷9号1380页，案号：2009(A)1900，载http://www.courts.go.jp/app/hanrei_en/detail?id=1131。

阿根廷共和国布宜诺斯艾利斯法庭判处2万美元的罚金。[1]

二、对网络服务提供者适用较重刑罚之问题及化解

与网络服务提供者密切相关的罪名均由《刑法修正案(九)》增设。当网络服务提供者实施的犯罪行为发生在《刑法修正案(九)》生效之前,而对其犯罪行为的审判在《刑法修正案(九)》生效之后进行,可否对该网络服务提供者适用《刑法修正案(九)》中网络服务提供者的刑事责任条款?我国刑法对溯及力采取从旧兼从轻的规定,一般适用旧法(行为时的法律),如果新法(行为时未生效而审判时已生效的法律)比旧法的规定要轻,则适用新法的规定。上述三个罪名的法定刑较轻,在行为已经触犯旧法的情况下,极有可能新法的法定刑要轻于旧法,按照从旧兼从轻的原则应当适用新法。然而新法均规定了"同时构成其他犯罪的,依照处罚较重的规定定罪处罚",按照这个规定又应当适用处罚较重的旧法规定。刑法本来从"有利于被告人"的角度出发规定了从旧兼从轻原则,但是在网络服务提供者刑事责任的刑罚后果上,兜兜转转还是要依据处罚较重的旧法判决。由此,新法所规定的刑罚的适用余地何在?从旧兼从轻原则如何体现?有利于被告人和竞合从重的矛盾如何化解?

网络服务提供者为实施危害行为的网络用户提供帮助,使危害结果更严重,按照已有犯罪的共犯评价即可,而且处罚较重。为何立法者会出于"有效打击和预防网络违法犯罪、确保网络安全和秩序"的目的专门增设处罚较轻的网络服务提供者刑事责任条款?[2] 我国刑法通说采取共犯从属性

[1] Claudio Ruiz Gallardo & J. Carlos Lara Gálvez, *Liability of Internet Service Providers (ISPs) and the exercise of freedom of expression in Latin America*, http://www.palermo.edu/cele/pdf/english/Internet-Free-of-Censorship/02, p. 24, Visiting Time: 04-27-2017. *Taringa! Legal issues*, https://en.wikipedia.org/wiki/Taringa! #Legal_issues, Visiting Time: 04-27-2017.

[2] 参见胡云腾:《最高法胡云腾专委解读刑法修正案(九)》,载 http://www.acla.org.cn/html/lilunyanjiu/20151118/23543.html。

原理,即共犯成立犯罪至少要求正犯者着手实行了犯罪。由此,帮助犯的成立需要具备意思联络以及正犯着手实施犯罪。网络服务提供者与用户之间呈现“一对多”的关系,双方意思联络的缺乏以及正犯者数量多、但单个正犯行为的危害性较小的状况,使网络服务提供者难以被认定为帮助犯。此时,仅以单方面明知用户实施危害行为,或者不要求认识用户的行为,仅凭自己违反刑事义务的行为便可入罪的网络服务提供者刑事责任条款便显现出优势了。

由此,专门性的网络服务提供者刑事责任条款是为了解决共犯责任难以评价所有的网络服务提供者危害行为的问题,是对共犯责任评价不足的补充,同时体现了对网络犯罪采取从严打击的刑事政策。网络服务提供者刑事责任条款并不是为了排除共犯责任的适用,相反表现出了“谦虚让贤”的态度,即一旦网络服务提供者符合其他更重的犯罪就适用其他犯罪的规定。这为的是不同法条之间配合良好,防止处罚漏洞。比如,在杨某诈骗案中,被告人杨某是南宁电信宾阳分公司员工,负责帮助客户安装宽带。杨某于2014~2015年,先后多次为网络诈骗团伙办理、安装“黑宽带”,从中获利7万余元。所谓“黑宽带”指的是安装人给电信公司安装员工一定的费用,利用虚假的身份证信息在电信公司注册,开通上网业务,利用网络实施诈骗。人民法院在2016年11月判决杨某构成诈骗罪,有期徒刑六年,并处罚金10万元。[1] 该案中,犯罪行为实施时与审判时分别处于《刑法修正案(九)》颁布前后,犯罪行为既符合“诈骗公私财物,数额巨大的”的诈骗罪,又符合“明知他人利用信息网络实施诈骗犯罪,为其犯罪提供互联网接入,情节严重的”的帮助信息网络犯罪活动罪。但是法官在判决时毅然选择诈骗罪,未论及帮助信息网络犯罪活动罪。近年来刑法学界产生了“由刑到罪、以刑制罪、以刑定罪”的逆向犯罪认定思维,即刑罚的具体形态决定着犯罪的内涵、

---

〔1〕 参见广西壮族自治区宾阳县人民法院刑事判决书,(2016)桂0126刑初149号。

外延,应立足于量刑妥当性考虑、选择法条予以解释、适用。[1] 被告人杨某实施的诈骗犯罪情节严重,数额较大,根据罪责刑相适应的原则,应当判处较重的刑罚。在杨某的犯罪行为同时符合的两个罪名中,只有诈骗罪才包含了较重的刑罚,而帮助信息网络犯罪活动罪远远不能评价杨某的行为,所以最终定为诈骗罪。

从旧兼从轻依然是我国处理刑法的时间效力的基本原则。只不过专门性的网络服务提供者刑事责任条款有特殊规定,不管是否涉及溯及力问题,在产生竞合的情况下均应适用较重的处罚。有利于被告人原则应当在刑法规定的框架内实现,“同时构成其他犯罪的”应遵循竞合从重的处断原则,[2]不应一味强调保护被告人而对其适用较轻的刑罚。对于被告人而言,没有刑罚、没有刑法、没有犯罪的规定是再好不过的,但这根本不现实。

三、网络服务提供者罚金刑裁量难题及化解

我国《刑法》对于网络服务提供者的罚金刑规定采用“并处或者单处罚金”的表述,也不排除个别“并处罚金”的规定,在罚金数额的确定上,采用了抽象罚金制,即只抽象地规定判处罚金,既未规定具体数额,也未给出相应的比例和倍数。我国快播案以及其他国家网络服务提供者的刑事案例中,网络服务提供者动辄被判处成百上千万元的罚金,犯罪的单位和犯罪的自然人被判处的罚金数额相差悬殊,不同自然人之间被判处的罚金刑数额也不尽相同。那么,网络服务提供者罚金刑的数额应当如何裁量?网络服务提供者内部不同被告人之间罚金刑数额差异的依据何在?

为防止不同地区、不同层级的法院在刑罚裁量中差异过大,最高人民

---

〔1〕 参见王华伟:《误读与纠偏:“以刑制罪”的合理存在空间》,载《环球法律评论》2015 年第 4 期。
〔2〕 参见陈洪兵:《〈刑法修正案(九)〉中“同时构成其他犯罪”相关条款的理解适用——“大竞合论”立场再提倡》,载《政治与法律》2016 年第 2 期。

法院于2014年起开始实施《关于常见犯罪的量刑指导意见》,并于2017年3月9日发布了修订后的《关于常见犯罪的量刑指导意见》,对15种犯罪被判处有期徒刑、拘役的案件给出了具体的量刑幅度和量刑区间。遗憾的是,量刑规范化活动并未惠及罚金刑。《刑法》第52条规定,判处罚金,应当根据犯罪情节决定罚金数额。所谓犯罪情节指的是犯罪过程中的各种事实情况,[1]即刑法规定或认可的、体现行为人的主观恶性或行为的社会危害性程度,影响定罪量刑的主客观情况。[2] 犯罪情节包括犯罪行为、犯罪结果、主观罪过、行为人的实际状况、被害人的实际状况、行为发生的时间、地点等等各种主客观要素,范围特别广泛,因而"根据犯罪情节决定罚金数额"的规定并无法为罚金刑的裁量提供具体的标准。《最高人民法院关于适用财产刑若干问题的规定》第2条强调根据犯罪情节中的两个因素(违法所得数额、造成损失的大小)来裁量罚金刑。《刑法》第64条规定,犯罪分子违法所得的一切财物,应当予以追缴或者责令退赔。"犯罪分子违法所得"即"犯罪所得",[3]是指违法犯罪行为所产生的收益,与犯罪行为之间有紧密的联系。犯罪所得既包括犯罪行为直接产生的收益,如行为人实施盗窃罪所获得的赃物,也包括犯罪行为间接产生的收益,比如未经著作权人许可通过信息网络传播他人作品、在网站或者网页上提供刊登收费广告服务并收取的费用。"造成损失的大小"指的是危害结果的严重与否。危害结果包括物质性损失与非物质性损失,前者如行为人将一部正在热映的电影上传至网络,致使该电影的票房收入受到影响,受影响的票房收入即作为行为人是否构成侵犯著作权罪的客观方面的考量因素;后者如伤害行为致使被害人身体机能受损、强奸行为致使被害人精神受到强

---

[1] 参见姜伟:《犯罪形态通论》,法律出版社1994年版,第122页。

[2] 参见胡云腾:《论我国刑法中的情节》,西南政法学院1986年硕士学位论文,第7页。转引自廖瑜:《论犯罪情节》,西南政法大学2009年博士学位论文,第4页。

[3] 参见时延安:《违法所得没收条款的刑事法解释》,载《法学》2015年第11期。

烈刺激诱发精神疾病、传播虚假恐怖信息致使人心惶惶、破坏安定的社会秩序等。

网络服务往往由公司、企业作为一个单位提供,或数个人合作提供,因而网络服务提供者实施危害行为往往呈现单位犯罪、共同犯罪的格局,对于单位犯罪、共同犯罪总体的违法所得数额较为容易判断,按照前面介绍的方法,根据总体收益与犯罪行为联系的紧密程度来划定违法所得的范围,但是对于单位的主管人员及直接负责的责任人员、共同犯罪中各行为人而言,能否将其各自的违法所得与总体的违法所得相分离?

在上海七洲网络信息有限公司等传播淫秽物品牟利案中,被告人李某宇、李某雷、李某亮、李某长、梁某、卢某、孙某成立、运营上海七洲网络信息有限公司,下载淫秽电影后上传至七洲下载网站服务器,开通两个淫秽电影专区,注册会员达 13 万余人。经统计,被告人下载的淫秽电影有 264 部,上传到服务器的淫秽电影有 151 部。一审上海市浦东新区人民法院判处被告单位上海七洲网络信息有限公司罚金人民币 100 万元,李某宇罚金人民币 1.1 万元,李某雷罚金人民币 4000 元,梁某罚金人民币 1 万元,卢某罚金人民币 1100 元,孙某罚金人民币 1000 元。被告人上诉至上海市第一中级人民法院,二审法院判决驳回上诉、维持原判。[1] 在陈某鹏等传播淫秽物品牟利案中,被告人陈某鹏是四川省成都市网源科技有限公司负责人,被告人张某(四川籍)、陆某祥、张某(湖北籍)、安某成分别为陈某鹏提供程序软件服务,上传色情图片、小说,维护、更新网站,出租服务器服务,陈某鹏将色情网站广告位出租给陈某荣,收取租金人民币 16 万元。经鉴定,网站中淫秽图片有 2046 张。五名被告人均构成传播淫秽物品牟利罪,均被判处有期徒刑和罚金刑,其中陈某鹏被判罚金人民币 60 万元,张某(四川籍)、张某(湖北籍)、陆某祥分别被判处罚金人民币 20 万元,安某成被判处罚金

---

〔1〕 上海市第一中级人民法院刑事裁定书,(2004)许一中刑终字第602号。

人民币 15 万元。[1] 这两个案例中,被告人均利用互联网传播淫秽物品(淫秽电影、淫秽图片),均触犯了传播淫秽物品牟利罪,均被判处罚金刑。两个案例的差别在于,前者涉及单位犯罪,未提及被告人的违法所得数额,单位承担的罚金刑比自然人承担的罚金刑明显更重;后者涉及共同犯罪,提到被告人陈某鹏获取了 16 万元的广告费用,被告人承担的罚金刑比单位犯罪中自然人承担的罚金刑明显更重。

既然单位犯罪与共同犯罪是行为人与犯罪行为的集合体,是各种因素综合作用的结果,因此将行为人各自的违法所得与总体的违法所得相分离既不可能也无必要。在裁量单位犯罪与共同犯罪中的行为人的罚金刑时依然固守违法所得的标准是行不通的,应当根据行为人在单位中的职位、地位、在单位犯罪中所起的作用以及在共同犯罪中的分工、作用来确定各自的罚金刑。

快播案中,四名自然人被告人均为快播公司直接负责的主管人员,王某是快播公司法定代表人,张某负责快播公司核心技术,吴某负责快播播放器等核心产品的营销工作,牛某负责市场部和网络信息安全小组,四个人对于犯罪结果的贡献存在大小之别,这决定了四个人的罚金刑绝不可能完全一致,而是存在高低之别。上海七洲网络信息有限公司等传播淫秽物品牟利案也是如此,被告人李某宇是淫秽网站——七洲下载网站的设立者、七洲网络信息有限公司的成立者,被告人梁某是七洲下载网站中淫秽电影的内容提供者,因而两名被告人被判处的罚金刑是最高的,其他被告人被判处的罚金刑则相对较低。在陈某鹏等传播淫秽物品牟利案中,可以更明显地看出以违法所得来裁量共同犯罪中各行为人的罚金刑之不可行。本案中直接实施了传播淫秽物品行为的被告人有陈某鹏、张某(四川籍)、陆某祥、张某(湖

---

〔1〕《陈锦鹏等传播淫秽物品牟利案》,载北大法宝网,http://iras.lib.whu.edu.cn:8080/rwt/PKULAW/http/P75YPLURNN4XZZLYF3SXP/case/pfnl_1970324837276017.html?keywords=传播淫秽物品牟利&match=Exact。

北籍),为陈某鹏等人运营的淫秽网站提供服务器租用(服务器托管服务)的被告人是安某成,而最后收取广告费用 16 万元的是陈某鹏。至于陈某鹏是将这 16 万元全部收入腰包,还是与其他被告人共同分配这笔收益,从公布的案件信息中无法得知。我们可以假设两种情况,第一种情况中,陈某鹏"独吞"16 万元收益,那么他的违法所得就是 16 万元,而其他被告人的违法所得就是零。第二种情况中,陈某鹏与其他被告人分摊收益,五个人分 16 万元,平均一个人获得的收益约为 3 万元。如果根据共同犯罪中每个行为人的违法所得来决定其罚金刑,那么在第一种情况中,只有陈某鹏应当被判处罚金刑,而其他被告人不应被判处罚金刑。在第二种情况中,每个被告人被判处的罚金刑不应当明显超过 3 万元,而从判决结果来看,除了提供服务器托管服务的被告人安某成所判处的罚金略低于违法所得 16 万元之外,其余被告人所判处的罚金刑均远高于违法所得的总额。

综合来看,对网络服务提供者危害行为进行刑法规制时,在罚金刑数额的确定上,既应当考量违法所得数额,又应当根据各行为人所处的地位、所起的作用、对于危害结果实现的贡献进行裁量。前者是一种整体性的判断,通常用于网络服务提供者实施单位犯罪时单位被告人的罚金刑裁量。后者是一种个性化的判断,即揭开单位犯罪的面纱,着眼于单个行为人的行为,并分析、比较其作用大小,量定其应当承担的罚金刑,做到罪责刑相适应。

第二节　网络服务提供者的非刑罚处罚措施

一、适用于网络服务提供者的非刑罚处罚措施种类

我国《刑法》第 37 条规定了"入罪免刑""无刑罚的犯罪"的情形。[1]

---

〔1〕 参见郑超:《无刑罚的犯罪——体系化分析我国〈刑法〉第 37 条》,载《政治与法律》2017 年第 7 期。

“对于犯罪情节轻微不需要判处刑罚的,可以免予刑事处罚,但是可以根据案件的不同情况,予以训诫或者责令具结悔过、赔礼道歉、赔偿损失,或者由主管部门予以行政处罚或行政处分。”行政处分是由国家机关、企事业单位对其所属的国家工作人员的违法失职行为给予的惩戒,网络服务提供者是提供网络服务的市场主体,显然不属于国家工作人员,不是行政处分的适格对象。除了行政处分,其余均可以适用于网络服务提供者。这些非刑罚处罚措施又可以分为两类,一类只能由刑法加以规定,即仅免予刑事处罚,而不附加其他处罚措施,又被称为“单纯宣告有罪”;另一类既规定在刑法中,又规定在其他法律中,即训诫、责令具结悔过、责令赔礼道歉、责令赔偿损失、行政处罚。下文分而论之。

二、专门由刑法规定的网络服务提供者的非刑罚处罚措施

专门由刑法规定的非刑罚处罚措施只有“单纯宣告有罪”。“单纯宣告有罪”不仅体现于《刑法》总则“免予刑事处罚”中,还体现于《刑法》分则大量的“应当免除处罚”“可以免除处罚”的规定中。有论者认为“单纯宣告有罪”是独立于训诫、责令具结悔过等非刑罚处罚措施的一种刑事责任承担方式。[1] 理由在于《刑法》第37条规定了“对于犯罪情节轻微不需要判处刑罚的,可以免予刑事处罚”后紧接着规定“但是可以根据案件的不同情况,予以训诫……”“但是”作为转折词,表示后半句的含义与前半句存在对立的矛盾关系,这说明“但是”前后表述两种不同的处罚方法。“可以”表示非强制性,应然上“可以”,实然上没有这么做也并不违反法律规定,这意味着人民法院可以宣告训诫、责令具结悔过等措施,当然也可以不宣告。由此,“单纯

[1] 参见张明楷:《刑法学》(第6版),法律出版社2021年版,第812页;高铭暄、马克昌主编:《刑法学》(第7版),北京大学出版社、高等教育出版社2016年版,第249页;夏尊文、喻福东:《非刑罚化的界限研究》,载《行政与法》2011年第11期;杜雪晶:《中国非刑罚化论纲》,吉林大学2005年博士学位论文,第98页。

宣告有罪”应当与以“训诫、责令具结悔过等”为内容的非刑罚处罚措施有所区分，前者是定罪免罚，不仅免除了刑罚，而且连一般性的处罚都不必承担；后者是定罪免刑，只是免除了刑罚。

本书认为“单纯宣告有罪”同样属于非刑罚处罚措施，与“训诫、责令具结悔过等”只存在处罚种类的差异，而不存在本质的区别。理由在于，其一，从语义出发，“但是”后面的“可以予以训诫、责令具结悔过等”并不是要否定“但是”前面的“可以免予刑事处罚”，而是在“可以免予刑事处罚”的前提下，增加了多样化、实质性的非刑罚处罚方法。其二，从适用前提来看，“单纯宣告有罪”与“予以训诫、责令具结悔过等”均针对已经构成犯罪但是没有必要判处刑罚的行为人，说到底都是非刑罚的措施。其三，从“单纯宣告有罪”对于被告人的权益处分来看，对行为人进行有罪宣告即是代表国家的司法机关对其施加最严厉的否定评价。不论审判是否公开进行，宣告判决一律公开进行。[1] 公开进行的有罪宣告足以让行为人感受到外界和内心的强烈谴责，进而对其参与社会生活产生影响，“单纯宣告有罪”当然是一种处罚措施。

既然宣告判决一律公开进行，那么对于网络服务提供者单纯宣告有罪也不能例外，控、辩、审三方同时在庭，还应允许其他公民到场旁听。网络服务提供者参与的危害行为之所以造成了严重的危害后果，与网络的传播速度和效率是分不开的，考虑到网络介质的特殊性，可以尝试利用网络直播庭审的方式来进行有罪宣告。快播案为“网络犯罪网络审”开了先例，使法庭审判过程直观地呈现在公众面前。通过网络直播庭审过程及判决宣告至少能强化两方面的积极效应：其一，让被告人网络服务提供者感受到更强烈的否定评价，使其不愿犯罪、不敢犯罪；其二，对社会公众进行普法教育，让其意识到什么行为构成犯罪，构成犯罪需承担怎样的法律后果。申言之，这种

---

〔1〕《刑事诉讼法》第202条。

方式能够达到更好的特殊预防和一般预防的效果。另外,法庭对网络服务提供者单纯宣告有罪之后,还可要求其将判决书发布到其运营的网站上,表示其曾经实施过犯罪行为并被人民法院认定为有罪,一方面是促使其改过自新、不再犯罪;另一方面是影响公众对其的社会评价,并由公众督促其合法经营。

三、刑法和其他法律共同规定的网络服务提供者的非刑罚处罚措施

(一)对网络服务提供者予以训诫

“训诫”的含义是教导和告诫。[1] 训诫被规定在民法、行政法、刑法三大部门法中,既体现于实体法中,又体现于程序法中。[2] 训诫的主体主要是人民法院,还可以是公安机关。[3] 被训诫的对象多种多样,有逾期提供证据的当事人、违反法庭规则的诉讼参与人和其他人、[4]没有正当理由拒绝出庭或者出庭后拒绝作证的证人、[5]违反人身保护令的被申请人、[6]犯罪情节轻微不需要判处刑罚的人、[7]有严重不良行为的未成年人、未对实施严重不良行为的未成年人依法履行监护职责的父母或者其他监护人、[8]擅自离开住所地的债务人的有关人员。[9] 训诫的事由也有多种:其一,违反法庭规则、干扰法庭秩序、妨碍法庭审判正常进行;其二,违反人身保护令;其三,虽不构成犯罪但有严重不良行为;其四,构成犯罪但不需要判处刑罚;其五,未

---

[1] 参见《辞海》(第6版),上海辞书出版社2016年版,第2171页。

[2] 《反家庭暴力法》第34条;《预防未成年人犯罪法》第41条、第61条;《企业破产法》第129条;《刑法》第37条;《民事诉讼法》第68条、第113条;《行政诉讼法》第59条;《刑事诉讼法》第193条。

[3] 《预防未成年人犯罪法》第41条、第61条,由公安机关对未成年人的父母或者其他监护人予以训诫。

[4] 《民事诉讼法》第113条。

[5] 《刑事诉讼法》第193条。

[6] 《反家庭暴力法》第34条。

[7] 《刑法》第37条。

[8] 《预防未成年人犯罪法》第41条、第61条。

[9] 《企业破产法》第129条。

尽到监护义务或教管义务;其六,妨碍执行。

对网络服务提供者适用的训诫有以下特征:其一,从训诫的性质来看,这是由《刑法》规定的非刑罚处罚措施,与民法、行政法规定的训诫所带有的强制性和否定评价的意味不同;其二,从训诫适用的事由来看,是因为网络服务提供者已经构成犯罪,但不需要判处刑罚;其三,从训诫的主体来看,由人民法院对网络服务提供者予以训诫;其四,从训诫的内容来看,人民法院指出网络服务提供者犯罪事实、社会危害以及据以认定犯罪的法律依据,责令其切实改正,不得再犯;其五,从训诫的竞合来看,虽然很多法律都规定了训诫,但是这些训诫适用的事由或者说触发的条件并不相同。即便是网络服务提供者在庭审过程中未遵守法庭秩序,被法官当庭予以训诫,法官作出判决时,认为网络服务提供者虽已构成犯罪但可以免予刑事处罚。再次予以训诫时,这两种训诫性质不同,可以对同一主体同时或者先后适用,训诫的竞合并不会影响网络服务提供者非刑罚处罚措施的适用。

训诫的内容是让被告人切实认识到自己的错误并真心改正。拒不履行信息网络安全管理义务罪的客观要件是网络服务提供者不履行信息网络安全管理义务,经监管部门责令采取改正措施而拒不改正。网络服务提供者实施该罪,即便不需要判处刑罚,对其适用非刑罚处罚措施时,最好避免使用训诫,因为网络服务提供者经监管部门责令采取改正措施已被证明无效,法院再次责令其采取改正措施,推行的效果可想而知了。此时最好选择行政处罚这种实质性的处罚措施。

(二)责令网络服务提供者具结悔过

具结悔过由两个词组合而成,“具结”指的是“旧时对官署提出表示负责的文字”,“悔过”指的是悔恨、悔改、悔罪,打心底里意识到自己犯下的罪行造成了危害社会的后果,为曾经犯下的罪行感到懊恼、羞愧、憎恶,并希望今后不再犯。[1] “具结悔过”指的是向国家机关承认自己做错了事情，真心悔过并保证以后不再犯。

具结悔过主要被规定在行政法和刑法中，既体现于实体法中，又体现于程序法中。[2]《民法通则》将责令具结悔过作为民事责任的承担方式，但是全国人大常委会于2017年3月15日通过的《民法总则》删除了该规定。[3]《民法典》对于民事责任承担方式的规定完全沿用了《民法总则》第179条的规定，也未规定责令具结悔过。于1982年颁布的《民事诉讼法（试行）》（已失效）曾规定人民法院可以对扰乱诉讼程序的诉讼参与人或者其他人责令具结悔过，但是1991年颁布的《民事诉讼法》删除了“予以训诫、责令具结悔过”的规定，依然保留“罚款、拘留”的规定。[4] “责令具结悔过”在民事实体法和民事程序法中均被删除，体现了责令具结悔过作为民事责任的承担方式都略显轻微，不足以与行为人所造成的危害相匹配，可想而知，责令具结悔过在刑法中也是一种相当轻微的刑事责任承担方式。然而自我国1979年《刑法》以来，“责令具结悔过”的内容一直保留着，可见“责令具结悔过”在刑法中有其独特价值。

具结悔过与训诫不同之处在于，训诫是由人民法院指出被告人存在的错误并予以批评指正，具结悔过是由被告人自己向人民法院承认自己的错误并保证不再犯，因而具结悔过的措施更能体现被告人的主体意识和改过自新的自觉性。具结悔过是被告人对社会的承诺，以具结悔过的方式来完成刑事责任的追究是对被告人作为一个自我负责的社会主体的尊重，能够起到良好的预防再犯的效果。具体到网络服务提供者的具结悔过，应当由实施犯罪行为的网络服务提供者出具保证书、检讨书，或者进行口头的保

---

〔1〕 参见《辞海》（第6版），上海辞书出版社2016年版，第806、982页。

〔2〕 《行政诉讼法》第59条；《刑事诉讼法》第71条；《刑法》第37条。

〔3〕 《民法通则》第134条；《民法典》第179条。

〔4〕 《民事诉讼法（试行）》（已失效）第77条；《民事诉讼法》第113条。

证、检讨。保证、检讨的内容有:对自己所提供的网络服务种类的简要介绍,对自己所实施的危害行为的详细说明,危害行为所造成的危害结果的严重性,自己对该危害结果感到痛心、悔恨的心路历程,并保证不再犯罪的决心和意志。人民法院对该网络服务提供者悔过表现及具体表达详细记录在案卷中,并交当事人阅读后签名盖章,作为案卷资料留存。

(三)责令网络服务提供者赔礼道歉

"赔礼道歉"指的是"向人施礼认错,请求原谅"。[1] 赔礼道歉被规定在民法、行政法和刑法中作为民事责任、行政责任、刑事责任的承担方式。赔礼道歉的主体有:应承担民事责任的主体,[2]侵害消费者权利的经营者,[3]编造、散布虚假食品安全信息的媒体,[4]违法行使职权侵犯他人合法权益的公安机关及其人民警察,[5]致人精神损害的行政机关及其工作人员,[6]犯罪嫌疑人、被告人,[7]实施著作权侵权行为的人,[8]实施侵权行为的人,[9]因具体人事处理对公务员造成名誉损害的机关,[10]对法官、检察官处分或者处理错误的机关。[11] 由此可知,不论是机关还是个人,不论是提供服务者还是接收服务者,只要做错了事情,就应当赔礼道歉。

赔礼道歉的关键在于态度诚恳,对于自己所犯下的过错有清醒、明确、客观的认识,意识到自己的行为给对方以及不特定的社会公众造成的不良影响,并表明从此以后改过自新,不再犯错的决心。为了表示赔礼道歉的真

---

[1] 《辞海》(第6版),上海辞书出版社2016年版,第1416页。
[2] 《民法典》第179条。
[3] 《消费者权益保护法》第50条。
[4] 《食品安全法》第141条。
[5] 《治安管理处罚法》第117条。
[6] 《国家赔偿法》第35条。
[7] 《刑事诉讼法》第288条;《刑法》第37条。
[8] 《著作权法》第52条。
[9] 《民法典》第995、1000条。
[10] 《公务员法》第110条。
[11] 《法官法》第65条;《检察官法》第66条。

诚和庄重,实施了犯罪行为的人需当面向犯罪行为的直接受害人表达自己的歉意,争取受害人的原谅。对于网络服务提供者而言,其实施的危害行为会造成特定人的利益受到损害,如对于违法信息未尽到删除、屏蔽的义务,导致著作权人的作品在网上被大量盗版、公民的名誉权和人格权长时间受到损害、重大刑事案件证据灭失,网络服务提供者需在法庭上向这些直接受害者当面赔礼道歉。如果由于路途遥远、舟车劳顿,受害者不方便来到法庭,或者由于客观原因网络服务提供者与受害者无法碰面的,网络服务提供者应当通过书面方式向受害者寄送道歉信。网络危害行为借助于网络的威力往往会使结果更加严重,网络服务提供者实施的危害行为会进一步波及社会上不特定大多数人的利益,比如不履行信息网络安全管理义务会造成著作权人对于自己著作权受到侵害的担忧、公民对于网络个人信息安全的担忧,网络服务提供者被责令赔礼道歉时,最好是同步在其官方网站上公布道歉信,表明真诚悔过的态度,并让更多的人看到,这样更能发挥预防犯罪的作用。

(四)责令网络服务提供者赔偿损失

赔偿损失是民事责任的主要实现方式,[1]同时也被规定于行政法和刑法中,作为行政责任和刑事责任的实现方式。[2] 不能因为赔偿损失被规定在《刑法》中就将其称为刑事赔偿,因为后者指的是“司法机关在行使刑罚权中产生错羁、错判致使公民合法权益受到损害,国家对其给予经济上的赔偿”。[3] 同时还要注意区分《刑法》第36条和第37条规定的赔偿损失。两者适用的前提都是行为人实施了犯罪行为已经构成犯罪,行为人给被害人造成了经济损失,但是前者的赔偿损失是与刑罚同时宣告的,属于人民法院判处赔偿损失,而后者单独适用赔偿损失而不宣告刑罚,属于人民法院责令

---

〔1〕《民法典》第179条;《食品安全法》第141条。

〔2〕《行政诉讼法》第78条;《刑法》第37条。

〔3〕陈光中、曹盛林:《刑事损害赔偿制度刍议》,载《中国法学》1987年第1期。

赔偿损失。

责令网络服务提供者赔偿损失有两个问题值得探讨。其一,赔偿损失的数额如何确定?赔偿损失是针对受害人的经济损失予以赔偿,应当以受害人所遭受的经济损失作为衡量基础,如果该经济损失难以确定,可以综合考量网络服务提供者从违法犯罪行为中牟利的数额、网络服务提供者的赔偿能力、网络服务提供者的犯罪性质,最终确定应当赔偿的金额。其二,损失缴纳的时间如何确定?责令赔偿损失的决定及赔偿的具体数额当然是随着人民法院的有罪宣告同时作出,但执行的期间如何确定?罚金刑可以一次缴纳,也可以分期缴纳,可以强制缴纳,也可以随时追缴。赔偿损失不是罚金刑,但是也是表现为金钱给付的一种惩罚措施,且根据《刑法》第 36 条的规定,被告人的财产不足以涵盖赔偿损失与罚金刑时,赔偿损失应当优先于罚金刑实现。由此责令网络服务提供者赔偿损失时应当要求其尽可能一次付清,如果存在客观困难,则要求其尽快付清。毕竟偿付受害人的损失对于恢复被犯罪破坏的社会秩序有直接的作用。

(五)主管部门对网络服务提供者进行行政处罚

训诫和责令具结悔过、赔礼道歉、赔偿损失的主体均是人民法院。而行政处罚是由人民法院根据案件情况,向被告人主管部门提出适用行政处罚建议。是否对被告人适用行政处罚及如何适用,均由被告人主管部门自行决定,人民法院只有建议权,不能像行使量刑权那样理所当然地宣告行政处罚。刑法作为保障法,网络服务提供者的刑事义务多半源于其他法律、行政法规的规定,这些法律、行政法规也同时规定了网络服务提供者实施违法行为接受的行政处罚。公安部于 2017 年 1 月 16 日发布的《治安管理处罚法(修订公开征求意见稿)》就是一个典型例子。该意见稿第 32 条规定网络服务提供者不履行用户信息登记和保护、公共信息发布审核和巡查、日志留存等信息网络安全管理义务,经公安机关或其他监管部门责令改正而拒不改正的,处 5 日以下拘留或 1000 元以下罚款,情节较重的,处 5 日以上 10 日以下拘留。第96条规定明知他人利用信息网络实施违法犯罪,为其提供互联网接入、服务器托管、网络存储、通讯传输等技术支持或广告推广、支付结算等帮助,处5日以上10日以下拘留,情节较重的,处10日以上15日以下拘留。设立用于实施违法犯罪活动的网站、聊天室、论坛、通讯群组等网络平台的,依前款规定从重处罚。很显然,这些规定与刑法中拒不履行信息网络安全管理义务罪、帮助信息网络犯罪活动罪、非法利用信息网络罪相对应。快播公司在被起诉传播淫秽物品牟利罪之前,数次受到主管部门的行政处罚。2013年年底,国家版权局认定快播公司盗播影视作品,侵犯了著作权,对其罚款25万元并责令其停止侵权行为。[1] 2014年5月,经腾讯、乐视等互联网企业举报,深圳市市场监督管理局向快播开出2.6亿元罚单,对其实施的侵犯他人信息网络传播权行为进行惩罚。[2] 当然,这两起行政处罚案件均是针对快播公司侵犯著作权的行为,而刑事案件是针对快播公司传播淫秽物品牟利罪的行为。但是完全可能存在网络服务提供者接受行政处罚和刑事处罚是基于侵犯同一法益的行为,在刑事诉讼之前,该网络服务提供者已经因违法行为而被主管部门施加行政处罚。面对法院的建议,该主管部门是否应对网络服务提供者再次适用行政处罚?如果再次适用行政处罚,之前已经接受过的行政处罚与新的行政处罚是否存在折抵关系?行政处罚的重复适用是否违背"一事不再理原则"?

首先,网络服务提供者行政主管部门不得以之前已做出过行政处罚决定而拒绝人民法院的建议。行为人被判定行为违法应当接受行政处罚之后立即停止违法行为的,自然不会再产生任何责任。但凡行为人已经接受过行政处罚,又作为被告人被起诉的,必定是因为其继续实施违法行为并达到

---

〔1〕 参见范传贵:《"流氓快播"野蛮发展史:盗版色情是两宗原罪》,载《法制日报》2014年9月9日,第3版。

〔2〕 参见汪小汉、谢睿:《外逃110天后,快播老总归案》,载《南方都市报》2014年8月16日,第8版。

构成犯罪的程度。人民法院对于行政处罚的建议是针对新的犯罪事实,旧的违法事实与新的犯罪事实可能在所侵害的法益上完全相同,但是具备了违法和犯罪的质的区分。

其次,对网络服务提供者适用的新行政处罚能够与旧行政处罚折抵。《行政处罚法》第28条规定,人民法院判处拘役或有期徒刑时,行政机关已经给予当事人行政拘留的,应当折抵相应刑期,人民法院判处罚金时,行政机关已经给予当事人罚款的,应当折抵相应罚金。可见,同质处罚之间可以折抵,即拘役刑、有期徒刑可以与拘留折抵,罚金刑可以与罚款折抵。非刑罚处罚措施也是刑事责任实现的一种形式,在这个意义上与刑罚对等。另外,行政违法行为与犯罪行为之间的界限是一个区间,而不是一条清晰的线。从《治安管理处罚法(修订公开征求意见稿)》就可以看出这一点:是否具备特定(严重)情形是网络服务提供者拒不履行信息网络安全管理义务犯罪行为与违法行为、帮助信息网络活动犯罪行为与违法行为的区分标准。然而“违法信息大量传播”“用户信息泄露,造成严重后果”“刑事案件证据灭失,情节严重”“情节严重的”这些标准含糊,难以量化。法官在认定犯罪事实时,会追溯到行为人最开始实施的违法行为,综合考虑其自实施违法行为以来造成的社会危害后果,法官据以做出判决的事实基础包含了行为人实施的行政违法行为,而这一部分行为已经接受过行政处罚。所以网络服务提供者的行政主管部门接受法院建议对其适用行政处罚时,应当将已经执行过的行政处罚扣减。

最后,对网络服务提供者再次适用行政处罚不违背“一事不再理”原则。“一事不再理”原则指的是行为人被起诉和审判之后,不得因同一罪行再次对其进行起诉和审判,在第一次审判之后,不得使其因同一罪行再次处于被定罪和处罚的危险之中。由人民法院建议行政主管部门适用的行政处罚与普通的行政处罚具有很大区别。其一,针对的事项不同,前者针对已经构成犯罪但是情节较为轻微的行为,后者针对不构成犯罪的行政违法行为,虽然是由同一当事人实施的同种危害行为,但行为性质已经发生了变化。其二,处罚性质不同,前者是作为刑事责任的承担方式,当行政主管部门对网络服务提供者适用此种行政处罚,等同于刑事责任已经得以实现,后者仅仅作为单纯的行政处罚存在。基于这两点区别,对同一主体适用的新、旧行政处罚已不是针对同一"事",也没有再"理",自然不违背"一事不再理"原则。

第三节 网络服务提供者的保安处分

我国《刑法》中没有使用"保安处分"的用语,学界通常将保安处分措施归入非刑罚处罚措施。[1] 保安处分是着眼于行为的危险性格,为保持社会治安以及改善行为人的目的而施行的国家处分。保安处分有最广义、广义、狭义、最狭义之分,最广义的保安处分不以犯罪行为的存在为前提。保安处分可以分为对人的保安处分和对物的保安处分,前者如矫治教育、强制医疗、禁止令、职业禁止,后者如没收违法所得、没收违禁品和没收供犯罪使用的本人财物。保安处分与非刑罚处罚措施具有本质区别,前者着眼于行为人的人身危险性与反社会的倾向,后者着眼于行为人罪质的轻重。我国刑法中实质性地存在保安处分措施,与刑罚共同构成刑事法律后果,形成了"刑罚—保安处分"的"隐形双轨制"格局。[2] 因此有必要将保安处分作为独立的刑事责任承担方式加以探讨。

一、适用于网络服务提供者的保安处分种类

矫治教育适用于实施了犯罪行为但不予刑事处罚的未成年人。强制医疗适用于实施了犯罪行为但因精神疾病不具备刑事责任能力因而不负刑事

---

[1] 参见宋久华:《论〈刑法修正案(九)〉中的职业禁止制度》,载《刑法论丛》2016 年第 1 卷。
[2] 参见时延安:《隐形双轨制:刑法中保安处分的教义学阐释》,载《法学研究》2013 年第 3 期。

责任的精神病人。[1] 显然,矫治教育、强制医疗不适用于网络服务提供者。网络服务提供者在服务过程中实施了危害行为,无非是借助服务器、光纤、电缆等一系列硬件设备和软件设施,这些设备均具有价值中立性,与毒品、枪支、弹药等对公共安全或社会秩序造成严重威胁的违禁品性质不同。对网络服务提供者而言,没收违禁品也不适用。

在我国,对于沉溺于网瘾而实施犯罪的犯罪分子,可以发出禁止其进入网吧的禁止令,而对网络服务提供者能否适用禁止令却未见提及。[2] 欧盟成员国、澳大利亚、美国、俄罗斯等国均有相关立法规定,法院可以根据著作权人的申请责令网络服务提供者屏蔽盗版网站,该禁令被称为屏蔽网站禁令。[3] 屏蔽网站禁令是否可以视为对网络服务提供者适用的禁止令?其一,屏蔽网站禁令是一种民事禁令,为的是尽可能减少著作权人的损失,对“通知—删除”规则起到补充作用,而禁止令是一种保安处分措施,针对犯罪分子作出,两者性质不同。其二,屏蔽网站禁令的内容是网络服务提供者屏蔽盗版网站,其目的是使网络用户无法访问、进入特定网站。禁止令的内容是禁止从事特定活动、进入特定区域、场所、接触特定的人,如果把屏蔽盗版网站视作禁止为盗版网站提供接入、缓存、存储等网络服务,那么把屏蔽网站令说成是禁止令也可以说得通。但是总体上来说,禁止令是基于犯罪人的人身危险性和预防必要性作出的,而屏蔽网站令完全是为了著作权人的利益考量而要求网络服务提供者承担一定的义务,这一区别决定了屏蔽网站禁令与禁止令即便有相似之处也不可能等同。虽然从理论上而言,网络服务提供者可能成为禁止令适用的对象(被判处管制和被宣告缓刑的犯罪分子),但是从实践上而言,无法对网络服务提供者适用禁止令。

---

[1] 《刑法》第18条;《刑事诉讼法》第302~307条。

[2] 参见吴沈括、董妍:《中国禁网令制度的建构:从美国司法实践谈起》,载《华北水利水电大学学报(社会科学版)》2015年第5期。

[3] 参见胡开忠:《屏蔽网站禁令的制度分析及其对我国的启示》,载《法学》2017年第3期。

在社会大分工背景下，网络服务属于专门的职业。网络服务提供者为他人犯罪提供技术支持属于利用职业便利实施犯罪，网络服务提供者拒不履行信息网络安全管理义务属于违背职业要求的特定义务实施犯罪，因而网络服务提供者可以成为职业禁止的适用主体。当今时代既是网络时代，也是市场经济时代，网络服务提供者作为市场主体，多半以营利为目的，这正是网络服务得以持续并且提升质量的有效保障。当网络服务提供者诚实劳动、合法经营时，其劳动所得便是合法收入；当其实施危害行为，其所得便是犯罪所得财物，应当予以没收，而且此时的危害行为仅仅是从不法层面而言，不需要具备完整的犯罪构成。提供网络服务需要具备一定的基础设施，当网络服务提供者实施危害行为时，这些基础设施会被作为供犯罪所用的本人财物被收缴。

综上所述，可以适用于网络服务提供者的保安处分措施有职业禁止、没收违法所得、没收供犯罪使用的本人财物。

二、网络服务提供者的职业禁止

在《刑法》第 37 条之一职业禁止的规定出现之前，《互联网视听节目服务管理规定》第 27 条、《关于加强网络信息保护的决定》第 11 点、《网络安全法》第 63 条第 2 款已经对网络服务提供者的职业禁止作出了专门规定。这四个条文的差异见表 6－1。

表 6－1　不同法律文件中职业禁止规定之比较

内容	《刑法》第 37 条之一	《互联网视听节目服务管理规定》第 27 条	《关于加强网络信息保护的决定》第 11 点	《网络安全法》第 63 条第 2 款
制定机关	全国人大常委会	由国家广播电影电视总局、信息产业部制订，由国家新闻出版广电总局修订	全国人大常委会	全国人大常委会

续表

内容	《刑法》第37条之一	《互联网视听节目服务管理规定》第27条	《关于加强网络信息保护的决定》第11点	《网络安全法》第63条第2款
效力层级	基本法律	部门规章	普通法律	普通法律
期限要求	3年至5年	5年以内	无	受治安管理处罚的人禁止期限为5年以内；受刑事处罚的人禁止期限为终身
适用对象	因利用职业便利实施犯罪，或者实施违背职业要求的特定义务的犯罪被判处刑罚的人	出现重大违法违规行为的互联网视听节目服务单位的主要出资者和经营者	违反《关于加强网络信息保护的决定》的人	违反《网络安全法》第27条受到治安管理处罚或者刑事处罚的人
禁止内容	禁止从事相关职业	禁止投资和从事互联网视听节目服务	禁止从事网络服务业务	禁止从事网络安全管理和网络运营关键岗位的工作
适用条件	视犯罪情况和预防再犯罪的需要决定是否要适用职业禁止	必须适用	与其他行政处罚选择适用	必须适用
宣告机关	人民法院	电信主管部门、公安机关、人民法院	网络服务提供者主管行政机关	公安机关或人民法院
禁止起算	自刑罚执行完毕之日或者假释之日起	自互联网视听节目服务单位受到处罚之日起	自行政处罚宣告之时起	自治安管理处罚或刑事处罚宣告之时起

由于法律规定的差异性以及法律本身的模糊性，网络服务提供者职业禁止的司法适用仍存在诸多问题亟待厘清。其一，职业禁止的核心在于“职业”，“利用职业便利”“违反职业义务”“禁止从事相关职业”中的“职业”范围如何界定？三者中“职业”的含义是否统一？其二，网络服务提供者既包括了单位，也包括了自然人，当网络服务提供者实施危害行为被宣告适用职

业禁止时,该职业禁止的效果是否及于单位?其三,只有《刑法》中的职业禁止才以行为人构成犯罪作为前提,其他三个规范性法律文件中的职业禁止均以行为人实施一般违法行为作为前提,甚至违规行为都可以触发职业禁止。那么在网络服务提供者构成犯罪时,势必存在刑法上职业禁止与其他法律、部门规章上职业禁止的适用竞合问题,应当如何处理这种竞合?

(一)职业禁止中"职业"的界定

2015 年 7 月 29 日,国家职业分类大典修订工作委员会审议并颁布了《职业分类大典》(以下简称 2015 版《职业大典》),2015 版《职业大典》将职业结构分为 8 个大类、75 个中类、434 个小类、1481 个职业。[1] 同年 9 月 10 日,国家质量监督检验检疫总局和国家标准化管理委员会发布了《职业分类与代码(中华人民共和国国家标准 GB/T 6565 - 2015)》[以下简称《职业分类与代码(GB/T 6565 - 2015)》]。在《职业分类与代码(GB/T 6565 - 2015)》中,与网络服务沾边的是第 4 大类"社会生产服务和生活服务人员"第 4 中类"信息传输、软件和信息技术服务人员",其中列举了 5 个小类:信息通信业务人员、信息通信网络维护人员、广播电视传输服务人员、信息通信网络运行管理人员、软件和信息技术服务人员。2017 年 6 月 30 日,国家质量监督检验检疫总局和国家标准化管理委员会批准并发布了《国民经济行业分类》(GB/T 4754 - 2017)。《国民经济行业分类》(GB/T 4754 - 2017)将现有的国民经济行业划分为从 A - T 的二十大类,其中第 I 类"信息传输、软件和信息技术服务业"中第 64 类为"互联网和相关服务",包括互联网接入及相关服务、互联网信息服务、互联网平台、互联网安全服务、互联网数据服务和其他互联网服务。《职业分类与代码(GB/T 6565 - 2015)》和《国民经济行业分类》(GB/T 4754 - 2017)由同一主体发布,均是对职业和行业进行科学划分的权威性文件,均包含了"信息传输、软件和信息技术服

---

〔1〕 参见张培:《2015 版〈中华人民共和国职业分类大典〉颁布》,载 http://rss.aqsiq.gov.cn/jypx/201508/t20150817_447098.htm。

务”的相关分类，前者作为中类加以规定，强调信息传输、软件和信息技术“服务人员”的分类；后者作为大类加以规定，强调信息传输、软件和信息技术“服务业”的分类。职业和行业有何区别？这两个文件哪一个应作为职业禁止中“职业”的判断依据？

行业和职业都是社会分工的产物，是社会生产力不断发展的必然结果，行业和职业的不同之处体现为它们在国民经济领域中的层次、范围。行业着眼于企业或组织生产产品的微观领域，行业由企业或组织组成。职业着眼于组织内工作人员的具体工种，体现以人为单位的劳动技能上的社会分工，职业是由人的技能组成的。由此，行业是职业的上位概念。《职业分类与代码（GB/T 6565－2015）》才是职业禁止中“职业”的判断依据。

《刑法》第 37 条之一规定，职业禁止的内容是禁止行为人从事“相关职业”，指的是行为人不但不得从事在犯罪时利用了职业便利或者违反职业要求的义务的职业，还不得从事与该职业相关的、周边的职业。如何划定“相关”的范围？“相关”不得突破《职业分类与代码（GB/T 6565－2015）》中特定职业的中类范围，比如网络接入服务提供者中的软件和信息技术服务人员将自己在服务中收集的大量用户个人电子信息打包出售，在构成侵犯公民个人信息罪的情况下，有可能被法院宣告职业禁止。此时法院可以禁止其继续担任软件和信息技术服务人员（40405）以及信息传输、软件和信息技术服务人员（40400）这一中类之下的其他服务人员，但是不得禁止行为人从事该中类以外的职业，如金融服务（40500）、房地产服务（40600）、技术辅助服务（40800）。所以，《刑法》第 37 条之一职业禁止的规定中，“利用职业便利”“违反职业义务”“禁止从事相关职业”中“职业”的含义是统一的，但行为人被禁止从事的职业范围可以稍宽于其利用职业便利或者违反职业义务的职业，这种扩张以犯罪时所利用或者违反义务的职业在《职业分类与代码（GB/T 6565－2015）》中的中类为限。

（二）职业禁止不适用于犯罪单位

首先，从职业的语义来说，职业仅仅指自然人为获得主要生活来源而从事的工作类别。[1] 根据《职业分类与代码（GB/T 6565 - 2015）》的解释，“职业”是从业人员为获取主要生活来源所从事的社会性工作的类别。《职业分类与代码（GB/T 6565 - 2015）》所划分的职业类别中每一类都包含了“人员”“负责人”的用语。根据《现代汉语词典》的解释，职业是“个人在社会中所从事的作为主要生活来源的工作”。[2] 据参与制订 2015 版《职业大典》的人力资源和社会保障部相关负责人介绍，职业分类对于开展国民经济信息统计和人口普查、进行劳动力需求预测和规划、了解行业或者部门经济现状的全貌提供大有裨益。[3] 如果职业不是以自然人为计量单位，而是以公司、企业、事业单位、机关、团体等单位为计量单位，那么在信息统计和人口普查工作中会导致重复计算，无法发挥其应有的作用。与单位平级的概念是行业而不是职业，我们可以说网络接入服务提供单位对应着互联网接入服务的行业。网络接入服务提供单位至少有光纤铺设人员、网络技术研发人员、接入端口安装人员、设备检修及维护人员，还可能有业务推广人员、会计人员、出纳人员、后勤保障人员，这些人员从事的职业与网络接入服务与网络接入技术本身并无直接关系。由此可见，一个行业之下汇聚着各种职业。行业无法与职业等同，单位也不能像自然人一样作为职业禁止的适用对象。

其次，从“被判处刑罚”的实质解释来看，单位就不在职业禁止制度考虑的范围内。宣告职业禁止的前提条件之一是行为人被判处刑罚，我国现有

---

〔1〕 参见刘志伟、宋久华：《论刑法中的职业禁止制度》，载《江西社会科学》2016 年第 1 期；童策：《刑法中从业禁止的性质及其适用》，载《华东政法大学学报》2016 年第 4 期。

〔2〕 参见中国社会科学院语言研究所词典编辑室编：《现代汉语词典》，商务印书馆 2012 年版，第 1672 页。

〔3〕 参见白天亮：《新版职业分类大典“吐故纳新”，人社部相关负责人表示 职业分类用处大》，载《人民日报》2015 年 8 月 6 日，第 4 版。

的刑罚包括五种主刑和四种附加刑，学者们纷纷对“被判处刑罚”中的“刑罚”作缩小解释。最狭义说认为，“被判处刑罚”中的刑罚不包括死刑、无期徒刑、管制刑、附加刑，判处拘役或者三年以下有期徒刑被宣告缓刑的犯罪分子也不包含在里面。狭义说认为，“被判处刑罚”中的刑罚可以包括管制、拘役、有期徒刑、无期徒刑、死刑（缓期二年执行），只是不包括附加刑。〔1〕当然，也有广义说将“被判处刑罚”中的刑罚解读为包含主刑和附加刑，单处罚金或者独立适用剥夺政治权利的均被包含在内。〔2〕最狭义说与狭义说的共同点是将仅被判处罚金刑的被告人排除在职业禁止适用范围之外，理由如下。其一，从“刑罚执行完毕”的角度来说，罚金刑在执行方式上有四种：一次或者分期缴纳，强制缴纳，随时缴纳，延期、减少或者免除缴纳。因此罚金刑“执行完毕之日”具有很大的不确定性，不能作为“刑罚执行完毕”的节点。〔3〕其二，从罚金刑本身的性质来说，单处罚金刑意味着行为人犯罪情节轻微，没有必要适用职业禁止。其三，从职业禁止适用期间来说，刑法未说明职业禁止是否可以适用于刑罚执行期间，如果对单处罚金的被告人宣告职业禁止，那么其在罚金缴纳完毕之前可以从事特定职业，而在罚金缴纳完毕之后反倒不能从事特定职业了，这不符合常理。〔4〕而根据《刑法》第31条的规定，单位犯罪中单位主体所承担的唯一的刑罚方式就是罚金刑。这意味着单位主体不可能成为职业禁止的适用对象。

最后，从单位犯罪中单位普通员工所承受的不利影响来看，职业禁止的效果不应当及于单位。单位犯罪时单位会被判处罚金，直接负责的主管人员及其他直接责任人员会被判处刑罚。单位是法律拟制的人格，实际上是自然人以一定形式结合而成的集合体。单位的效益由自然人创造，单位的

〔1〕参见武晓雯：《论〈刑法修正案（九）〉关于职业禁止的规定》，载《政治与法律》2016年第2期。
〔2〕参见郎胜主编：《中华人民共和国刑法释义》（第6版），法律出版社2015年版，第497页。
〔3〕参见陈山：《“职业禁止”中的“刑罚”如何理解》，载《检察日报》2015年9月7日，第3版。
〔4〕参见武晓雯：《论〈刑法修正案（九）〉关于职业禁止的规定》，载《政治与法律》2016年第2期。

财富亦由自然人工作产生,对单位判处罚金,导致单位资产总量受损,用于生产的资金减少,会影响单位的财富再创造,对单位的每一个员工都或多或少有不利影响。作为单位的普通员工,不像“直接负责的主管人员及其他直接责任人员”那样作为单位犯罪的“头脑”和“手脚”,或许对于单位犯罪根本不知情,也要承受单位犯罪的不利后果,这已经有责任扩大的苗头。如果禁止单位在一定时期内从事特定职业,那么该单位的所有员工都会失业。普通员工因为自己没有参与其中的单位犯罪而失业,实在是不公平、不合理。

综上所述,即便是在网络服务提供者实施单位犯罪的情况下,也只能对其中的自然人适用职业禁止,不得对单位适用职业禁止。

(三)职业禁止的竞合适用

《刑法》第37条之一第3款“其他法律、行政法规对其从事相关职业另有禁止或者限制性规定的,从其规定”应当如何理解?有论者认为,“应当由人民法院根据其他法律、行政法规规定宣告从业禁止的时间”。[1] 另有论者认为,“仅由行政机关做出职业禁止的行政处罚即可,不必由人民法院宣告职业禁止”。[2]

处理网络服务提供者职业禁止的竞合难题需明确几个前提,其一,职业禁止的竞合只存在于法律、行政法规之间,因而网络服务提供者职业禁止的竞合仅存在于《刑法》《关于加强网络信息保护的决定》《网络安全法》中,《互联网视听节目服务管理规定》无须考虑。其二,只有当网络服务提供者因犯罪被判处刑罚才存在职业禁止的竞合问题,网络服务提供者仅实施行政违法行为或者虽犯罪但未被判处刑罚均不会产生职业禁止的竞合。其三,《关于加强网络信息保护的决定》《网络安全法》中的职业禁止具有行政处罚的性质,禁止行为人在特定时期内从事特定职业具有限制人身自由的作用,与行政处罚中的责令停产停业、暂扣或者吊销许可证、执照具有同质

〔1〕 张明楷:《刑法学》(第6版),法律出版社2021年版,第823页。
〔2〕 武晓雯:《论〈刑法修正案(九)〉关于职业禁止的规定》,载《政治与法律》2016年第2期。

性,应属于法律、行政法规规定的其他行政处罚。因而职业禁止的竞合可以理解为刑法上的职业禁止与行政法上的职业禁止的竞合。其四,刑法上的职业禁止与行政法上的职业禁止的竞合是一般规定与特殊规定的关系,后者的特殊性体现在禁止从事职业的特殊性(网络安全管理和网络运营关键岗位)、禁止期限的特殊性(终身)。

"竞合从重"是刑法一贯的原则。"其他法律、行政法规对其从事相关职业另有禁止或者限制性规定的,从其规定"与"同时构成其他犯罪的,依照处罚较重的规定定罪处罚"在实质上是一样的。"另有禁止或者限制性规定"应当理解为"另有更严厉的禁止或者限制性规定",否则《刑法》规定这样的条款既不符合常理,又无意义。《网络安全法》中"受到刑事处罚的人员,终身不得从事网络安全管理和网络运营关键岗位的工作"就是典型的"更严厉的禁止或者限制性规定"。关键信息基础设施的运营者是网络运营者的一部分,因关乎国家安全、国计民生、公共利益而受到重点保护。关键信息基础设施的运营者需"设置专门安全管理机构和安全管理负责人,并对该负责人和关键岗位的人员进行安全背景审查"。也只有关键信息基础设施的运营者才需要配备网络安全管理人员和关键岗位人员,一般性的网络运营者只需要制定内部安全管理制度,确定网络安全负责人。当网络服务提供者被判处刑罚时,法院除了可以禁止其在刑罚执行完毕之日或者假释之日起三至五年内从事普通的网络服务,还应当根据《网络安全法》禁止其终身从事网络安全管理和网络运营关键岗位的工作。前一项职业禁止属于"选处",后一项职业禁止属于"必处"。由此,当其他法律、行政法规对职业禁止有不同规定的,应当由人民法院根据该法律、行政法规宣告职业禁止,而不是由行政机关自行作出职业禁止决定。当然,如果在法院作出判决之前,行政机关已经根据行为人的违法行为对其作出带有行政处罚性质的职业禁止,法院应当充分考虑该职业禁止是否能够满足预防犯罪的需要,如果能够满足,则尊重既有的职业禁止决定,不予宣告新的职业禁止决定。

三、没收网络服务提供者违法所得

快播案中,被告人构成传播淫秽物品牟利罪,牟利金额即违法所得的数额是定罪量刑特别是罚金刑裁量的重要依据。但从已公开的快播案一审判决书(主要内容)中无法发现违法所得数额以及没收违法所得的刑事后果。网络服务提供者的违法所得应当如何认定?违法所得数额与合法收益如何区分?

网络服务提供者的营利模式有直接营利模式和间接营利模式之分,前者是直接由网络用户支付使用特定网络服务的费用,后者不由网络用户支付费用,而是由网络服务提供者从广告等收入中营利。直接营利模式中的违法所得一目了然,难以判断的是间接营利模式中的违法所得。快播公司向用户免费提供 QVOD 资源服务器程序和快播播放器程序,通过广告费、会员费、游戏分成、电子硬件各项来源营利,其中广告费、会员费占了营利收入的绝大部分,很显然,快播公司采取间接营利模式。快播公司及其主管人员对于自己运营的缓存服务器被广泛用于存储、传播淫秽视频文件本应当尽到制止传播、清除违法内容的义务,但他们未履行此义务,经监管部门责令采取改正措施之后拒不改正,实施了不履行信息网络安全管理义务的不作为行为。但是快播公司及其主管人员的犯罪行为不会直接带来收益,只有当广告商看准了大量淫秽视频文件传播带来的巨幅流量而与快播公司展开合作,以及用户被淫秽视频文件所吸引购买会员资格,才会给快播公司带来可观的收益。快播公司开发并上线的软件并非专门用于传播淫秽视频文件,实际上也没有完全被用来传播淫秽视频文件,快播公司所传播的视频文件中还是有相当数量的合法文件的。据此我们不能将快播公司的营业额认定为违法所得。广告商采用捆绑软件发布弹窗的方式向快播公司的用户投放广告,用户在下载安装 QVOD 资源服务器程序以及打开 QVOD 播放器程序时均会有广告窗口自动弹出,因而不管是淫秽视频的观看者,还是合法视频的观看者，均是广告的受众，广告的投放在犯罪行为与合法行为之间没有任何区别。对于广告费中违法所得的认定可以根据淫秽视频文件数量占总文件数量的比例来确定。2013 年，快播事业部实现营业收入 1.4 亿元，其中资讯快播营业收入 7000 多万元，占到营业收入的 49.25%，第三方软件捆绑营业收入 3000 多万元，占到营业收入的 27.59%。[1]

根据快播案一审法院认定的事实，快播服务器中淫秽视频文件占到视频文件总量的 71%，因而在认定广告费中违法所得的数额时，可以将广告费总额乘以 70%。再说到会员费，快播公司特设了“小二广场”网站，网站中包含近 300 部淫秽视频，用户需支付会员费才能在该网站的“VIP 通道”中观看到这些淫秽视频。[2] 毫无疑问，快播公司收取会员费以开放观看淫秽视频“权限”所获得的收益属于违法所得。当快播公司对内容进行挑选、整合，将淫秽视频文件集中到一起提供给用户时，已经丧失了网络服务提供者中立性的地位，转化为内容提供者，要为违法内容的传播负当然的、完全的责任。司法人员可以根据快播公司的营业记录确定广告费和会员费各自数额，快播案被告人的违法所得由全部的会员费收入加上广告费收入的 70%。

快播案被告人有如此巨额的违法所得，所公布的判决书却对此未著一词，不得不说是一个缺憾。环视其他网络服务提供者刑事案件，多半在判决中强调了没收违法所得，如在上海七洲网络信息有限公司等传播淫秽物品牟利案中，法院判决没收被告人违法所得及作案工具网站服务器 9 台（包括硬盘 18 块）。陈某鹏传播淫秽物品牟利案中，法院判决对被告人陈某鹏违法所得人民币 16 万元予以没收并上缴国库。

---

〔1〕 参见范君、游涛：《王欣等传播淫秽物品牟利案——P2P 网络平台上淫秽视频传播行为的刑事责任》，载 http://www.pkulaw.cn/case/pfnl_1970324846007452.html? keywords = 王欣等传播淫秽物品牟利案 &match = Exact。

〔2〕 袁国礼、顾梦琳：《快播被查服务器藏数万淫秽视频 年销售 1.8 亿元》，载新华网，http://news.xinhuanet.com/info/2014 - 09/25/c_133670481.htm。

四、没收网络服务提供者供犯罪使用的本人财物

没收供犯罪使用的本人财物以防卫社会为目的,不具有非难意义,但受比例原则限制,所没收的供犯罪使用的本人财物需与违禁品相当,不能无限扩展到犯罪时行为人拥有的一切财物。供犯罪使用的本人财物一般是指基本不具有日常生活用途,被行为人主要或者通常用于犯罪的财物。[1] 对于网络服务提供者而言,其使用的本人财物大概包括光纤、电缆、网络接口、服务器等。除了网络存储提供者会拥有自己的服务器,其他的网络服务提供者多半租用服务器提供网络服务。快播案中,快播公司租用北京网联光通技术有限公司的四台服务器,在其中安装了缓存服务器系统软件,并对其进行远程维护。案发时,光通公司的四台服务器被查获,经鉴定,其中有两万余个淫秽视频文件。该服务器不属于快播公司所有,当然不能在本案中作为供犯罪使用的本人财物被没收。那么快播公司在光通公司服务器中安装的缓存服务器系统软件是否可以被没收?财物包括有体物和无体物,后者如电。是否可以没收无体物?

之所以要没收供犯罪使用的本人财物,并不是着眼于对犯罪的惩罚,而是着眼于对将来犯罪的预防,即防止该行为人再次利用该财物实施犯罪行为。理论上来说,财物包括有体物和无体物,这两者均未超出本人财物的射程,但是从实践上来看,唯有对有体物的没收才能达到防止该财物被再次用来实施犯罪的目的。快播公司的缓存服务器系统软件的确是其本人财物,是由其技术主管人员开发的,为加速视频传输的软件系统,事实上也给用户带来了良好的体验,可以说该软件是具有巨大经济价值的。但是软件具有可无限复制性,只要有一个备份,便可在任意一台服务器上复制。即便一个备份不存在,软件开发者也可以凭着印象把软件的代码写出来,使软件复

〔1〕 参见张明楷:《刑法学》(第6版),法律出版社2021年版,第826页。

原。所以没收网络服务提供者用以实施犯罪行为的软件没有任何意义,属于费力不讨好。类似地,黑客对计算机信息系统发起病毒攻击时,病毒程序也是黑客费尽心思开发出来的,属于著作权法上的作品,但是黑客因此构成破坏计算机信息系统罪时,并不会没收其病毒程序。这些情况下,直接没收其违法所得收益便可达到预防再犯的目的。

结　论

国务院于2006年5月18日颁布的《信息网络传播权保护条例》首次使用“网络服务提供者”的用语，全国人大于2020年5月28日颁布的《民法典》第1194～1198条规定了网络服务提供者的侵权责任，在这十余年间民法学者对网络服务提供者及其侵权责任展开了细致的研究，已积攒了丰硕的成果。对网络服务提供者刑事责任的研究则较为沉寂。这几年，网络服务提供者刑事责任的研究猛然间呈爆发式增长，契机有：《刑法修正案（九）》引入了网络服务提供者刑事责任条款，网络服务提供者快播公司及其主管人员传播淫秽物品牟利案引发了广泛关注，网络服务提供者占据前所未有的强势地位及造成的严重危害后果或严重威胁使人们转向刑法寻求保护，网络服务提供者刑事责任与社会发展、技术进步、公民自由产生冲突，等等。因此，当前网络服务提供者刑事责任存在的问题不是无法可依，而是在努力实现网络空间由“乱”到“治”的过程中，避免“恣意挥舞刑法的尚方宝剑”“治乱世用重典”，恰当解释网络服务提供者刑事责任条款中的构成要件要素，防止刑事责任扩大化。

其一，网络服务提供者的刑事责任指的是网络服务提供者有责地违反了刑事义务（第一性义务）而应当承受的国家依法给予的刑事处罚(刑事负担)。这里的刑事责任应当从最广义的角度来理解,是用以串联起网络服务提供者刑事立法、刑事司法、刑法解释各方面的主线,绝非仅指有责性或者刑事法律后果。刑事政策为刑事责任提供指导,刑事义务是刑事责任存在的前提,客观方面和主观方面分别是刑事责任的客观根据和主观根据,刑事负担(刑事责任承担方式)是刑事责任的落脚点。

其二,对网络服务提供者刑事责任应采取“适当从宽、以严济宽”的刑事政策。对网络服务提供者的危害行为进行立法上的犯罪化已经凸显了从严的刑事政策。网络犯罪刑事责任的刑事政策已经呈现从严有余、从宽不足、严宽失调的局面,作为网络犯罪子类别的网络服务提供者犯罪不能采取更严的刑事政策。就当前刑事政策在网络服务提供者刑事责任中的具体体现而言,立法上“严而不厉、以严济宽”,司法上“从宽处理、以宽济严”,法教义学上限缩解释、“以宽济严”。社会发展呼吁依法从宽处理网络服务提供者,技术控制可能性要求慎重划定受罚的主体范围。出于社会安全的考量,对网络服务提供者参与传播儿童色情材料以及恐怖活动材料等具有特殊危害性的行为的刑事责任应从严。综合考量,“适当从宽”是网络服务提供者刑事责任所采取的刑事政策的主流,“从严”对“从宽”起到调和作用,最终达到宽严相济的状态。

其三,应构建以技术功能为核心的网络服务提供者类型化义务。我国对于网络服务提供者刑事义务的法律规定已经较完备,美中不足的是没有确立起网络服务提供者分级责任体系。网络服务提供者主体庞杂、分工细致,不同类别的网络服务提供者对用户利用网络服务实施的危害行为的控制力不同,对其施加“一刀切”的责任极有可能造成网络服务提供者刑事责任扩大化。美国《数字千年版权法》和德国《远程媒体法》以技术功能为核心将网络服务提供者分为网络接入提供者、网络缓存提供者、网络存储提供者、信息定位工具提供者,为其设定有区别、阶梯式的义务,最终确立了网络服务提供者分级制责任体系。我国《信息网络传播权保护条例》虽引入了美国《数字千年版权法》中的网络服务提供者分级制,但是这种主体细分和义务类型化的做法尚未引入网络服务提供者刑事责任的研究。

其四,合理区分可罚的中立帮助行为和不可罚的中立帮助行为。网络服务提供者行为是典型的日常行为、技术中立行为、中立帮助行为,把握中立帮助行为可罚性的边界对于网络服务提供者的刑事责任至关重要。从客观层面而言,需考察中立帮助行为与正犯行为之间物理、心理因果关系,从主观层面而言,需考察中立帮助行为者对于正犯的犯罪决意是否存在确定的认识。如此,应当通过综合考虑正犯行为的紧迫性、行为人(帮助者)对法益的保护义务,行为对法益侵害所起的作用大小以及行为人对正犯行为与结果的确实性的认识等要素,决定中立帮助行为者是否构成帮助犯。

其五,网络服务提供者刑事责任的主观罪过只能是故意。经考察网络服务提供者是否存在结果预见可能性、是否存在狭义的监督过失或管理过失、是否存在间接故意与过于自信复合的罪过,得出的结论均是否定的,这意味着网络服务提供者刑事责任的主观罪过不存在犯罪过失,只能是犯罪故意。故意与过失在非难可能性上存在高低度的位阶关系,进而导致刑事后果呈现高低度关系。将网络服务提供者刑事责任的主观罪过限定于故意,意味着抬高网络服务提供者犯罪构成的门槛,体现了限制网络服务提供者刑事责任范围的理念。

其六,把握网络服务提供者刑事责任承担方式与行政责任承担方式的界限。在刑罚方面,注意罚金刑与罚款的折抵,拘役、有期徒刑与行政拘留的折抵;在非刑罚处罚措施方面,当法院建议网络服务提供者行政主管部门对其作出行政处罚决定时,该主管部门应综合考量已作出的作为行政责任承担方式的行政处罚的效果以及再次作出作为刑事责任承担方式的行政处罚的必要性及其具体内容;在保安处分方面,其他法律、行政法规对职业禁止有更严厉的规定,法院应当根据该法律、行政法规决定对网络服务提供者适用职业禁止。

综上所述,本书从解释论而不是立法论的角度出发探讨网络服务提供者的刑事责任,立足于我国和外国已有的网络服务提供者刑事责任的立法规定、司法实践、学理探讨展开研究。本书尚存在以下不足:其一,没有探讨"网络服务提供者法律责任"这一交叉学科论题的现状及问题。网络服务提供者的法律责任是一个横跨民法、行政法、刑法的问题,然而,本书除了在第六章"网络服务提供者刑事责任的承担方式"中提到了网络服务提供者行政责任与刑事责任的竞合、处断问题之外,对于网络服务提供者民事侵权行为、行政违法行为以及刑事犯罪行为之间的界限几乎没有涉及。其二,未深入司法部门和互联网企业展开调研。本书在写作过程中主要采用文献阅读法,借助互联网查找著作、论文、案例、新闻报道等资源,这种从文本到文本的分析理论性强而实践性弱。其三,前瞻性不够。本书对于过去和现在、我国和国外网络服务提供者的刑事责任有较为全面的掌握,但是对于将来网络服务提供者的刑事责任的走向缺乏预测。互联网瞬息万变,危害行为花样层出,网络服务提供者的刑事责任自然也是一个很大的变量。但笔者学识有限,难以高瞻远瞩地展望未来网络服务提供者的刑事责任。今后笔者需努力探索网络服务提供者的侵权责任、行政责任的现状、问题及其与刑事责任的界限;争取能够到检察院、法院、互联网企业学习、调研,获取网络犯罪特别是网络服务提供者刑事案件的第一手资料,了解互联网企业的诉求,网络服务提供者的工作内容、技术水平、营利模式等背景资料;密切关注还可能出现的网络服务提供者刑事案件,从中发掘值得讨论的问题。

参考文献

一、中文文献

（一）专著

［1］陈洪兵：《中立行为的帮助》，法律出版社 2010 年版。

［2］陈家林：《共同正犯研究》，武汉大学出版社 2004 年版。

［3］陈家林：《外国刑法通论》，中国人民公安大学出版社 2009 年版。

［4］陈明涛：《网络服务提供商版权责任研究》，知识产权出版社 2011 年版。

［5］陈兴良：《共同犯罪论》，中国人民大学出版社 2006 年版。

［6］戴长林：《网络犯罪司法实务研究及相关司法解释理解与适用》，人民法院出版社 2014 年版。

［7］冯军：《刑事责任论》，法律出版社 1996 年版。

［8］符广全：《计算机网络原理与 Internet 技术》，北京理工大学出版社 2015 年版。

［9］郝英兵：《刑事责任论》，法律出版社 2016 年版。

［10］何庆仁：《义务犯研究》，中国人民大学出版社 2010 年版。

[11]何荣功:《实行行为研究》,武汉大学出版社 2007 年版。

[12]胡凌:《探寻网络法的政治经济起源》,上海财经大学出版社 2016 年版。

[13]黎宏:《不作为犯研究》,武汉大学出版社 2003 年版。

[14]李兰英:《间接故意研究》,武汉大学出版社 2006 年版。

[15]林纪东:《刑事政策学》,正中书局 1968 年版。

[16]林维:《共犯论研究》,北京大学出版社 2014 年版。

[17]林亚刚:《犯罪过失研究》,武汉大学出版社 2000 年版。

[18]马克昌:《宽严相济刑事政策研究》,清华大学出版社 2012 年版。

[19]马克昌:《比较刑法原理:外国刑法学总论》,武汉大学出版社 2002 年版。

[20]马云等:《读懂互联网 +》,中信出版社 2015 年版。

[21]皮勇:《网络安全法原理》,中国人民公安大学出版社 2008 年版。

[22]皮勇:《网络犯罪比较研究》,中国人民公安大学出版社 2005 年版。

[23]齐文远、周详:《刑法、刑事责任、刑事政策研究——哲学、社会学、法律文化的视角》,北京大学出版社 2004 年版。

[24]钱大军:《法律义务研究论纲》,科学出版社 2008 年版。

[25]申屠彩芳:《网络服务提供者侵权责任研究》,浙江大学出版社 2014 年版。

[26]司晓:《网络服务商知识产权间接侵权研究》,北京大学出版社 2016 年版。

[27]宋哲:《网络服务商注意义务研究》,北京大学出版社 2014 年版。

[28]孙万怀:《刑事政策合法性的历史》,法律出版社 2016 年版。

[29]王晋:《网络服务提供者著作权侵权责任研究》,知识产权出版社 2016 年版。

[30]王迁、王凌红:《知识产权间接侵权研究》,中国人民大学出版社

2008 年版。

[31]西格尔:《Web 3.0:互联网的语义革命》,科学出版社 2013 年版。

[32]夏勇:《定罪与犯罪构成》,中国人民公安大学出版社 2009 年版。

[33]严励:《中国刑事政策原理》,法律出版社 2011 年版。

[34]杨春洗:《刑事政策论》,北京大学出版社 1994 年版。

[35]尹东华:《刑法中的放任论研究》,中国人民公安大学出版社 2013 年版。

[36]张明楷:《刑法分则的解释原理》(第 2 版),中国人民大学出版社 2011 年版。

[37]张明楷:《刑法格言的展开》(第 3 版),北京大学出版社 2013 年版。

[38]张明楷:《刑法学》(第 6 版),法律出版社 2021 年版。

[39]张文等:《刑事责任要义》,北京大学出版社 1997 年版。

[40]郑泽善:《刑法总论争议问题研究》,北京大学出版社 2013 年版。

[41]周光权:《注意义务研究》,中国政法大学出版社 1998 年版。

(二)论文

[42]曹波:《中立帮助行为刑事可罚性研究》,载《国家检察官学院学报》2016 年第 6 期。

[43]车浩:《谁应为互联网时代的中立行为买单?》,载《中国法律评论》2015 年第 3 期。

[44]陈洪兵:《网络中立行为的可罚性探究——以 P2P 服务提供商的行为评价为中心》,载《东北大学学报(社会科学版)》2009 年第 3 期。

[45]陈锦川:《网络服务提供者过错认定的研究》,载《知识产权》2011 年第 2 期。

[46]陈兴良:《快播案一审判决的刑法教义学评判》,载《中外法学》2017 年第 1 期。

[47]陈兴良:《刑法分则规定之明知:以表现犯为解释进路》,载《法学

家》2013 年第 3 期。

[48]陈兴良:《刑法教义学与刑事政策的关系:从李斯特鸿沟到罗克辛贯通——中国语境下的展开》,载《中外法学》2013 年第 5 期。

[49]程红、吴荣富:《刑事立法活性化与刑法理念的转变》,载《云南大学学报(法学版)》2016 年第 4 期。

[50]储槐植:《三论第三种犯罪行为形式“持有”》,载《中外法学》1994 年第 5 期。

[51]范君:《快播案犯罪构成及相关审判问题——从技术判断行为的进路》,载《中外法学》2017 年第 1 期。

[52]房慧颖、胡荷佳:《网络服务提供者侵犯公民个人信息犯罪的刑法分析》,载《铁道警察学院学报》2016 年第 2 期。

[53]高铭暄、陈兴良:《挑战与机遇:面向市场经济的刑法学研究》,载《中国法学》1993 年第 6 期。

[54]高艳东:《不纯正不作为犯的中国命运:从快播案说起》,载《中外法学》2017 年第 1 期。

[55]管瑞哲:《析 BT 软件相关行为之刑事责任——全球首例使用 BT 软件分享电影有罪案引发的思考》,载《江西公安专科学校学报》2006 年第 3 期。

[56]郭娟、易健雄:《网络服务提供者(ISP)信息披露制度——以著作权法领域为中心》,载《重庆邮电大学学报(社会科学版)》2016 年第 2 期。

[57]郭鹏:《关于技术中立原则及其反思》,载《技术与创新管理》2010 年第 4 期。

[58]郭泽强、张曼:《网络服务提供者刑事责任初论——以中立帮助行为的处罚为中心》,载《预防青少年犯罪研究》2016 年第 2 期。

[59]何庆仁:《德国刑法学中的义务犯理论》,载《刑事法评论》2009 年第 1 期。

[60]何天翔、谢晴川:《日本打击侵犯著作权私人下载行为的罚则探

析——兼评个人下载行为在中国入刑的可行性》，载《知识产权》2015 年第 12 期。

[61]洪延青：《“以管理为基础的规制”——对网络运营者安全保护义务的重构》，载《环球法律评论》2016 年第 4 期。

[62]胡开忠：《屏蔽网站禁令的制度分析及其对我国的启示》，载《法学》2017 年第 3 期。

[63]敬力嘉：《论拒不履行网络安全管理义务罪——以网络中介服务者的刑事责任为中心展开》，载《政治与法律》2017 年第 1 期。

[64]劳东燕：《刑事政策与刑法解释中的价值判断——兼论解释论上的“以刑制罪”现象》，载《政法论坛》2012 年第 4 期。

[65]李波：《当代美国刑事政策发展新趋势及其启示》，载《法商研究》2016 年第 6 期。

[66]李本灿：《拒不履行信息网络安全管理义务罪的两面性解读》，载《政法论坛》2017 年第 3 期。

[67]李兰英：《探问“意欲”为何——对故意概念中希望和放任的新诠释》，载《法律科学（西北政法学院学报）》2005 年第 5 期。

[68]李娜：《网络服务商（ISP）刑事责任的解构》，载《理论月刊》2011 年第 6 期。

[69]李颖：《论网络服务提供者信息披露义务与个人数据信息保护的平衡与博弈》，载《法律适用》2013 年第 8 期。

[70]李源粒：《网络安全与平台服务商的刑事责任》，载《法学论坛》2014 年第 6 期。

[71]梁根林：《传统犯罪网络化：归责障碍、刑法应对与教义限缩》，载《法学》2017 年第 2 期。

[72]梁志文：《云计算、技术中立与版权责任》，载《法学》2011 年第 3 期。

[73]林清红、周舟：《深度链接行为入罪应保持克制》，载《法学》2013 年

第 9 期。

[74]林亚刚、黄鹏:《等价性在不纯正不作为犯罪中理论地位研究》,载《西部法学评论》2014 年第 4 期。

[75]刘科:《帮助信息网络犯罪活动罪探析——以为网络知识产权犯罪活动提供帮助的犯罪行为为视角》,载《知识产权》2015 年第 12 期。

[76]刘文杰:《网络服务提供者的安全保障义务》,载《中外法学》2012 年第 2 期。

[77]刘宪权:《论信息网络技术滥用行为的刑事责任——〈刑法修正案(九)〉相关条款的理解与适用》,载《政法论坛》2015 年第 6 期。

[78]刘宪权:《网络犯罪的刑法应对新理念》,载《政治与法律》2016 年第 9 期。

[79]刘艳红:《网络犯罪帮助行为正犯化之批判》,载《法商研究》2016 年第 3 期。

[80]刘艳红:《网络中立帮助行为可罚性的流变及批判——以德日的理论和实务为比较基准》,载《法学评论》2016 年第 5 期。

[81]刘艳红:《无罪的快播与有罪的思维——"快播案"有罪论之反思与批判》,载《政治与法律》2016 年第 12 期。

[82]卢建平:《宽严相济与刑法修正》,载《清华法学》2017 年第 1 期。

[83]鲁春雅:《网络服务提供者侵权责任的类型化解读》,载《政治与法律》2011 年第 4 期。

[84]陆旭:《网络服务提供者的刑事责任及展开——兼评〈刑法修正案(九)〉的相关规定》,载《法治研究》2015 年第 6 期。

[85]罗勇:《论"网络服务提供者"的法律界定——以中日比较为中心》,载《学术交流》2016 年第 6 期。

[86]吕翰岳:《互联网共同犯罪中的意思联络》,载《法学评论》2017 年第 2 期。

[87]马治国、任宝明:《网络服务提供商(ISP)版权责任问题研究》,载《法律科学(西北政法学院学报)》2000 年第 4 期。

[88]毛玲玲:《传播淫秽物品罪中“传播”行为的性质认定》,载《东方法学》2016 年第 2 期。

[89]孟传香:《关于网络服务提供者不作为刑事责任问题的探讨》,载《重庆邮电大学学报(社会科学版)》2012 年第 6 期。

[90]聂立泽、肖鹏:《法益状态说——作为犯与不作为犯的区别标准新探》,载《学术研究》2003 年第 10 期。

[91]牛忠志:《论犯罪本质的义务违反说优越于法益说》,载《法学论坛》2014 年第 1 期。

[92]裴炜:《犯罪侦查中网络服务提供商的信息披露义务——以比例原则为指导》,载《比较法研究》2016 年第 4 期。

[93]彭文华:《网络服务商之刑事责任探讨》,载《佛山科学技术学院学报(社会科学版)》2004 年第 3 期。

[94]皮勇、黄琰:《论刑法中的“应当知道”——兼论刑法边界的扩张》,载《法学评论》2012 年第 1 期。

[95]齐文远、杨柳:《网络平台提供者的刑法规制》,载《法律科学(西北政法大学学报)》2017 年第 3 期。

[96]闪辉:《刑事职业禁止的定性与适用》,载《东方法学》2016 年第 2 期。

[97]时延安:《违法所得没收条款的刑事法解释》,载《法学》2015 年第 11 期。

[98]舒洪水、王刚:《对我国反网络恐怖主义犯罪的探讨》,载《山东警察学院学报》2016 年第 1 期。

[99]孙道萃:《数据遗忘权的刑法学观察与协同保护》,载《西部法学评论》2016 年第 4 期。

[100]孙道萃:《网络片面共同犯罪的制裁边界:兼议“快播”案》,载《浙江工商大学学报》2016 年第 4 期。

[101]孙道萃:《移动智能终端网络安全的刑法应对——从个案样本切入》,载《政治与法律》2015 年第 11 期。

[102]孙万怀、郑梦凌:《中立的帮助行为》,载《法学》2016 年第 1 期。

[103]孙万怀:《慎终如始的民刑推演——网络服务提供行为的传播性质》,载《政法论坛》2015 年第 1 期。

[104]涂龙科:《网络服务提供者的刑事责任模式及其关系辨析》,载《政治与法律》2016 年第 4 期。

[105]涂龙科:《网络内容管理义务与网络服务提供者的刑事责任》,载《法学评论》2016 年第 3 期。

[106]王华伟:《网络服务提供者的刑法责任比较研究》,载《环球法律评论》2016 年第 4 期。

[107]王思源:《论网络运营者的安全保障义务》,载《当代法学》2017 年第 1 期。

[108]王新:《我国刑法中“明知”的含义和认定——基于刑事立法和司法解释的分析》,载《法制与社会发展》2013 年第 1 期。

[109]魏小雨:《论侵权法中网络服务提供者的安全保障义务》,载《国家行政学院学报》2013 年第 1 期。

[110]吴洪林:《确立复合罪过的探讨——对英美刑法中“轻率”的借鉴》,载《政法论丛》2004 年第 2 期。

[111]吴亮:《网络中立管制的法律困境及其出路——以美国实践为视角》,载《环球法律评论》2015 年第 3 期。

[112]吴沈括、董妍:《中国禁网令制度的建构:从美国司法实践谈起》,载《华北水利水电大学学报(社会科学版)》2015 年第 5 期。

[113]谢君泽:《网络平台的法律责任界定——兼评“快播”案与百度贴

吧事件》,载《中国信息安全》2016 年第 2 期。

[114]徐伟:《网络服务提供者“知道”认定新诠——兼驳网络服务提供者“应知”论》,载《法律科学(西北政法学院学报)》2014 年第 2 期。

[115]徐伟:《网络服务提供者侵权责任理论基础研究》,吉林大学 2013 年博士学位论文。

[116]薛虹:《将责任限定在适当程度——网络服务提供者的版权侵权责任》,载《国际贸易》2000 年第 2 期。

[117]闫艳、杨玉俊:《传播淫秽电子信息牟利犯罪司法解释适用问题》,载《江苏警官学院学报》2010 年第 2 期。

[118]杨勖:《论互联网服务提供者的刑事责任位阶》,载《北京政法职业学院学报》2016 年第 3 期。

[119]于冲:《网络犯罪罪名体系的立法完善与发展思路——从 97 年刑法到〈刑法修正案(九)草案〉》,载《中国政法大学学报》2015 年第 4 期。

[120]喻海松:《〈关于办理利用互联网、移动通讯终端、声讯台制作、复制、出版、贩卖、传播淫秽电子信息刑事案件具体应用法律若干问题的解释(二)〉的理解与适用》,载《人民司法》2010 年第 5 期。

[121]张玲玲:《定向链接网络服务提供者侵犯著作权责任问题研究》,载《科技与法律》2016 年第 2 期。

[122]张明楷:《快播案定罪量刑的简要分析》,载《人民法院报》2016 年 9 月 14 日,第 3 版。

[123]张明楷:《论帮助信息网络犯罪活动罪》,载《政治与法律》2016 年第 2 期。

[124]张明楷:《网络时代的刑法理念——以刑法的谦抑性为中心》,载《人民检察》2014 年第 9 期。

[125]张明楷:《网络时代的刑事立法》,载《法律科学(西北政法学院学报)》2017 年第 3 期。

[126]张婷:《中德网络帮助犯规制体系之评介反思》,载《重庆邮电大学学报(社会科学版)》2017 年第 1 期。

[127]赵联宁:《ISP/ICP 的法律责任》,载《河海大学学报(哲学社会科学版)》2001 年第 2 期。

[128]周光权:《犯罪支配还是义务违反——快播案定罪理由之探究》,载《中外法学》2017 年第 1 期。

[129]周光权:《网络服务商的刑事责任范围》,载《中国法律评论》2015 年第 2 期。

[130]周啸天:《义务犯理论的反思与批判》,载《法学家》2016 年第 1 期。

[131]邹兵建:《"明知"未必是"故犯"——论刑法"明知"的罪过形式》,载《中外法学》2015 年第 5 期。

[132]邹兵建:《刑法因果关系的司法难点——基于刑事司法判例全样本的实证研究》,载《政治与法律》2015 年第 12 期。

[133][日]萩原有里:《网络服务提供者的损害赔偿责任——以日本法为中心》,载《科技与法律》2004 年第 2 期。

(三)译作

[134][德]埃里克·希尔根多夫:《德国刑法学:从传统到现代》,江溯、黄笑岩等译,北京大学出版社 2015 年版。

[135][德]安塞尔姆·里特尔·冯·费尔巴哈:《德国刑法教科书》(第 14 版),徐久生译,中国方正出版社 2010 年版。

[136][德]弗兰茨·冯·李斯特:《论犯罪、刑罚与刑事政策》,徐久生译,北京大学出版社 2016 年版。

[137][德]弗兰茨·冯·李斯特:《德国刑法教科书》,徐久生译,法律出版社 2000 年版。

[138][德]格吕恩特·雅科布斯:《行为 责任 刑法——机能性描述》,冯军译,中国政法大学出版社 1997 年版。

[139][德]克劳斯·罗克辛:《刑事政策与刑法体系》(第2版),蔡桂生译,中国人民大学出版社2011年版。

[140][德]乌尔里希·齐白:《全球风险社会与信息社会中的刑法》,周遵友、江溯等译,中国法制出版社2011年版。

[141][德]乌尔斯·金德霍伊泽尔:《刑法总论教科书》,蔡桂生译,北京大学出版社2015年版。

[142][法]雅克·博里康、朱琳编著:《法国当代刑事政策研究及借鉴》,中国人民公安大学出版社2011年版。

[143][古罗马]西塞罗:《论义务》,王焕生译,中国政法大学出版社1993年版。

[144][美]保罗·H.罗宾逊:《归咎的刑事责任》,王志远、陈琦译,知识产权出版社2016年版。

[145][日]川出敏裕、金光旭:《刑事政策》,钱叶六等译,中国政法大学出版社2016年版。

[146][日]大谷实:《刑事政策学》,黎宏译,中国人民大学出版社2009年版。

[147][日]日高义博:《不作为犯的理论》,王树平译,中国人民公安大学出版社1992年版。

[148][英]鲁珀特·克罗斯、菲利普·A.琼斯《英国刑法导论》,赵秉志等译,中国人民大学出版社1991年版。

[149][英]维克托·迈尔-舍恩伯格、肯尼思·库克耶:《大数据时代》,盛杨燕、周涛译,浙江人民出版社2013年版。

二、外文文献

[150] Judit, Bayer, *Liability of Internet Service Providers for Third Party Content*, Victoria University Wellington Working Paper Series, 1, 2008.

[151]P. A. Bernal, *Web 2.5: The Symbiotic Web*, 24 International Review of Law, Computers & Technology(2010).

[152]T. Berners-Lee & M. Fischetti, *Weaving the Web: The Original Design and Ultimate Destiny of the World Wide Web by Its Inventor*, 1st paperback edition, New York: Harper Collins, 2000.

[153] Michael Bogdan, *Cyberspace Pirates Walk the Plank Some Comments on the Swedish Judgement in the Pirate Bay Case*, 4 Masaryk University Journal of Law and Technology(2010).

[154] Oren Bracha & Frank Pasquale, *Federal Search Commission? Access, Fairness, and Accountability in the Law of Search*, 93 Cornell Law Review (2008).

[155]Brandon Brown, *Fortifying the Safe Harbors: Reevaluating the DMCA in a Web 2.0 World*, 23 Berkeley Technology Law Journal(2008).

[156]Cambron J. Rebecca, *World War Web: Rethinking Aiding and Abetting in the Social Media Age*, 51 Case Western Journal of International Law (2019).

[157]Carter L. Edward, *Outlaw Speech on the Internet: Examining the Link Between Unique Characteristics of Online Media and Criminal Libel Prosecutions*, 21 Santa Clara Computer & High Technology Law Journal(2005).

[158] Liliana Chang, *Red Flag Test for Apparent Knowledge under the DMCA Sec. 512(C) Safe Harbor*, 28 Cardozo Arts & Entertainment Law Journal(2010).

[159] Anne Cheung & Rolf H. Weber, *Internet Governance and the Responsibility of Internet Service Providers*, 26 Wisconsin International Law Journal(2009).

[160]Datesh C. Anne, *Storms Brewing in the Cloud: Why Copyright Law*

Will Have to Adapt to the Future of Web 2.0, 40 Aipla Quarterly Journal (2012).

[161] Lothar Determann, *Case Update: German CompuServe Director Acquitted on Appeal*, 23 Hastings International & Computer Law Review(2000).

[162] Dieter Dorr & Steffen Janich, *The Criminal Responsibility of Internet Service Providers in Germany*, 80 Mississippi Law Journal(2011).

[163] Gable A. Kely, *Cyber-Apocalypse Now: Securing the Internet Against Cyberterrorism and Using Universal Jurisdiction Deterrent*, 1 Vanderbilt Journal of Transnational Law(2010).

[164] Gardella M. Todd, *Beyond Terrorism: The Potential Chilling Effect on the Internet of Broad Law Enforcement Legislation*, 80 St. John's Law Review(2006).

[165] Sartor Giovanni & Mario Viola de Azevedo Cunha, *The Italian Google-Case: Privacy, Freedom of Speech and Responsibility of Providers for User-Generated Contents*, 18 International Journal of Law and Information Technology(2010).

[166] David Goldstone, *Criminal Copyright Infringement*, Prosecuting Intellectual Property Crimes, Office of Legal Education 1979.

[167] James Grimmelmann, *The Structure of Search Engine Law*, 93 Iowa Law Review(2007).

[168] Eric Hilgendorf & Thomas Frank & Brian Valerius, *Computer-used Internetstafrecht, EinGrundriss*, 82 Springer-Verlag Berlin Heidelberg(2005).

[169] Thomas Hoeren, *Liability for Online Services in Germany*, 10 German Law Journal(2009).

[170] Thomas Jansen, *Legal Aspects of Doing E-commerce Business in Germany*, International Company and Commercial Law Review(1999).

[171]Anne Keaty, Roger J. Johns & Lucy L. Henke, *Can Internet Service Providers and other Secondary Parties be Held Liable for Deceptive Online Advertising?* ,58 Business Law(2003).

[172]Julia Kerr, *What is a Search Engine? The Simple Question the Court of Justice of the European Union Forgot to Ask and What It Means for the Future of the Right to be Forgotten*, 17 Chicago Journal of International Law (2016).

[173]Ridwan Khan, *Pure Software in an Impure World? Winny, Japan's First P2P Case*,8 University of Pennsylvania East Asia Law Review(2013).

[174]John Leitner, *A Legal and Cultural Comparison of File-Sharing Disputes in Japan and the Republic of Korea and Implications for Future Cyber-Regulation*,22 Columbia Journal of Asian Law(2008).

[175]Ulric M. Lewen, *Internet File-Sharing: Swedish Pirates Challenge the U. S.* ,16 Cardozo Journal of International and Comparative Law(2008).

[176]Christian E. Mammen, *File Sharing is Dead! Long Live File Sharing! Recent Developments in the Law of Secondary Liability for Copyright Infringement*,33 Hastings Comment Law Journal(2011).

[177]Benton Martin & Jeremiah Newhall, *Criminal Copyright Enforcement Against Filesharing Services*, 15 North Carolina Journal of Law and Technology (2013).

[178]John F. McGuire, *When Speech is Heard Around the World: Internet Content Regulation in the United States and Germany*,74 New York University Law Review(1999).

[179]Salil K. Mehra, *Keep America Exceptional! Against Adopting Japanese and European-Style Criminalization of Contributory Copyright Infringement*, 13 Vanderbilt Journal of Entertainment and Technology Law(2010).

[180] Salil K. Mehra, *Software as Crime: Japan, the United States, and Contributory Copyright Infringement*, 79 Tulane Law Review (2004).

[181] Vojtech Mlynar, *A Storm in ISP Safe Harbor Provisions: The Shift From Requiring Passive-Reactive to Active-Preventative Behavior and Back*, 19 Intellectual Property Law Bulletin (2014).

[182] Ahran Park, *Internet Service Provider Liability for Defamation: United States and United Kingdom Compared*, Dissertation of University of Oregon for the Degree of Doctor of Philosophy, 2015.

[183] M. Paul & A. Saxena, *Proof of Erasability for Ensuring Comprehensive Data Deletion in Cloud Computing*, *CNSA* 10: *Proceedings of the Third International Conference*, 89 Communications in Computer and Information Science (2010).

[184] Shahrzad T. Radbod, *A Case for Criminal Liability for Online Service Providers*, 25 Berkeley Technology Law Journal (2010).

[185] Mary Rasenberger & Christine Pepe, *Copyright Enforcement and Online File Hosting Services: Have Courts Struck the Proper Balance?* 59 Journal of the Copyright Society of the U. S. A. (2012).

[186] Robert D. Richards & Clay Calvert, *Untangling Child Pornography from the Adult Entertainment Industry: An Inside Look at the Industry's Efforts to Protect Minors*, 44 California Western Law Review (2008).

[187] Joshua J. Schroeder, *Choosing an Internet Shaped by Freedom: A Legal Rationale to Rein in Copyright Gate Keeping*, 2 Berkeley Journal Entertainment and Sports Law (2013).

[188] Waichi Sekiguchi, *Software Writers Catch Legal Break*, 26 The Nikkei Weekly (2009).

[189] Christopher Siebens, *Divergent Approaches to File-Sharing Enforce-*

ment in the United States and Japan, 52 Virginia Journal of International Law (2012).

[190] Sieber, *Responsibility of Internet-Providers-A Comparative Legal Study with Recommendations for Future Legal Policy*, 15 The Computer Law and Security Report(1999).

[191] Matthew Silberman, *Guns Don't Kill, People Kill: Review of Under The Gun: Weapons, Crime and Violence in America by James D. Wright, Peter H. Rossi, Kathleen Daly.* New York: Aldine Publ. Co., 1983.

[192] Ari Staiman, *Shielding Internet Users from Undesirable Content: The Advantages of A Pics Based Rating System*, 20 Fordham International Law Journal(1997).

[193] Ryan J. Turner, *Internet Defamation Law and Publication by Omission: A Multi-Jurisdictional Analysis*, 37 University of New South Wales Law Journal(2014).

[194] Ryan P. Wallace Adam M., Lusthaus & Jong Hwan Kim, (Justin), Computer crimes, 42 American Criminal Law Review(2005).

[195] Lawrence G. Walters, *Shooting the Messenger: An Analysis of Theories of Criminal Liability Used Against Adult- Themed Online Service Providers*, 23 Stanford Law and Policy Review(2012).

[196] Meghan A. Wharton, *Pornography and the International Internet: Internet Content Regulation in Australia and the United States*, 23 Hastings Communication and Entertainment Law Journal(2001).

[197] Jing Xu, *DMCA Safe Harbors and the Future of New Digital Music Sharing Platforms*, 11 Duke Law & Technology Review(2013).

[198] Yen, Alfred C., *Internet Service Provider Liability for Subscriber Copyright Infringement, Enterprise Liability, and the First Amendment*, 88 The

Georgetown Law Journal(2000).

[199]Zarins,Emily,*Notice Versus Knowledge Under the Digital Millennium Copyright Act's Safe Harbors*,92 California Law Review(2004).

致　谢

2017 年 11 月 15 日，在中南财经政法大学刑事司法学院会议室，我通过了博士学位论文答辩。

2020 年 11 月 15 日，在江西财经大学法学院办公室，我写了由博士学位论文改成的书稿致谢。

三年的时光如白驹过隙，像电影里精彩剧情戛然而止，黑色银幕上闪现一行白字“三年后……”这一刻的停顿使生命中往来的人、经历的事如电影一帧帧回放。走过金秋十月，迎来初冬十一月，秋收冬藏，感恩过往，整装重发。

说起本书的写作缘起，镜头倒回五年前。2015 年 9 月 14 日，《刑法修正案（九）》发布半个月，美国俄克拉何马城市大学图书馆一楼，同来访学的上海社会科学院涂龙科研究员与我提及，《刑法修正案（九）》增设了网络服务提供者刑事责任条款，这将是一个热点话题，在国内尚存在研究空白，亟须理论供给，我们可以通过英文资料发掘美国以及其他国家的做法，为国内网络服务提供者刑事责任的研究提供资料，于是便有了与涂老师合译的三篇译作陆续见刊——《美国网络服务提供者的刑事责任理论研究——基于网上色情信息的视角》[1]、《网络服务分类与服务提供者的刑事责任研究》[2]、《克雷格列表案与美国网络服务提供者的刑事责任》[3]。感谢涂老师的指引！也感谢以上三篇论文的作者授权翻译发表！

在查阅资料时，我逐渐了解到，是否对网络服务提供者附加法律责任的问题在很多国家都曾经甚至至今颇具争议，我国通过在《刑法》中增设拒不履行信息网络安全管理义务罪、帮助信息网络犯罪活动罪等罪刑条款的方式将网络服务提供者刑事责任问题上升为实定法。刑法是最严厉的法律，是其他部门法的补充和保障，当对网络服务提供者附加间接侵权责任时都需要反复思量，将网络服务提供者的不履行义务行为和帮助行为作为刑法处罚对象是否步子迈得太大？其合理性何在？刑法中新设的信息网络犯罪的犯罪构成又该作何解释？"网络服务提供者"作为一个描述性的日常概念，首度出现在刑法中作为特殊主体却很陌生，美国以及欧盟等的法律对"网络服务提供者"的定义和分类进行了阐释，我国立法者在设立相关条款的时候有没有预设网络服务提供者存在不同类型以及类型不同带来的责任承担的细微差异？

这些问题萦绕在我的脑海中挥散不去，并最终将我的研究兴趣由出国前与导师夏勇教授拟定的选题"中美缓刑制度比较与借鉴"吸引到"网络服务提供者的刑事责任"上来。经过慎重考虑，我怀着忐忑的心情给夏老师写了一封电子邮件，向他汇报近期的学习情况、思考的转向、对新课题的兴趣和期待、无法集中精力深入研究原有课题的抱歉。第二天一早醒来便收到夏老师的回信，他为我在美国获得新知感到高兴，支持我就新课题展开研究，并以其深厚的学术积淀和敏锐的学术嗅觉为我指出研究的突破口，还分

〔1〕［美］Lawrence G. Walters 著，发表于《刑法论丛》法律出版社 2015 年第 4 卷。

〔2〕［德］Dr. Dieter Dörr & Steffen Janich 著，发表于《经济刑法》上海社会科学院出版社 2016 年第 16 期。

〔3〕［美］Shahrzad T. Radbod 著，发表于《刑法评论》法律出版社 2015 年第 2 卷。

享了他对此问题的思考。夏老师开明、开放、包容的学术态度让我得到莫大的鼓励。每当有与网络犯罪相关的学术会议,夏老师便会指导我写作相关主题论文,并反复打磨,争取发表的机会,于是便有了与夏老师合撰的两篇论文见刊——《美德两国关于网络服务提供者安全管理义务及其刑事责任之规定》[1]、《美国和德国关于网络服务提供者制止儿童色情材料之义务设定》[2]。

经过进一步阅读整理文献并多次向夏老师请教,毕业论文的选题最终确定为“论网络服务提供者的刑事责任”。在开题答辩会上,齐文远教授、童德华教授、苏彩霞教授、王良顺教授提出了很多切中肯綮的建议,他们以渊博学识和敏锐洞察力提出的宝贵观点让我进一步明确了写作的方向,在此表示深深的感谢!同时非常感谢董邦俊教授、郭泽强教授、周凌副教授等博学睿智的老师在写作过程中给予我思路上的启发!

非常感谢俄克拉何马城市大学法学院的 Valerie K. Couch 院长、Eric Laity 教授、Barry L. Johnson 教授、C. Blue Clark 教授、Marc J. Blitz 教授、Timothy Gatton 教授、Kelly Monroe 老师、顾明老师为我资料收集和论文写作提供的帮助!

尽管有一年的时间收集相关资料,写作主题论文,关注热点案例,但真正要动笔的时候却觉得无比艰涩,千言万语、千头万绪,不知从何说起,断断续续、写写删删,龟速前进,抓耳挠腮、绞尽脑汁,有山穷水尽之感。然而电脑屏幕前的守株待兔并非白费工夫,偶有所得、灵光乍现、柳暗花明、思绪流淌、“键”步如飞,这种失落与满足交织的体验让我深深感到日常积累的重要性,鞭策我不间断地阅读、思考、写作。

夏老师一直强调,磨刀不误砍柴工,想好再动笔。于是在大纲的拟定上颇下了一番功夫,这使我在写作的过程中少走很多弯路。写作初稿时,夏老

---

〔1〕《澳门法学》2016 年第 2 期。

〔2〕刘仁文主编:《网络时代的刑法面孔》,社会科学文献出版社 2017 年版。

师给了我很大的自由度，为我营造宽松环境，时不时地将他读到的与论题相关的文章转发于我，给我以启迪。初稿完成后，夏老师数次提出修改意见，论文题目、论文架构、具体内容的增删、参考资料的取舍均有所调整，他的意见甚至细致到网络文献中网址链接应写到哪一步。师母郑琴老师同样对我关爱有加，时常嘘寒问暖，关心我的日常起居。她还经常询问我的论文写作情况，不断为我加油鼓劲，并提醒我要注意身体。我能争取到去美国学习一年的机会，也归功于夏老师和郑老师。当我刚考上博士，还处在迷茫、懵懂中，疲于应付日常功课之时，夏老师和郑老师就已经在为我谋划出国访学的道路，督促我尽快通过语言考试。在我通过雅思考试之后申请国家留学基金委奖学金之时，夏老师忙不迭地为我联系美国的学校，并指导我如何申请。我未获得国家留学基金委奖学金项目，正为出国的经费发愁时，夏老师一方面鼓励我不要气馁，说年轻就是资本，另一方面积极为我寻找出路，他出国访问时总要顺带询问对方院校是否接收访问学者，为我第二年申请增加胜算。幸运的是我获得了当年研究生院博士生国际化联合培养项目的资助，访学美国的梦想没有搁浅。

程红教授是我硕士阶段的导师，一直以来，她对我学习上的从严要求和生活上的细致关怀让我倍感温暖。正因为硕士研究生阶段在程老师的指导下打下了良好的学业基础，我才能顺利考取博士研究生，并圆满完成该阶段的学习任务。在我博士学位论文写作阶段，程老师每当看到与我选题相关的好论文便会推荐给我，开拓了我的写作思路。在博士学位论文预答辩和正式答辩阶段，程老师就论文的框架结构、观点阐述、标题拟定、语言表达等多方面提出了很多建设性意见，使我行文更加流畅。我博士学位论文写作完毕，为了给即将到来的教师职业生涯预热，我向程老师申请到她的本科课堂旁听学习，一开始程老师认为并无必要，不予批准，经过我三番五次软磨硬泡，程老师终于答应了我的请求。在刑法分论课堂上，上课铃还未响起，偌大的教室已是座无虚席，我这个“编外人员”只得从旁边教室借个板凳，坐在教室的走廊。程老师在讲授刑法分论具体罪名时，理论学说娓娓道来，司法案例信手拈来，重点突出、详略得当，不时抛出问题让同学们讨论，课堂气氛活跃。课堂上，我不仅重温了刑法学知识，更学习了授课的方法。放眼望去，同学们也是一脸满足。连续三节课下来，18:30，天已黑。怀揣问题、捧着书本、扬起脑袋、睁大眼睛的同学们里三层外三层将程老师围住，希望能够在程老师这里得到解答，程老师全然不顾自己的疲惫，耐心逐一解答同学们的提问，她不会直接告诉同学们答案，而是以启发式的方法循循善诱，微笑着引导同学们得出结论，然后再进行评价。看得出，同学们心悦诚服又意犹未尽。程老师的学识和风度让我深深动容，她对教学和科研事业的兢兢业业、一丝不苟为我树立了标杆。程老师的爱人陈家林教授在刑法学上的造诣令我仰慕。我写论文时频频参考陈老师的著作和论文，从中我深化了对特定刑法知识点的认识，得到了不少启发，开拓了写作思路，在此一并感谢！

在博士学位论文答辩过程中，武汉大学法学院莫洪宪教授、林亚刚教授，中南财经政法大学齐文远教授、周详教授等在提问的同时，提出了很多引人深思的宝贵意见，为我进一步修改论文提供了有益的启发，令我受益良多，在此深表感谢！

经过答辩委员会的推选和校学术委员会的评定，我的博士学位论文被评为 2017 ~ 2018 学年中南财经政法大学优秀博士学位论文。经向中国刑法学研究会申请，通过中南财经政法大学刑法学科负责人齐文远教授的推荐，我的论文被评为第四届“全国刑法学优秀博士学位论文奖”二等奖。在 2018 年 12 月于广西南宁召开的中国刑法学术年会暨第四届“全国刑法学优秀博士学位论文奖”颁奖仪式上，我获悉法律出版社自 2018 年以来设立了青年法学学术著作出版基金，用于资助法学学术著作出版，由于当年的申请期限已过，我便翘首以盼 2019 年的申请公告。按照往年的申请公告，须经法律出版社学术委员会委员推荐、专家匿名评审和法律出版社编辑委员会评审方可获得该资助项目，而公告中列举的学术委员会委员都是学界如雷贯耳、著作等身的学术大咖，我与其中绝大部分教授未曾谋面，只通过其著作论文领略过其思想风采，如何获得其推荐是我申请该资助项目面临的第一个难题。夏老师得知我的困境之后，毫不迟疑地向法律出版社学术委员会委员、中国社会科学院大学副校长林维教授引荐我。当我为给夏老师添麻烦而深感不安时，他只是说，“愿为努力的学生去努力”，我顿时感到一股暖流在心中流淌，师恩似海，无以回报，唯有努力。

非常感谢林老师的推荐与指导！在此之前，我拜读过林老师的论文和著作，欣赏过他的诗作，聆听过他的线上讲座，景仰他深沉的思想、激扬的文字、儒雅的风范，当有幸向林老师请教时，更是深深地感受到这位刑法大家的谦和与细腻。他看过我的博士论文之后，殷切鼓励我就网络犯罪问题展开更进一步的研究，并且毫不吝惜地与我分享他在此研究领域的见地与前瞻性的观点，令我受益匪浅。得知我的具体诉求之后，他很快便在《法律出版社青年法学学术著作出版基金资助计划推荐表》的推荐意见栏中手书了推荐内容，对我论文的理论价值和实践指导意义予以肯定，字迹遒劲，言辞恳切，对于后辈刑法学人的提携溢于纸上。

法律出版社2019年青年法学学术著作出版基金资助项目启动之后，我递交了申请材料。经过近半年的评审，我收到了专家评审意见，专家们在肯定书稿出版价值的同时，直击其痛点和论证的薄弱环节，提出了非常细致而具体的修改意见。我为专家们严谨的专业精神和精深的专业水准而折服，也为有限的时间内能否修改到较为理想的程度而倍感压力。我再度向夏老师和林老师请教，他们都给予我充分的鼓励，并且进一步指明了修改的方向和方法，我将压力转化为动力，结合专家评审意见以及夏老师、林老师的宝贵建议逐条修改，将修改后的书稿提交到法律出版社。两个月后，我收到了激动人心的消息，我提交的书稿获得法律出版社青年法学学术著作出版基金第二批资助，感觉备受鼓舞！在此非常感谢匿名评审我论文的专家,你们的真知灼见帮助我进一步提升了论文的质量和出版价值。在项目申请以及后续出版的过程中,法律出版社易明群主任、李雪编辑、黄倩倩编辑给予我很大的帮助。我在申请的前期屡次电话叨扰易主任,她均不厌其烦地回答我的问题。李雪编辑及时向我反馈专家评审意见并将修改之后的书稿递交给专家进行二次评审。黄倩倩编辑跟进我书稿出版的每一个环节,以专业编辑高度的责任心和尽力做精品的匠心,系统地阐释了博士论文和图书之间的差异,耐心细致地校正我书稿中的瑕疵,以便成书之后能有更好的呈现,面对我提出的很多外行问题,她均给予及时而详细的解答。

既得良师,又得益友,人生之幸!非常感谢在论文写作以及成书过程中引领我、陪伴我、帮助我、鼓励我的好朋友们,幸而有你们,我在外求学和工作的时光充满了美好的回忆。

非常感谢我的父母!你们的爱与牵挂守护着我,为我提供温馨的港湾和稳固的后方。感恩我所生长的大家庭,家人善良勤恳,从事教师职业居多,潜移默化之中,我对教师职业充满了憧憬和崇敬,而今得偿所愿,也深感责任重大,愿恪守祖辈传下的教诲,立德树人,以一颗匠心做好本职工作。

非常感谢江西财经大学的领导与同事!秉持“信敏廉毅、敬业乐群”的校训,江西财经大学为青年教师成长搭建了广阔平台,通过为新进教师配备指导老师,组织青年教师讲课比赛,鼓励青年教师申报国家级、省级、校级课题并定期组织专家论证、指导等方式,使初为教师的我较快进入角色,适应了高校教师的教学、科研工作要求。在奋发向上、只争朝夕的校园文化中,这里的老师们大多静心钻研、成果丰硕、谦逊博学、乐于助人、关怀体贴,为我树立了为师为学的榜样,让我能够戒骄戒躁,反复修改论文,并在原有基础上展开更深入的研究。经过前辈们孜孜不倦的努力,今天的法学院获得了“本科、硕士、博士、博士后”全牌照经营的资格,愿法学院随着江西财经大学这艘航母乘势而上,乘风破浪,驶向更辽阔的远方。

感谢生命中所有的贵人！一一列举，难免挂一漏万，如不慎遗漏，万望见谅！还有些未能及时说出口的感谢，并不表示我已抛诸脑后，而是心中默念，没齿不忘。涌泉之恩，难以为报，唯愿心怀感恩，脚踏实地，精研专业，用心生活。